9

AF629971

D wie Deutsch

Arbeitsheft
Basis und Plus

Herausgegeben von Dorothee Braun und Renate Teepe

Erarbeitet von
Isabell Burkheiser, Ulrich Deters, Beate Hallmann,
Sandra Heidmann-Weiß, Stefanie Hemesath, Michaela Krauß,
Stefanie Lange, Ricarda Lohrsträter, Corinna Nagel,
Elisabeth Schäpers, Matthias Scholz, Isabel Tebarth

Cornelsen

Neben diesem Arbeitsheft gibt es das Arbeitsheft Basis mit zusätzlicher Förderung.

Illustrationen:
Thomas Binder, Magdeburg: S. 45, 47, 50, 53, 122, 123, 124; **Matthias Pflügner**, Berlin: S. 35, 40, 89, 90, 94; **Dorina Tessmann**, Berlin: S. 58, 63, 68, 73, 74, 76

Redaktion: Susanne El-Gindi, Sandra Wuttke-Baschek
Umschlaggestaltung: Rosendahl Berlin, Berlin
Layout, Grafik und technische Umsetzung: Straive

www.cornelsen.de

Die mit [V] gekennzeichneten Texte sind aus didaktischen Gründen gekürzt und/oder vereinfacht.

1. Auflage, 6. Druck 2026

Alle Drucke dieser Auflage sind inhaltlich unverändert und können im Unterricht nebeneinander verwendet werden.

Druck: H. Heenemann, Berlin

ISBN 978-3-06-200042-3

PEFC
PEFC/04-31-1156

PEFC-zertifiziert
Dieses Produkt stammt aus nachhaltig bewirtschafteten Wäldern
www.pefc.de

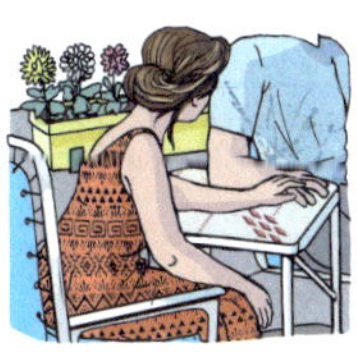

Grammatik 82–105

Rechtschreiben 106–128

Neue Situationen meistern – *schreiben im Alltag*

E-Mail steht für elektronische Post. Eine E-Mail hat mehrere Bestandteile. Wie bei einem formalen Brief achte ich auch bei einer offiziellen E-Mail auf die besondere Form. Dabei haben die E-Mail und der offizielle Brief auch einige Gemeinsamkeiten.

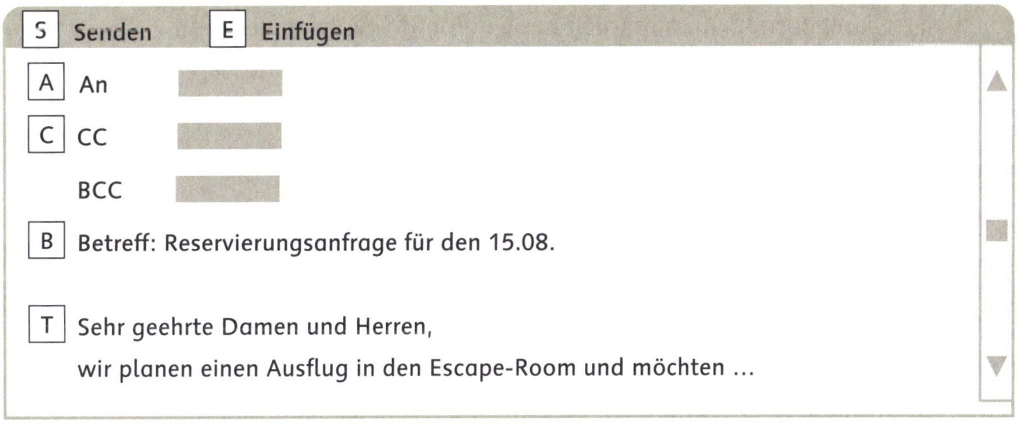

Arbeitstechnik

Eine offizielle E-Mail schreiben

- In das leere **Textfeld** T schreibe ich meine E-Mail. Ich beginne mit einer Anrede und ende mit einem Gruß und meinem Namen.
  Ich achte auf die äußere Form und verwende eine angemessene Sprache.
- Ich wähle einen passenden **Betreff** B wie bei einem formalen Brief.
  Am Betreff erkennt die Empfängerin / der Empfänger, worum es in der E-Mail geht.
  Wenn ich keinen Betreff formuliere, kann die E-Mail im Spam-Ordner landen.
- Bei **An** A trage ich die E-Mail-Adresse der Empfängerin oder des Empfängers ein. Ich kann auch mehrere Empfängerinnen und Empfänger eintragen.
- Soll eine Empfängerin oder ein Empfänger die E-Mail nur zur Information erhalten, trage ich ihre/seine E-Mail-Adresse bei **CC** C ein.
  Soll der Verteiler der E-Mail nicht öffentlich sein, trage ich die E-Mail-Adressen der Empfängerinnen und Empfänger bei **BCC** ein.
- Ich kann bei meiner E-Mail eine Anlage **einfügen** E. Ich ergänze eine Datei oder mehrere Dateien als Anlage.
- Wenn meine E-Mail fertig ist, klicke ich auf **Senden** S.

Ein Ausbildungsplatz als Verkäufer/-in Seite 6
Die Begegnung im Fachgeschäft Seite 9
Die mangelhaften Kopfhörer Seite 12

Ein Ausbildungsplatz als Verkäufer/-in – ein Bewerbungsschreiben überarbeiten

Im Internet entdeckt Julie folgende Anzeige für eine Ausbildungsstelle:

AC-Drogeriemarkt – Standort: 52062 Aachen, Domstraße 64
Ausbildung zur Verkäuferin (m/w/d)

Wir suchen dich für eine Ausbildung zur Verkäuferin (m/w/d) in einer unserer Drogeriefilialen.
Für dich ist es ganz normal, dass du dich nach deinem Schulabschluss für einen abwechslungsreichen und kommunikativen Beruf entscheidest?
Perfekt! Bei uns kannst du jeden Tag zeigen, was in dir steckt!

Deine Ausbildung findet in einer unserer Drogeriefilialen sowie in der entsprechenden Berufsschule vor Ort statt.
Start der Ausbildung: 15.08.20..
Dauer der Ausbildung: 2 Jahre

Für uns normal!
Bei guten Leistungen übernehmen wir dich nach deinem Abschluss garantiert direkt in ein unbefristetes Arbeitsverhältnis!
Du kannst dich bei uns auch beruflich weiter fortbilden: Wenn du deine Ausbildung um ein Jahr verlängerst, kannst du den Abschluss zur Einzelhandelskauffrau / zum Einzelhandelskaufmann anschließen – oder direkt als Verkäuferin/Verkäufer durchstarten!

Du passt zu uns, wenn ...
... du voller Energie in einem abwechslungsreichen Job durchstarten willst.
... du dabei deine Talente entdecken willst.
... du Teil eines großen Teams werden willst.

AC-Drogeriemarkt, Frau Meier, Domstraße 64, 52062 Aachen

1 Die Anzeige enthält wichtige Informationen, die du bei deiner Bewerbung berücksichtigen solltest.

a. Markiere wichtige Informationen über das Drogerieunternehmen.
b. Markiere, was das Unternehmen den Auszubildenden bietet.
c. Markiere in einer anderen Farbe, was von dir in der Ausbildung erwartet wird.
d. Umkreise die Eigenschaften oder Fähigkeiten aus der folgenden Liste, die zu dem Stellenangebot passen könnten.

kontaktfreudig | neugierig | mathematisch begabt | teamfähig | offen für neue Aufgaben | selbstständig | kreativ

D wie Deutsch 9

Das Arbeitsheft Basis und Plus

Lösungen

Seite 6

1 a. *Wichtige Informationen über das Unternehmen:*
- Adresse: AC-Drogeriemarkt – Standort: 52062 Aachen, Domstraße 64
- Start der Ausbildung: 15.08.20.
- Dauer der Ausbildung: 2 Jahre

1 b. *Was das Unternehmen den Auszubildenden bietet:*
- Übernahme nach dem Abschluss garantiert direkt in ein unbefristetes Arbeitsverhältnis
- berufliche Weiterbildung als Einzelhandelskauffrau

1 c. Erwartungen in der Ausbildung:
- einen abwechslungsreichen und kommunikativen Beruf ergreifen wollen
- voller Energie sein
- Talente entdecken wollen
- Arbeiten im Team

220008874

1 d. Passende Eigenschaften:
kontaktfreudig, neugierig, teamfähig, offen für neue Aufgaben

Seite 7

2 [5] die Anrede, wenn der Name bekannt ist, sonst: Sehr geehrte Damen und …
[1] der Absender, mit Kontaktdaten (E-Mail-Adresse, Telefonnummer)
[9] die Auflistung des Beigefügten (die Anlagen)
[4] der Betreff mit Ausbildungswunsch
[3] die Anschrift (zuständige Abteilung/Person angeben)
[7] der Gruß
[6] Haupttext mit Bewerbung und Begründung
[2] der Ort, das Datum
[8] die Unterschrift (Vor- und Zuname)

3 a. Enthalten sind:– die Anrede, wenn der Name bekannt ist, sonst: Sehr geehrte Damen und …
- der Absender, mit Kontaktdaten (E-Mail-Adresse, Telefonnummer und ggf. Adresse kann unter dem Namen platziert werden)
- der Betreff mit Ausbildungswunsch
- der Gruß
- Haupttext mit Bewerbung und Begründung
- die Unterschrift (Vor- und Zuname) in getippter Form

3 b. Hinzu kommen:
- E-Mail-Adresse des Empfängers; ggf. CC ein weiterer Empfänger, der diese E-Mail nur als Information erhält
- eingefügte Anlagen

Seite 8

4 Hallo Frau Meier,
über die Internetseite ~~ihres~~ Ihres Unternehmens bin ich auf ~~ihre~~ Ihre Anzeige aufmerksam geworden. Hiermit bewerbe ich mich bei ~~ihnen~~ Ihnen um einen Ausbildungsplatz als […]

5 Anrede: Sehr geehrte Frau Meier, …
Grußformel: Mit freundlichen Grüßen

6 *Beispiel für eine Lösung:*
Ich glaube, dass ich ein sehr kontaktfreudiger Mensch bin. Somit bin ich davon überzeugt, dass ich sehr teamfähig und neugierig auf weitere Aufgaben bin.

7 Ich könnte mir vorstellen, die Ausbildung zur Einzelhandelskauffrau anzuschließen. / Ich hätte Interesse daran Ihre Fortbildungsangebote zu nutzen.

8 Über eine Rückmeldung würde ich mich sehr freuen.

9 *Überarbeitetes Schreiben:*
Betreff: Bewerbung um einen Ausbildungsplatz als Verkäuferin
Sehr geehrte Frau Meier,
über die Internetseite Ihres Unternehmens bin ich auf Ihre Anzeige aufmerksam geworden. Hiermit bewerbe ich mich bei Ihnen um einen Ausbildungsplatz als Verkäuferin.
Zurzeit besuche ich die Klasse 9 der Gesamtschule am Park und werde diese voraussichtlich im nächsten Jahr mit dem Mittleren Schulabschluss verlassen.
Ich glaube, dass ich ein sehr kontaktfreudiger Mensch bin. Somit bin ich davon überzeugt, dass ich sehr teamfähig und neugierig auf weitere Aufgaben bin.
Ich könnte mir vorstellen, die Ausbildung zur Einzelhandelskauffrau anzuschießen. Ebenso hätte ich Interesse daran, Ihre Fortbildungsangebote zu nutzen.
Über eine Rückmeldung würde ich mich sehr freuen.

Mit freundlichen Grüßen
Julie Mertens

10 **a.** Betreff: Bewerbung um einen Ausbildungsplatz als Verkäuferin

10 **b.**
Sehr geehrte Frau Meier,
hiermit schicke ich Ihnen meine Bewerbungsunterlagen für einen Ausbildungsplatz als Verkäuferin. Im Anhang finden Sie meinen Lebenslauf sowie eine Kopie meines letzten Zeugnisses als PDF.
Mit freundlichen Grüßen
Julie Mertens

Seite 9

2 **a.** Es fehlen:
- Forderung/Bitte
- mögliche Verbesserungsvorschläge

2 **b.**
Unverschämtheit!!!! → Betreff
Hallo! → Anrede
Ich bin sehr wütend. Ich wurde in eurem Laden echt mies behandelt. → der Grund des Schreibens
Ich bin schließlich ein Kunde und erwarte eine Beratung zu Ihren Produkten. → die genaue Beschreibung es Beschwerdegrunds
Mit freundlichen Grüßen → die Grußformel

Seite 10

3 *Möglicher Betreff:*
Beschwerde über das Verhalten Ihrer Mitarbeiterinnen und Mitarbeiter bei meinem Besuch

4 **a.** Bisher bin ich in Ihrem Geschäft immer kompetent beraten worden.

4 **b.** Ich bin seit mehreren Jahren Kundin in Ihrem Geschäft und bisher gab es keinen Grund zur Beschwerde.

5 **a.** und **b.**
Unverschämtheit → Beschwerde über das Verhalten Ihrer Mitarbeiterinnen und Mitarbeiter bei meinem Besuch
Ich bin sehr wütend → Ich habe mich über das Verhalten Ihrer Mitarbeiterinnen und Mitarbeiter sehr geärgert.
Das Verhalten geht nicht. → Das Verhalten ist nicht zu akzeptieren.

6 **a.** Die Mitarbeiterin versprach mir, dass ich in Kürze das neue Tablet bekäme.
Am Telefon erhielt ich die Auskunft, dass der Vorgang schon längst erledigt sei.
Die schnelle Bearbeitung meiner Beschwerde würde ich begrüßen.
Sie könnten Ihren Service verbessern.

Seite 11

6 **b.** Bei meinem nächsten Besuch würde ich mir wünschen, dass ich freundlich bedient werde. Es wäre schön, wenn Sie diese Situation mit Ihren Mitarbeiterinnen und Mitarbeitern besprechen.

7 Ich hätte mir gewünscht, dass Ihr Kollege, der sich mit dem Produkt nicht auskannte, eine Kollegin oder einen Kollegen fragt. Auch hätte er die Produktseite des Herstellers im Internet aufrufen oder die Hotline des Herstellers anrufen können.

8 Von: aaron.meuer@example.com
Beschwerde über das Verhalten Ihrer Mitarbeiterinnen und Mitarbeiter
Sehr geehrte Damen und Herren,
Ich habe mich über das Verhalten Ihrer Mitarbeiterinnen und Mitarbeiter mir als Kunden gegenüber sehr geärgert. Ich war heute bei Ihnen im Laden und suchte eine passende Hülle zu meinem Tablet. Zunächst wurde ich kreuz und quer durch den Laden geschickt und dann von Ihrem Verkäufer erst nicht beachtet und dann auch nicht beraten. Dieses Verhalten ist nicht zu akzeptieren. Ich hätte mir gewünscht, dass Ihr Kollege, der sich mit dem Produkt nicht auskannte, eine Kollegin oder einen Kollegen fragt. Auch hätte er die Produktseite des Herstellers im Internet aufrufen oder die Hotline des Herstellers anrufen können.
Bei meinem nächsten Besuch würde ich mir wünschen, dass ich freundlich bedient werde. Es wäre schön, wenn Sie diese Situation mit Ihren Mitarbeiterinnen und Mitarbeitern besprechen.
Mit freundlichen Grüßen
Aaron Maurer

Seite 12

2 *Beispiel für eine Lösung:*
Keine Gewährleistung wird für Schäden übernommen, die aus unsachgemäßer Verwendung oder unsachgemäßer Reparatur entstehen.
Die Garantiebedingungen befinden sich in der beiliegenden Garantiebescheinigung.
Um die Garantie in Anspruch zu nehmen, muss der Kunde unbedingt die Rechnung aufbewahren.

Seite 13

3 *Benötigte Informationen:*
das.elektrogeschäft@example.com; Bestellnummer: 3562571/2021; Bestelldatum: 10.09.2021; Artikelnummer: 57557; Kopfhörer EH 456; Preis: 39,95 €

4 Es fehlen:
- die Erwartung/Bitte/Forderung
- der Zeitpunkt, bis wann die Forderung erfüllt sein soll

5 *Beispiel für eine Lösung:*
nach dem Gruß/der Unterschrift

6 *Möglicher Betreff:*
Reklamation der Kopfhörer EH456, Bestellnummer 3562571/2021

Seite 14

7 **a.** Gemäß Ihrer AGB gilt in diesem Fall, dass Sie gewährleisten, dass die Produkte frei von Mängeln sind. Das Recht auf Austausch oder Reparatur steht mir im gesetzlichen Umfang zu.

7 **b.** Da sich die Gewährleistung auf den Schaden bezieht, wäre eine geeignete Stelle hinter dem Satz: Außerdem löst sich an einem Kabel die Isolierung.

8 **a.** Aufgrund des oben genannten Mangels bitte ich um Austausch oder Reparatur der Kopfhörer.

8 **b.** Ich möchte Sie bitten, den Artikel innerhalb von 14 Tagen zuzusenden.

9 *Beispiel für eine Lösung:*
Reklamation der Kopfhörer EH456,
Bestellnummer 3562571/2021
Sehr geehrte Damen und Herren,
am 10.09.2021 habe ich in Ihrem Online-Shop die Kopfhörer EH 456 bestellt.
Nach nun sechs Wochen rauscht die rechte Kopfhörerseite. Außerdem löst sich an einem Kabel die Isolierung. Gemäß Ihrer AGB gilt in diesem Fall, dass Sie gewährleisten, dass die Produkte frei von Mängeln sind. Das Recht auf Austausch oder Reparatur steht mir im gesetzlichen Umfang zu. Aufgrund des oben genannten Mangels bitte ich um Austausch oder Reparatur der Kopfhörer. Ich möchte Sie bitten, den Artikel innerhalb von 14 Tagen an folgende Adresse zu senden: Hanna Schmitz, Hauptstraße 2, 12345 Musterstadt.
Mit freundlichen Grüßen
Hanna Schmitz
Anlagen: Rechnung und Überweisungsnachweis

10 *Beispiel für eine Lösung:*
Hey Louisa, hier habe ich ein paar Tipps für dein Reklamationszuschreiben: Beginne deine Nachricht an den Händler mit einem aussagekräftigen Betreff. Nenne hier den Grund des Schreibens und die Bestellnummer, auf die du dich beziehst. Nach einer höflichen Anrede folgt nun die genaue Beschreibung des Mangels. Nenne hier den Zeitpunkt des Auftretens. Passend wäre es, sich an dieser Stelle auch auf die AGB des Händlers zu beziehen. Nenne anschließend deine Erwartung bzw. Forderung. Hier solltest du auch einen Zeitpunkt anführen, bis wann die Forderung erfüllt sein soll. Nach der Grußformel und deiner Unterschrift folgt der Hinweis auf die Nachweise.

Seite 17

2 *Beispiel für eine Lösung:*
In dem Text geht es um die Vorteile und Nachteile digitaler Mikrochips, die im Körper eingepflanzt werden.

3 *Beispiel für eine Lösung:*
Nahfeldkommunikation bedeutet, dass Daten über wenige Zentimeter kontaktlos übertragen werden.

4 *Pro Mikrochip:*
nützliches, digitales Hilfsmittel; sehr klein, aber mächtig wie ein Computer; kontaktlose Nutzung; viele Möglichkeiten zur Nutzung
Kontra Mikrochip:
erhebliches Datenrisiko; Hacker können Chips knacken und auslesen; geringer Datenspeicher

5 *Zusätzliche Argumente aus der Grafik:*
Daten auf dem Mikrochip lassen sich auch für medizinische (Not-)Fälle nutzen. Auch könnte der Chip als Schlüsselersatz dienen.

Seite 18

6 **a.** *Pro Mikrochip:*
Es besteht ein großer Nutzen bei Unfällen oder gesundheitlichen Notfällen, wenn man direkten Zugriff auf die Krankheiten eines Patienten hat. Auch beim Wiederaufwinden von verirrten Menschen kann der Chip hilfreich sein.
Kontra Mikrochip:
Daten können geklaut und gegen einen verwendet werden. Auch müssen die Chips ständig erneuert werden. Man wird zu einem „gläsernen Menschen", da alle möglichen Daten schnell einsehbar sind.

7 Ich bin für/gegen das Implantieren von Mikrochips.

9 *Beispiel für eine Lösung:*
Ich finde das Einpflanzen von Mikrochips bedenklich, **weil** es mich zu einem gläsernen Menschen werden lässt. Wenn ich diesen Chip **beispielsweise** zum Einkaufen nutze, kann man ablesen, was ich wo einkaufe. **Aus diesem Grund** bin ich gegen die Nutzung dieser Chips.

Seite 19

10 *Beispiel für eine Lösung:*
A Der technologische Fortschritt erleichtert unseren Alltag. Immer mehr Menschen nutzen eingepflanzte Mikrochips, um digital zu bezahlen oder Informationen über sich zu speichern. Ich finde es sinnvoll, diese Mikrochips zu nutzen.
B Der Mensch wird immer gläserner. Das Einpflanzen von Mikrochips ist ein weiterer Schritt in die Richtung, zu viele persönliche Daten preiszugeben. Ich finde es nicht sinnvoll, einen Chip im Körper zu tragen.

11 **a.** und **b.** *Beispiel für eine Lösung:*
Gegenargument (am wichtigsten): viel Geld verdienen
Gegenargument (wichtig): Eintritt ins Showbiz
Gegenargument (weniger wichtig): schöne Erfahrungen
1. Argument (weniger wichtig): praktisch, z. B. kann man damit bezahlen
2. Argument (wichtig): kontaktlose Nutzung, z. B. als Schlüsselersatz; Gegenargument: Hacker können Daten ausspionieren
Entkräftung: ist auch bei anderen Geräten, die man täglich nutzt (Smartphone, Computer) möglich
3. Argument (am wichtigsten): kann Leben retten, z. B. indem Informationen über Krankheiten, Medikamente bei einem Unfall abgelesen werden können

13 *Beispiel für eine Lösung:*
Der technologische Fortschritt erleichtert unseren Alltag. Immer mehr Menschen nutzen eingepflanzte Mikrochips, um digital zu bezahlen oder Informationen über sich zu speichern.
Ich finde es sinnvoll, diese Mikrochips zu nutzen, denn sie können uns in vielen Situationen im Alltag nützlich sein. Ich muss zum Beispiel kein Bargeld oder keine EC-Karte mit mir herumtragen, weil ich mit dem Chip unter meiner Haut kontaktlos bezahlen kann. Diese kleinen Chips sind mächtig wie ein Computer und können meine wichtigsten Daten speichern.
Firmen können zwar die Daten einsehen und nutzen, aber das kann auch von Vorteil sein, wenn mir zum Beispiel beim Einkaufen automatisch individuelle Angebote gemacht werden.
Am meisten überzeugt mich aber das Argument, dass wichtige medizinische Daten im Notfall sofort bei mir abgelesen werden können. So kann zum Beispiel meine gespeicherte Blutgruppe oder mein Notfallkontakt in einem Krankenhaus sofort ausgelesen und genutzt werden. Das kann vielleicht sogar Leben retten.
Insgesamt denke ich, dass die digitale Technik bald so weit fortgeschritten ist, dass jeder Mensch mit einem Datenchip im Körper herumläuft und alltägliche Dinge gar nicht mehr ohne diese Technik funktionieren.

Seite 21

2 *Beispiel für eine Lösung:*
In dem Artikel geht es darum, welche Vor- und Nachteile der Beruf Influencer/-in hat.

3 und **4** *Pro:*
- Einladung zu den besten Partys und in die teuersten Hotels
- Hobby wird zum Beruf
- man kann viel Geld verdienen, wenn man Erfolg hat
- man kann berühmt werden; Eintritt in das Showbiz (z. B. weitere Jobs dadurch bekommen)
- man kann Unternehmer werden mit eigenen Marken und Produktlinien

Kontra:
- Einkommen ist nicht beständig
- mittlerweile schwer, Erfolg zu haben (eher Nische bedienen)
- zunächst einige Jahre unbezahlt arbeiten
- viele Kritiker; ggf. auch Hasskommentare
- viel Arbeit hinter einem einzigen Post
- kein Urlaub, da in dieser Zeit keine Posts gemacht werden
- fließende Grenzen zwischen Privatem und Beruf
- viel Hintergrundarbeit (z. B. Verträge aushandeln)

5 tolle Reisen; man lernt fremde, exotische Länder kennen

Seite 22

6 Influencer/-innen können bei entsprechendem Einsatz mehr als 30.000 Euro im Monat und damit mehr als andere Berufe, z. B. Politiker/-innen, verdienen.

7

Pro-Argumente	
Argument	**Beispiel**
Man kann sehr viel Geld verdienen.	Bis zu mehr als 30.000 Euro im Monat sind möglich.
Man macht schöne Erfahrungen.	Man lernt interessante Länder kennen.
Als Top-Influencer ist es nicht weit bis ins Showbiz.	Man kann z. B. als Fernsehmoderator/-in arbeiten.

Kontra-Argumente	
Argument	**Beispiel**
Zuerst hat man keine finanzielle Sicherheit.	Man muss einige Jahre unbezahlt arbeiten.
Man setzt sich Hasskommentaren aus.	Sabrina wurde unterstellt, sie sei magersüchtig.
Man muss nahezu pausenlos arbeiten.	Urlaub machen ist quasi nicht möglich.

8 Für den Job als Influencef/-in benötigt man ein gutes Nervenkostüm, weil man im Netz auch mit Hass konfrontiert wird. So wurde beispielsweise eine Bloggerin mit üblen Worten beschimpft. Andererseits lernt man durch die Arbeit auch viele nette Leute kennen. Deshalb sollte man sich genau überlegen, ob man diesen Job dauerhaft ausüben möchte.

9 *Argument:* denn, wegen
Gegenargument: jedoch, andererseits, obwohl
Beispiel: zum Beispiel
Schlussfolgerung: folglich, daher, darum

Seite 23

10 *Beispiel für eine Lösung:*
Ich bin der Meinung, dass der Beruf „Influencer/-in" mehr Nachteile als Vorteile hat.

11 **a.** und **b.** *Beispiel für eine Lösung:*
Gegenargument (am wichtigsten): viel Geld verdienen
Gegenargument (wichtig): Eintritt ins Showbiz
Gegenargument (weniger wichtig): schöne Erfahrungen
Argument (weniger wichtig): Hasskommentare
Argument (wichtig): keine finanzielle Sicherheit
Argument (am wichtigsten): pausenlos arbeiten

13 *Beispiel für eine Lösung:*
Viele Jugendliche begeistern sich für einen „neuen" Beruf – immer mehr Jungen und Mädchen möchten „Influencer/-in" werden. In meinem argumentierenden Text möchte ich detailliert zeigen, welche Vor- und Nachteile dieser Beruf hat. Ich persönlich bin der festen Überzeugung, dass die Nachteile überwiegen. Natürlich ist es richtig, dass man als Influencer/-in sehr viel Geld verdienen kann. Statistiken zeigen, dass im oberen Bereich höhere Einkommen als bei vergleichbaren Berufen erzielt werden können: So kommen beispielsweise die erfolgreichsten Influencer/-innen auf Einnahmen, die die 30.000 Euro pro Monat überschreiten. Außerdem können die besten und erfolgreichsten Influencer/-innen auch den Sprung ins Showbiz schaffen, wo sie zum Beispiel dann als Moderator/-in arbeiten oder auch in Filmen oder Serien Rollen übernehmen können. Auch gehört es zu den Vorteilen des Berufes, dass man viele schöne Erfahrungen in diesem Beruf machen kann. So lernt man beispielsweise als Reiseinfluencer/-in viele interessante Länder kennen, die man dann den „Followern" vorstellen kann.
Demgegenüber stehen aber eine Reihe von gewichtigen Nachteilen, die diesen Beruf ausmachen. So ist man natürlich auch Hasskommentaren ausgesetzt, gerade, wenn man erfolgreich ist. So wurde zum Beispiel eine Bloggerin auf üble Weise als magersüchtig beschimpft. Und sosehr es auch stimmen mag, dass man viel Geld verdienen kann, ist es doch eher so, dass die Einnahmen vieler Influencer/-innen schwankend sind. Als Beispiel sei hier nur genannt, dass man häufig zunächst einige Jahre unbezahlt arbeiten muss. Am wichtigsten scheint es mir aber zu sein, dass man in diesem Beruf nahezu ohne Pause arbeiten muss, denn es schadet der Reichweite, wenn man zwei Wochen nichts postet. Ein Urlaub ist zum Beispiel aus diesen Gründen dann nicht möglich.
Aus den genannten Gründen bin ich der Meinung, dass bei diesem Beruf die Nachteile überwiegen. Deshalb sollte man es sich sehr genau überlegen, ob man diesen Beruf ergreifen möchte.

⊠ Seite 26

2 Es geht in den Materialien um die Frage, ob Anonymität im Internet gut oder schlecht ist. Man muss sich die Frage stellen, ob die Regeln der analogen Welt auch im digitalen Bereich gelten sollten.

3 **a.** bis **c.**

Pro-Argumente (für eine Klarnamenpflicht)	
Argument	**Beispiel**
Politiker bekommen anonyme Drohbotschaften.	Angela Merkel, Cem Özdemir, Christian Lindner und Journalisten
Regeln der analogen Welt müssen auch im Netz gelten.	Politiker Schäuble fordert Klarnamenpflicht.
Politische Debatte funktioniert nur mit Gesicht.	Daniel Mack: „Wer sein Gesicht nicht zeigt, dem kann ich nicht trauen."
Kommunikation muss von persönlich Verantwortlichen leben.	Auf einem Plakat sollten Name und Adresse stehen.

Kontra-Argumente (gegen eine Klarnamenpflicht)	
Argument	**Beispiel**
Anonymität sichert freie Meinungsäußerung.	Im Alltag läuft niemand mit Namensschild herum.
Anonymität bietet Schutz vor Diskriminierung.	Was für Leserbriefe gilt, soll auch für Posts im Internet gelten.
Bei heiklen Themen ist Anonymität sinnvoll.	Paare mit Kinderwunsch oder Kranke
Anonyme Nutzung des Internets wird als wichtig empfunden.	Umfrage 2016: Über 60% wünschen sich Anonymität im Netz.

4 *begründen:* **B** daher, deshalb, deswegen, darum, aus diesem Grund, weil
Folgen aufzeigen: **F** also, folglich, demzufolge, demnach, infolgedessen, daraus folgt
Gegensatz aufzeigen: **E** jedoch, hingegen, zwar ... aber, dessen ungeachtet, einerseits, andererseits, auf der anderen Seite
aneinanderreihen: **A** außerdem, überdies, nicht zuletzt, ebenso gleichzeitig, des Weiteren, hinzu kommt
Bedingungen nennen: **C** sonst, andernfalls, unter der Bedingung, dass, nur wenn
abwägen/gewichten: **D** vor allem, schwerer wiegt, insbesondere, überzeugender ist, ausschlaggebend ist, entscheidend ist

5 **a.** Ich bin für die Klarnamenpflicht im Netz.

5 **b.** Ich möchte alle erreichen, die im Netz unterwegs sind.

Seite 27

6 **a.** und **b.** *Beispiel für eine Lösung:*
Gegenargument (am wichtigsten): Bei heiklen Themen ist Anonymität sinnvoll.
Gegenargument (wichtig): Anonymität sichert freie Meinungsäußerung.
Gegenargument (weniger wichtig): Anonymität bietet Schutz vor Diskriminierung.
Argument (weniger wichtig): Politische Debatte funktioniert nur, wenn man Gesicht zeigt.
Argument (wichtig): Regeln der analogen Welt müssen auch im Netz gelten.
Argument (am wichtigsten): Politiker/-innen und Journalisten bekommen anonyme Drohbotschaften.

7 *Beispiel für eine Lösung:*
In meinem argumentierenden Text möchte ich zum Thema „Klarnamenpflicht im Netz" Stellung nehmen. Angesichts zahlreicher Hasskommentare im Internet gerade heutzutage hat dieses Thema hohe Aktualität. Ich selbst bin für eine Klarnamenpflicht im Netz.
Natürlich ist es richtig, dass bei heiklen Themen die Anonymität im Netz sinnvoll ist. Wenn zum Beispiel Paare, deren Kinderwunsch bislang unerfüllt blieb, sich Hilfe in Foren holen, ist es verständlich, dass sie anonym bleiben wollen. Auch ist es durchaus verständlich, wenn Gegner der Klarnamenpflicht für eine freie Meinungsäußerung plädieren, indem sie begründen, dass diese nur ohne Namensnennung möglich ist. Vergleichend mit dem realen Leben beispielsweise führen sie an, dass im Alltag die Menschen auch ohne Namensschild herumlaufen. Hinzu kommt, dass die Anonymität im Netz Schutz vor Diskriminierung bedeutet. Beispielhaft könnte hier eine Umfrage aus dem Jahr 2016 sein, nach der sich mehr als 60% der Befragten Anonymität im Netz wünschen.
Demgegenüber stehen jedoch eine Reihe wichtiger Argumente, die eine Klarnamenpflicht im Netz sinnvoll und wünschenswert erscheinen lassen. Als Erstes kann den Gegnern der Klarnamenpflicht entgegenhalten werden, dass eine politische Debatte nur funktionieren kann, wenn man Gesicht zeigt. So erläutert zum Beispiel Daniel Mack, dass man schlecht Menschen trauen kann, die ihr Gesicht nicht zeigen. Dabei ist es letztlich egal, ob die Debatte im Bierzelt oder im Netz stattfindet. Dazu passt, dass die Regeln der analogen Welt natürlich auch im Netz gelten müssen. Auch der Politiker Wolfgang Schäuble ist sich sicher, dass die Forderung nach einer Klarnamenpflicht im Netz sinnvoll ist. Letztlich entscheidend für mich bei der Frage, ob man eine Klarnamenpflicht im Netz einführt, ist, dass Politiker/-innen und Journalisten, die sich politisch äußern, anonyme Drohbotschaften bekommen. So leiden zahlreiche Politikerinnen und Politiker, wie z. B. Angela Merkel, Cem Özdemir oder Christian Lindner, unter anonymen Hassbotschaften.
Auch wenn die Argumente der Gegner der Klarnamenpflicht sicherlich nicht von der Hand zu weisen sind, zeigen die Beispiele besonders eindringlich, wie gefährlich die Anonymität des Internets sein kann und wie dringend wir eine Klarnamenpflicht brauchen.

Seite 29

2 **a.** Beim Couchsurfing handelt es sich um organisierte kostenlose Übernachtungen bei Fremden.

2 **b.** Eine global aktive Community ist eine Gemeinschaft, die sich über die ganze Welt aktiv miteinander austauscht und sich unterstützt.

2 c. Vgl. Lösung zu 3 a.

Seite 31

3 a.

M 1

Wichtige Informationen:

- organisierte kurze Übernachtung bei Fremden
- kostenlos
- Reiseempfehlung von Einheimischen
- Freundschaften
- Anmeldung über Internetseite

Fachbegriffe:

- global aktive Community = Gemeinschaft, die sich über die ganze Welt aktiv austauscht
- authentische Reiseempfehlung = zuverlässige Reiseempfehlung
- kultureller Austausch = Austausch, bei dem man die Kultur / das Leben eines anderen Landes kennenlernt
- Bewertung über Host = Bewertung über den Gastgeber

M 2

Wichtige Informationen:

Vorteile:

- drei Nächte oder weniger (vgl. Z. 8)
- Leben in anderen Länder kennenlernen (vgl. Z. 17)
- Unterschiedlichkeit der Menschen (vgl. Z. 15)
- als Dank kleine Geschenke (vgl. Z. 22)
- Freunde einladen, Unternehmungen machen (vgl. Z. 29)
- kein Zwang, jemanden aufzunehmen (vgl. Z. 32)

Nachteile:

- manchmal komisches Gefühl (vgl. Z. 4)
- kostet Zeit und Geld (vgl. Z. 14)
- anstrengend (vgl. Z. 34)

Fachbegriffe:

- stilles Commitment = unausgesprochene Vereinbahrung

M 3

Wichtige Informationen:

- Störung der Privatsphäre = Hauptgrund der Ablehnung
- Frauen haben mehr Angst als Männer, an einen Kriminellen zu geraten und bestohlen zu werden, und Bedenken, dass man jemanden nicht mehr los wird
- Mehr Frauen haben Angst, dass Couchsurfing als Dating interpretiert wird.

4 Vgl. Lösung zu 3 a.

5 a. (vgl. M 2, Z. 15 bis 18)

5 b. (vgl. M 2, Z. 33 bis 35)

5 c. Die Couchsurferin beschreibt, dass man sich nur darauf einlassen sollte, wenn man auch wirklich Zeit und die Muße dazu hat, denn ein Besuch ist trotzdem auch anstrengend.

Seite 33

7 *Beispiel für eine Lösung:*

Äste der Mindmap:

Merkmale: kostenlose Übernachtung, ca. drei Nächte, Anmeldung über Internetseite, Profil erstellen

Vorteile: Kosten sparen, Freunde finden, verschiedenen Kulturen kennenlernen, authentische Reisempfehlungen

Nachteile: komisches Gefühl, anstrengend, Zeit

Gast: Profil anmelden übers Internet, Host suchen, evtl. kleines Geschenk

Gastgeber: bietet Schlafgelegenheit, evtl. Essen und Unternehmungen an

8 *Beispiel für eine Lösung:*

Couchsurfing – günstig und cool!

Wer so günstig wie möglich an den unterschiedlichsten Orten der Welt übernachten will, der sollte Couchsurfen!

Beim Couchsurfing handelt es sich um organisierte kostenlose Übernachtungen bei Fremden. Couchsurfing wird vor allem von jungen Menschen genutzt. Man meldet sich auf einer Couchsurfing-Internetseite an, erstellt ein Profil und sucht dort weltweit nach Übernachtungsmöglichkeiten oder bietet seine eigene Couch an.

Die Vorteile des Couchsurfens sind vor allem das günstige Übernachten an Orten auf der ganzen Welt und die Möglichkeit, mit Einheimischen in Kontakt zu kommen, Unternehmungen zu machen, das Land kennenzulernen und Freunde zu finden.

Die Nachteile dieser Art zu reisen können unangenehme Gäste sein oder die Zeit und das Geld, das man eventuell für die Gäste investiert. Es kann auch anstrengend sein, fremde Menschen bei sich aufzunehmen und sich auf sie einzulassen.

Eine Befragung hat ergeben, dass der Hauptgrund für eine Ablehnung des Couchsurfens die Störung der Privatsphäre sei. Vor allem Frauen haben außerdem Angst, an Kriminelle zu geraten und bestohlen zu werden.

Insgesamt gesehen ist Couchsurfing aber die beste Möglichkeit, günstig zu reisen, bei Einheimischen zu wohnen, Reisefreunde fürs Leben zu finden oder Reisende zu beherbergen, die in deine Stadt kommen.

☒ Seite 34 / Seite 35 / Seite 36

2, **3** und **5** *Informationen für die Tabelle:*

M 1

Wichtige Informationen:

Die Bundesrepublik Deutschland verpflichtet sich in ihrem Klimaschutzplan, bis 2050 treibhausgasneutral zu sein.

Fachbegriffe:
- die Treibhausgasneutralität = Verzicht auf den Ausstoß von Treibhausgasen durch den Einsatz alternativer Energien

M 2

Wichtige Informationen:
- Der klassische Schiffsverkehr stößt durch die Nutzung fossiler Brennstoffe mehr Schadstoffe aus als der klassische Kraftfahrzeugverkehr.
- Solarschiffe nutzen hingegen die Kraft der Sonne und damit einen Teil oder 100% Solarstrom zur Fortbewegung.
- Das Glas in den Solarpanels sammelt das Sonnenlicht und gibt dieses als Gleichstrom an einen Wechselrichter. Es bietet ideale technische Eigenschaften für die Nutzung im Freien.

Fachbegriffe:
- fossil = hier: „alt" bzw. „sehr alt"
- fossile Energieträger = Kohle, Erdöl, Erdgas
- das Panel (engl.) = die Tafel
- der Wechselrichter = elektrisches Gerät zur Umwandlung von Gleichspannung in Wechselspannung
- das Modul = hier: die Einheit
- monokristalline Zellen = bestehen aus einem einzigen Siliziumkristall, haben einen höheren Wirkungsgrad als andere Siliziumzellen

M 3

Wichtige Informationen:
In den Solarpanels werden die Elektronen und die Protonen innerhalb der Grenzschicht zur Wanderung an den Plus- bzw. Minuspol angeregt und erzeugen damit den Stromfluss.

Fachbegriffe:
- das Elektron, die Elektronen = negativ geladenes Elementarteilchen
- das Proton, die Protonen = positiv geladenes Elementarteilchen

M 4

Wichtige Informationen:
- David und Alex Borton legten mit ihrem Solarboot, der Wayward Sun, eine Strecke von Washington nach Alaska zurück.
- Energie erhielten sie von einer 1700 Watt-Photovoltaik-Anlage auf dem Bootsdach.
- Dank stärkerer Module, Batterien und eines effizienteren elektrischen Antriebs konnten die beiden selbst bei bedecktem Himmel bis zu drei Knoten fahren, ohne die Batterien zu verbrauchen.
- bei direkter Sonneneinstrahlung sogar bis zu fünf Knoten ohne Nutzung der Batterien
- Solarboote sind bis heute noch seltene Fortbewegungsmittel.
- „Alstersonne" = erstes Solarschiff in Hamburg
- Solar-Katamaran MS Turanor PlanetSolar: Weltumsegelung in 19 Monaten

Fachbegriffe:
- effizient = wirkungsvoll
- der Knoten (kn) = hier: eine Seemeile pro Stunde

4 Solarschiffe nutzen für die Umwandlung der Sonnenenergie in elektrische Energie „Solarpanels". Durch die mit der Sonneneinstrahlung zugeführten Energie werden in den Solarpanels die Elektronen und die Protonen innerhalb der Grenzschicht zur Wanderung an den Plus- bzw. Minuspol angeregt und erzeugen damit den Stromfluss.

Seite 38

6 **a.** „Deutschlands Langfristziel ist es, bis zum Jahr 2050 weitgehend treibhausgasneutral zu werden." (vgl. M 1, Z. 4 bis 5) [alternativ: vgl. M 1, Z. 4 bis 5]

6 **b.** *Beispiel für eine Lösung:*
- Das Ziel, „bis Mitte 2050 weitgehend treibhausgasneutral zu werden", verfolgen auch die Hersteller solarbetriebener Schiffe: Erstmals wurde die Idee, Solarenergie für den Antrieb von Schiffen zu nutzen, 2010 beim Katamaran Turanor PlanetSolar umgesetzt (vgl. M 2, Z. 12 bis 13).
- „[D]ank der Fortschritte bei den Solarzellen und den effizienten elektrischen Antrieben und Hochleistungsbatterien ist es jetzt möglich, ein Solarboot mir vernünftigen Geschwindigkeiten und Unterkünften zu bauen, das kontinuierlich fahren kann" (M 4, Z. 30 bis 33). Durch diese Errungenschaften kann das Ziel, „bis Mitte 2050 weitgehend treibhausgasneutral zu werden" (vgl. M 1, Z. 4 bis 5), erreicht werden.

6 **c.** *Beispiel für eine Lösung:*
- „Die Forschung ist an umweltfreundlichen Lösungen interessiert, steht aber noch am Anfang" (M 2, Z. 5 bis 6), denn „bis heute" sind Solarboote noch „selten" (vgl. M 4, Z. 34).
- Seit Fertigstellung des Katamaran Turanor PlanetSolar hat die Forschung Schiffe mit Solarbetrieb für sich entdeckt (vgl. M 2, Z. 7). Denn er „umrundete von 2010 bis 2012 in 19 Monaten die Welt" (M 4, Z. 36 bis 37) und nutzte auf dieser Langstrecke Solarmodule und aufladbare Batterien zur Stromerzeugung bzw. -versorgung.

8 *Mögliche Gliederung:*

„Mehr Klimaschutz durch Solarschiffe"
- M 2: Gefährdung des Klimas durch klassischen Schiffsverkehr mit fossilen Energieträgern

- M 1: zentrales verbindliches Ziel, zu dem sich die Bundesrepublik Deutschland im Klimaschutzplan verpflichtet: Treibhausgasneutralität bis Mitte 2050
- solarbetriebene Schiffe als Lösung, um der Gefährdung des Klimas zu begegnen:
  - technische Eigenschaften solarbetriebener Schiffe: Solarpanels
  - Energiegewinnung mittels Solarpanels (Erläuterung des Vorgangs mithilfe der Grafik)
- M 3: erste Erfolge seit Entwicklung solarbetriebener Schiffe:
  - Alstersonne = erstes Solarschiff in Hamburg
  - Solar-Katamaran MS Turanor PlanetSolar: Weltumrundung in 19 Monaten von 2010 bis 2012
  - Solarboot Wayward Sun: Gebrüder Borton legen Strecke von Washington nach Alaska zurück, ohne Batterien an Land aufladen zu müssen.
- Zukunft solarbetriebener Schiffe
  - Bessere Solarboote mit vernünftigen Geschwindigkeiten und Unterkünften sind dank verbesserter Solarzellen und effizienterer elektrischer Antriebe möglich.

9 *Beispiel für eine Lösung:*

Solarschiffe für besseren Klimaschutz

Soll unser Klima weiterhin durch den klassischen Schiffsverkehr mit seinen fossilen Energieträgern gefährdet werden? Mit dieser Frage beschäftigt sich die Forschung seit zwei Jahrzehnten, denn der klassische Schiffsverkehr stößt erheblich mehr Schadstoffe aus als der Kraftverkehr. Mittlerweile hat sich die Bundesrepublik Deutschland in ihrem Klimaschutzplan dazu verpflichtet, „bis Mitte 2050 weitgehend treibhausgasneutral zu werden" (vgl. M 1, Z. 4). Auf welchem Wege kann nun ein klimafreundlicher Schiffsverkehr einen Beitrag zu diesem Ziel leisten?
Eine umweltfreundliche Lösung wird durch die Weiterentwicklung von Solarzellen bereitgestellt. Auf den Dächern von Booten oder Schiffen installiert, können sogenannte Solarpanels Sonnenenergie für den Antrieb nutzen. Die Umwandlung von Sonnenenergie in elektrischen Strom vollzieht sich dabei folgendermaßen: Jedes Solarpanel besteht aus zusammengeschalteten Solarzellen, in die das Sonnenlicht eindringt. Durch die mit der Sonneneinstrahlung zugeführte Energie werden in den Solarpanels die Elektronen und die Protonen innerhalb der Grenzschicht zur Wanderung an den Plus- bzw. Minuspol angeregt und erzeugen damit den Stromfluss.
Das Ausflugsschiff „Alstersonne" war das erste solarbetriebene Schiff, das auf der Hamburger Alster zum Einsatz kam. Ihm folgten weitere Solarschiffe, wie der Solar-Katamaran MS Turanor PlanetSolar, der von 2010 bis 2012 in 19 Monaten die Welt umrundete und dabei mit 100 % der Sonnenenergie auskam. Seitdem arbeitet die Forschung unablässig an der Produktion und Weiterentwicklung solarbetriebener Schiffe. Eine spektakuläre Schiffstour unternahmen im Mai 2021 David und Alex Borton, indem sie mit ihrem Solarboot Wayward Sun von Washington bis nach Juneau (Alaska) fuhren.
Die Energie lieferte dabei eine 1700-Watt-Photovoltaik-Anlage, die auf dem Dach des Bootes installiert wurde. Dank stärkerer Module, Batterien und eines effizienteren elektrischen Antriebs konnten die beiden selbst bei bedecktem Himmel bis zu drei Knoten fahren, ohne die Batterien zu verbrauchen; bei direkter Sonneneinstrahlung schafften sie es sogar bis zu fünf Knoten ohne Nutzung der Batterien. Aufgrund „der Fortschritte bei den Solarzellen und den effizienten elektrischen Antrieben und Hochleistungsbatterien" sei es – so Borton – „nun möglich, ein Solarboot mit vernünftigen Geschwindigkeiten und Unterkünften zu bauen, das kontinuierlich fahren kann, ohne jemals an Land aufgeladen zu werden" (M 4, Z. 31 bis 34).
Angesichts dieser Errungenschaften ist zu erwarten, dass in absehbarer Zeit immer mehr Schiffs- und Bootshersteller auf Solarenergie umrüsten, wodurch meines Erachtens ein wichtiger Beitrag zum Klimaschutz geleistet werden kann.

☒ Seite 39 / Seite 40

1 b., 2, 3, 4 und **5** *Informationen für die Tabelle:*

M 1 (Auszug aus Sachbuch)
Wichtige Informationen:
- vor Beginn des 21. Jahrhunderts: Fahrten ins Weltall nur für Astronauten, Beschäftigte einer Weltraumagentur oder Auserwählte einer Mission
- seit Kurzem: Reise ins Weltall auch für (wenige) Privatpersonen möglich
- erster Weltraumtourist: Dennis Tito im April 2001

Fachbegriffe:
eine Mission = eine (besondere) Beauftragung

M 2 (Grafik)
Wichtige Informationen:
Hauptgründe für eine Privatreise ins All sind
- eine Begegnung mit dem Universum zu erleben (59 %)
- Abenteuersinn und Pioniergeist ausleben zu wollen (55 %)

- spektakuläre Fotos und Videos zu machen (42 %)
- (nur) 33 % wollen Forschungszwecken dienlich sein 19 % wollen sich einen Kindheitstraum erfüllen

Fachbegriffe:
- existenziell = hier: bereichernd
- spektakulär = außerordentlich
- der Meilenstein = hier: die Errungenschaft

M 3 (Zeitungsartikel)

Wichtige Informationen:
- Raumflugzeug „VSS Unity" der Betreiberfirma Virgin Galactic absolvierte am 22.5.2021 einen mit zwei Piloten bemannten Weltraumtestflug.
- Verlauf: a) Start der Kapsel an Bord eines Trägerflugzeugs vom Weltraumbahnhof Spaceport America; b) Absetzen des Mutterschiffes (VSS Unity) in 14 km Höhe; c) Beschleunigung der Raumkapsel für 60 Sekunden; d) Fortsetzung des Fluges mit dreifacher Geschwindigkeit bis auf 89,2 km Höhe; e) sichere Rückkehr und Landung im Weltraumbahnhof
- ab 2022: Die 18 Meter lange „VSS Unity"-Kapsel soll Touristen ins All bringen. Anmeldung von 600 Menschen liegt bereits vor; Kosten für ein Ticket: 250000 Dollar

Fachbegriffe:
- das Trägerflugzeug = Flugzeug, das als „Träger" für ein anderes Flugobjekt genutzt wird
- der Weltraumbahnhof = Startplatz, von dem aus Trägerraketen mit Raumfahrzeugen in eine Umlaufbahn um den Planeten Erde starten
- das Mutterschiff = hier: Luftschiff, das dazu geeignet ist, ein kleineres Fortbewegungsmittel der gleichen oder auch anderer Art mit sich führen zu können

M 4 (Grafik)

Wichtige Informationen:
- Transport des Weltraumflugzeugs von einem Trägerflugzeug auf 15 Kilometer Höhe
- Zündung der Rakete per „Air Launch"
- Rakete fliegt auf maximal 110 Kilometer Höhe
- Zurückklappen der Tragflächen auf dem Rückweg zur Erde auf 21,5 km Höhe
- Zurückgleiten der Rakete zur Erde

Fachbegriffe:
- „Air Launch" = eine Rakete, ein Parasitenflugzeug oder eine andere Nutzlast wird von einem Mutterschiff oder einem Startflugzeug abgefeuert.

M 5 (Kommentar)

Wichtige Informationen:
- Beginn des privaten Weltraumtourismus, angeführt von den drei Multimilliardären Bezos, Branson und Musk im Juli 2021
- Reaktionen der Öffentlichkeit auf den privaten Weltraumtourismus: einerseits Faszination angesichts des immensen Fortschritts; andererseits Empörung über das teure Vergnügen, dass nur einer kleinen Elite vorbehalten ist

Fachbegriffe:
- elitärer Charakter = hier: nur einem Teil der Menschen (der „Elite") zugänglich
- Privatisierung = Umwandlung von öffentlichem Eigentum in privates Eigentum

Seite 42

6 *Vorteile:*
- Ohne Weltraumtourismus würde man die „private Raumfahrt abwürgen, bevor sie erblüht ist" (M 5, Z. 33 bis 34).
- Ohne die Privaten ist eine Rückkehr zum Mond kaum zu schaffen – geschweige denn ein bemannter Flug zum Mars.
- Firmen oder Universitäten können ein als Wohneinheit dienendes Modul mieten, um hier Experimente durchzuführen oder Materialien unter den Bedingungen der Schwerelosigkeit zu züchten (vgl. M 5, Z. 50 bis 51).
- Laut Bezos könnte die umweltverschmutzende Schwerindustrie in den Weltraum ausgelagert werden, um die Erde damit lebenswert zu halten (vgl. M 5, Z. 64).
- Visionen, wie die von Bezos u. Co, bringen die Raumfahrtindustrie voran (vgl. M 5, Z. 67).

Nachteile:
- „ein Vergnügen für Reiche" (M 5, Z. 24), denn die Flugpreise belaufen sich „auf 450 000 Dollar und mehr" (M 5, Z. 27 bis 28)
- Die von Bezos, Branson und Musk finanzierten Privatreisen ins All gleichen einem Konkurrenzkampf („Battle oft the Billionaires", M 5, Z. 23).
- Mit den Forschungsgeldern und Investitionen könnten die drei Billionäre gemeinnützigere Projekte unterstützen, z. B. den Kampf gegen den Klimawandel oder die Hungersnot.
- Der Raketenstart hinterlässt einen ökologischen Fußabdruck, der schwerwiegender ist als derjenige der Langstreckenflüge.

Seite 43

7 **a.** „Die Öffentlichkeit betrachtet den Beginn des privaten Weltraumtourismus mit gemischten Gefühlen." (vgl. M 5, Z. 18 bis 19), denn die Preise für ein Ticket ins All belaufen sich „auf 450.000 Dollar und mehr" (M 5, Z. 27 bis 28) und sind somit „ein Vergnügen für Reiche" (M 5, Z. 24).

7 **b.** Der Weltraumtourismus wird auf absehbare Zeit „ein Vergnügen für Reiche" bleiben (M 5, Z. 24), auch wenn Branson und Co. [...] möglichst vielen Menschen einen Zugang zum Weltraum verschaffen [...] wollen, um ihnen die Verletzlichkeit der Erde vor Augen zu führen" (M 5, Z. 26 bis 27).

8 bis **11** *Beispiel für eine Lösung:*

Privatreisen ins All

Im nächsten Monat findet an unserer Schule eine Projektwoche zum Thema „Reisen – früher und heute" statt. Während meiner Vorbereitung auf diese Woche bin ich auf einige interessante Materialien gestoßen, die Informationen über eine neue Form des Reisens, den sogenannten Weltraumtourismus, enthalten. Da dieses Thema uns in den nächsten Jahren weiter beschäftigen wird, möchte ich es im Folgenden näher erläutern, indem ich bereits durchgeführte Projekte anführe und dabei auch Vor- und Nachteile dieses exotischen Unterfangens erörtere.

Privatreisen ins All waren im letzten Jahrhundert noch undenkbar. Ausschließlich Astronauten, Beschäftigte einer Weltraumagentur oder Auserwählte einer Forschungsmission hatten die Gelegenheit, das Universum zu erkunden.

Im April 2001 stellte der amerikanische Geschäftsmann Dennis Tito erstmals unter Beweis, dass Privatreisen ins Universum realisierbar sind: Er zahlte 20 Millionen Dollar für einen einwöchigen Aufenthalt auf der Internationalen Raumstation und umkreiste 128-mal die Erde.

Seither wetteifern Multimillionäre um den spektakulärsten Flug ins All und ließen diesen im Sommer 2021 Wirklichkeit werden. Der britische Milliardär und Abenteurer Richard Branson machte mit seiner Firma Virgin Galactic den Anfang und stattete dem Weltraum einen Besuch ab. Jeff Bezos folgte ihm nur neun Tage später. Und auch Elon Musk, der Gründer von Space X, ließ den Multimillionär Jared Isaacman mit drei weiteren Gästen drei Tage lang in seinem Crew Dragon Raumschiff um die Erde kreisen.

Wie hat man sich nun den Ablauf eines solchen Fluges vorzustellen?

Die Flüge vollziehen sich grundsätzlich nach folgendem Muster: Das Weltraumflugzeug wird an einem Standort, dem Weltraumbahnhof, mithilfe eines weiteren Flugzeugs, dem sogenannten Trägerflugzeug, auf eine Höhe von maximal 15 Kilometer transportiert. Dort feuert das Mutterschiff dann das Weltraumflugzeug mittels Zündung ab. Die auf diesem Wege beschleunigte Rakete fliegt bis auf maximal 110 Kilometer Höhe. Wenn sie sich auf den Rückweg zur Erde begibt, fährt sie auf 21,5 Kilometer Höhe ihre Tragflächen wieder ein und kann dann zur Erde zurückgleiten.

Doch so spektakulär die Pionierflüge von Bezos, Branson und Musk auch sein mögen, sie bleiben vorerst das Privatvergnügen einer zahlungskräftigen Elite. Zieht man Umfragen hinzu, wird deutlich, dass diesen Privatflügen ins All eher das Image einer außerordentlichen Erlebnisreise anhaftet.

Auf die Frage nach den Gründen für eine Weltraumreise bekunden 59 % der Befragten, dass sie eine erlebnishafte „Begegnung mit dem Universum erleben" wollen.

Und 55 % der Befragten betonen, dass sie mit einer solchen Reise ihren „Abenteuersinn und Pioniergeist ausleben wollen". 42 % würden auf einer solchen Privatreise ins All „spektakuläre Fotos und Videos machen". Nur 33 % sähen sich als „Teil einer wissenschaftlichen und technologischen Mission" (vgl. M 4). Die von Bezos und seinen Konkurrenten finanzierten Flüge werden also in erster Linie als „Privatvergnügen" angesehen und nicht als Möglichkeit, die Erforschung des Weltalls weiter voranzutreiben. Dementsprechend betrachtet die Öffentlichkeit „den Beginn des privaten Weltraumtourismus mit gemischten Gefühlen" (vgl. M 5, Z. 18 bis 19), denn die Preise für ein Ticket ins All belaufen sich „auf 450.000 Dollar und mehr" (M 5, Z. 27 bis 28) und sind somit „ein Vergnügen für Reiche" (M 5, Z. 24). Ferner könnten die drei Billionäre mit den Forschungsgeldern und Investitionen gemeinnützigere Projekte unterstützen, z. B. den Kampf gegen den Klimawandel oder die Hungersnot. Außerdem hinterlässt der Raketenstart einen ökologischen Fußabdruck, der schwerwiegender ist als derjenige der Langstreckenflüge. Der Weltraumtourismus wird also auf absehbare Zeit „ein Vergnügen für Reiche" bleiben (M 5, Z. 24), auch wenn Branson und Co. [...] möglichst vielen Menschen einen Zugang zum Weltraum verschaffen [...] wollen, um ihnen die Verletzlichkeit der Erde vor Augen zu führen" (M 5, Z. 26 bis 27).

Andererseits bringen Visionen, wie die von Bezos, Branson und Musk die Raumfahrtindustrie voran (vgl. M 5, Z. 67). Laut Bezos könnte die umweltverschmutzende Schwerindustrie in den Weltraum ausgelagert werden, um die Erde damit lebenswert zu halten. Firmen oder Universitäten könnten ein als Wohneinheit dienendes Modul mieten, um hier Experimente durchzuführen oder Materialien unter den Bedingungen der Schwerelosigkeit zu züchten. Ohne die Privaten ist eine Rückkehr zum Mond also kaum zu

schaffen – geschweige denn ein bemannter Flug zum Mars.
Festzuhalten ist, dass die private Raumfahrtindustrie den Weltraumtourismus benötigt, um sich weiterentwickeln zu können. Langfristiges Ziel sollte es meines Erachtens jedoch immer sein, die immens teuren Privatreisen ins All mit einer Forschungsmission zu verbinden, um den Weltraum der Menschheit näherzubringen.

Seite 45

2 *Beispiel für eine Lösung:*
Sera ist nach den vorangegangenen Ereignissen verunsichert, will aber auch nicht neben ihren Klassenkameradinnen und Klassenkameraden schwach oder alleine wirken, daher nimmt sie all ihren Mut zusammen und fragt Niko, ob er mit ihr tanzen möchte.

Seite 46

3 *Beispiel für eine Lösung:*
Sera fordert Niko zum Tanzen auf, …
weil sie nicht das einzige Mädchen ohne Tanzpartner sein möchte.
weil sie Marko eifersüchtig machen will.
weil sie sich über ihn lustig machen will.

4 *Beispiel für eine Lösung:*
Gedanken:
- Er ist verwirrt über das Verhalten von Sera.
- Er ist unsicher, was sie damit bezweckt.

Wünsche:
- Er wünscht sich, dass er sie nicht enttäuscht.
- Er möchte, dass Sera und er einen schönen Abend haben.

Hoffnungen:
- Er hofft, dass Sera und er einen schönen Abend haben.
- Er hofft, dass sie sich damit nicht nur über ihn lustig machen möchte.
- Er hofft, dass Sera und er Freunde werden.

5 Sera hat Niko nicht zugetraut, dass er einfach so anfängt zu tanzen, obwohl alle um sie herum zu ihnen herübergucken.

6 *Beispiel für eine Lösung:*
Ich entscheide mich für A, weil sogar ihre Freundinnen sich gegen sie gestellt haben. Daher möchte sie zeigen, dass sie keinen Wert auf die Meinung anderer legt.

Seite 47

7 *Mögliche Reaktionen und Äußerungen:*
- Verwirrung → „Seit wann haben die denn was miteinander zu tun?"
- machen sich lustig → „Die bekommt wohl niemand anderen ab als den Außenseiter."
- Spott → „Die beiden haben sich aber verdient. Die tanzt mit einer Tiefseequalle."

Seite 48

9 *Beispiel für eine Lösung:*
Sera und Niko haben sich auf ihrer „Flucht" besser kennengelernt und das erste Mal auf Augenhöhe miteinander geredet. Sie haben sich vielleicht von ihren Ängsten und Wünschen erzählt. Dadurch, dass sie nur zu zweit waren, haben sie sich trotz aller Unterschiede ineinander verliebt.

10 a. – Stimme Nikos ist schön (vgl. Z. 2)
- Augen (vgl. Z. 5) und Wimpern (vgl. Z. 7)
- schöne Hände (vgl. Z. 7)
- Grübchen (vgl. Z. 8)
- witzig (vgl. Z. 11)

10 b. Little verlangt von Sera, dass sie nur etwas mit ihm anfangen solle, wenn sie es auch wirklich ernst meint. Er möchte nicht, dass Niko verletzt wird. Deshalb sagt er, dass Sera sich sicher sein soll, und es am besten lässt, wenn sie Bedenken hat. Dazu ist ihm sein Freund zu wichtig.

11 a. Am Anfang denkt Sera, sie könne nur mit den beliebten Leuten befreundet sein, weil Niko und sie komplett unterschiedlich sind.

11 b. Aber dann verbringt sie mehr Zeit mit Niko und merkt, dass Niko und sie eigentlich mehr Gemeinsamkeiten haben als Unterschiede, und erkennt, dass das Aussehen nicht das Wichtigste ist.

12 *Beispiel für eine Lösung:*
Ich habe Niko sehr gerne. Klar sieht er nicht so gut aus wie zum Beispiel Marco. Er scheint auch auf den ersten Blick gar nicht zu mir zu passen. Aber wenn ich ehrlich bin, habe ich genug von all diesen oberflächlichen, langweiligen Themen, über die meine ach so tollen „Freunde" so gerne reden. Niko ist anders, er ist kreativ und witzig. Irgendwie sind wir uns ähnlicher, als ich gedacht habe. Er tut mir gut, und dabei ist es egal, was die anderen denken. Er bringt mich zum Lachen. Bei ihm muss ich mir nie Gedanken machen, dass ich nicht cool genug bin. Bei ihm kann ich so sein, wie ich bin. Und das ist auch gut so! Eigentlich sollte es genau so sein.

Seite 51

2 a. Was für Samantha damals von Bedeutung war: Pferde, Schlemmermenü, der Gänsestein (vgl. Z. 2).

2 b. Welche Dinge heute für sie wichtig sind: Freundinnen, Instant Messaging, Handys, Jungs, Klamotten (Z. 3 bis 4).

3 Samantha bezieht sich auf den Wandel vom Kind zum jungen Erwachsenen, bei dem sich für sie alles ändert, und diese Veränderung muss nicht nur positiv sein.

4 *Samanthas damaliger Konflikt:*
Sie ist unzufrieden, weil ihr etwas fehlt, nämlich das kleine lila Fahrrad mit einem rosa geblümten Korb und einer Klingel.
Ihr Wunsch ist es, dieses Fahrrad zu bekommen.
Das Hindernis sind ihre Eltern, die es ihr nicht kaufen wollen.

5 *Samanthas Vorbereitungen:*
Dinge, die sie in ihre Tasche packt: Taschenlampe, Sweatshirt, Badeanzug, Packung Oreos, Buch, Kette.
Sie nimmt eine Taschenlampe mit, wenn es dunkel wird. Außerdem nimmt sie ein Sweatshirt mit, falls es kalt wird. Weiterhin einen Badeanzug für den Falls, dass sie irgendwo schwimmen möchte.

Seite 52

6 Zunächst empfindet Samantha Selbsmitleid und Enttäuschung, vielleicht auch Wut auf ihre Eltern, die ihre Wünsche nicht erfüllen (vgl. Z. 31 ff.). Dann ändert sich ihre Stimmung, als sie die Schönheit der Natur wahrnimmt: die Farben und Lichter, das Leben, die Vögel (vgl. Z. 35 ff.). Auch genießt sie die Einsamkeit und fühlt sich eins mit der Natur (vgl. Z. 40 ff.). Dann nimmt sie den Gänsestein wahr, der so hoch ist „wie ein richtiger Berg" (Z. 46) und „wie der dickbäuchige Rumpf eines Schiffes" (Z. 48) herausragt, dabei aber gleichzeitig oben „flach wie ein Tisch" (Z. 49) ist. Vor Aufregung isst sie alle Oreos auf einmal und fühlt sich dabei so, als würde ihr das Waldstück gehören (vgl. Z. 51 f.).

7 **a.** Samantha beobachtet auf dem Felsen liegend Hunderte von Gänsen, die nach Süden fliegen. Dabei schwebt eine einzelne Feder zu ihr herab. Sie tauft den Felsen Gänsestein und hebt die Feder in einer Schachtel auf, die sie sorgfältig im Felsen versteckt (vgl. Z. 59 ff.).

7 **b.** Die Zeit scheint hier langsamer zu vergehen oder gar stehen zu bleiben (vgl. Z. 47). Sie empfindet es als besonders schön an diesem Ort und genießt die Einsamkeit. Sie fühlt sich, als gehöre ihr der Wald, wenn sie oben auf dem Stein liegt (vgl. Z. 51 f.).

7 **c.** Samantha fühlt sich eigenständig an diesem Ort. Sie ist dort allein und niemand kann ihr sagen, was sie tun soll.

8 Der Gänsestein bleibt für Samantha ein Zufluchtsort und sie kehrt dorthin zurück, wenn sie sich unwohl fühlt: Zum Beispiel, als die Jungen ihrer Klasse sich im Sportunterricht über sie lustig machen (Z. 70) oder als sie nicht zu einem Geburtstag eingeladen wird. Samantha findet an diesem Ort Trost und Ruhe. Sie ist dann in ihrer eigenen Welt.

9 Samantha wird schließlich erwachsener und benötigt den Gänsestein als Zufluchtsort immer weniger. Irgendwann denkt sie, dass es eigentlich „blöd" (Z. 76) ist, diesen Ort als etwas Besonderes anzusehen.

10 *Möglicher Konflikt Samanthas:*
Samantha ist mit ihrer Situation möglicherweise nicht zufrieden, weil sie die Zeit von früher vermisst / weil der Gänsestein nicht mehr den gleichen Zauber hat wie früher. Sie wünscht sich vielleicht, dass der Gänsestein nach wie vor ein magischer Ort für sie wäre / dass sie wie früher vor ihren Problemen in ihre eigene Welt fliehen könnte.
Aber so einfach geht das nicht, denn sie hat sich verändert / sie ist kein Kind mehr.

11 In der Fortsetzung sollten die Gefühle, die Samantha früher bei ihren Besuchen des Gänsesteins empfand, zum Ausdruck kommen (vgl. die Lösungen zu den Aufgaben 6 bis 8). Sie beschreibt ihrer Schwester Izzy diese Gefühle und versucht, ihr dadurch Trost für ihre eigene Situation zu vermitteln.

☒ Seite 55

2 **a.** Farben: „greifbares Licht" (Z. 1); „rosa Schein" des Himmels (Z. 3 f.); Glühen von Blumen in der Dunkelheit (vgl. Z. 7 ff.); Hell und Dunkel schmiegen sich aneinander (vgl. Z. 6 f.) = Besondere des Sommers

2 **b.** Begriffe, die zur Atmosphäre passen: unwirklich, magisch, schön

2 **c.** Thomas empfindet den Wald in der Dämmerung als etwas Magisches. Er und Orphee befinden sich dort in einem „magischen Ring" (Z. 38) und genießen ihre Zweisamkeit. Die Atmosphäre macht aus der Begegnung mit seiner Freundin etwas Besonderes, das sich von den „normalen Verabredungen" (Z. 20) unterscheidet.

Seite 56

3 Thomas hat Angst davor, dass der Tag zu Ende geht, was gleichbedeutend mit dem Abschied von Orphee ist, und er wieder mindestens eine Woche warten muss, bis er sie wiedersieht (vgl. Z. 14 ff.). Auch fürchtet er das Ende des Sommers, wenn Regen und Schnee kommen werden und die Verabredung nicht mehr heimlich im Wald stattfinden können. Er fürchtet, dass die Beziehung zu etwas „Normalem" werden könnte (vgl. Z. 20).

4 **a.** Thomas denkt zunächst an ein Kaninchen und erklärt, dass dies „der Mörder von Repelgem" sei (Z. 31), der sie umbringen wolle. Orphees Vermutung ist, dass ein Spanner sie beobachten könnte (vgl. Z. 33). Dann nennt Thomas den „Geist des Waldes" (Z. 39), der sie beide für immer im Wald behalten wolle, was seine Gefühlslage widerspiegelt. Als beide einen roten Schimmer im Gras wahrnehmen, glaubt Thomas an einen Fuchs. Auch diese Erklärung verkehrt er wieder in etwas Magisches, indem er vom Fuchs als „Schutzgeist" (Z. 48) spricht.

4 **b.** Thomas ist eher träumerisch, unrealistisch, hoffnungsvoll. Er nimmt alles als magisch wahr, was er auch auf seine Beziehung zu Orphee überträgt. Orphee ist jedoch eher realistisch, sachlich, pragmatisch, indem sie Thomas' Erklärungen eher abtut („Ja, sicher", Z. 49).

5 **a.** Orphee möchte eine gute Fotografin werden, Thomas ein guter und erfolgreicher Schriftsteller (vgl. Z. 80 ff.). Seinen eigentlichen Wunsch verrät Thomas aber nicht: Vor allem aber wünscht er sich, dass er die Zeit anhalten könnte, um diesen Moment / seine Beziehung mit Orphee einzufrieren, sodass sich nichts verändert (vgl. Z. 98 ff.). Er erkennt aber auch, dass dies ein eher unrealistischer Wunsch ist, weil man die Zeit und damit die Entwicklung der beiden nicht anhalten kann (vgl. Z. 102 ff.).

6 In der Fortsetzung sollte Orphees eher realistische und pragmatische Sichtweise zum Ausdruck kommen. Im Gegensatz zu Thomas, der die Magie des Augenblicks sieht und sucht, bleibt Orphee eher auf dem Boden der Tatsachen. Von daher wäre eine Möglichkeit, dass Orphee in dem Gespräch mit ihrer Freundin ihre Bedenken zum Ausdruck bringt, ob ihre Beziehung zu Thomas eine Zukunft hat.

Seite 58

1 **a.** Es ist zu vermuten, dass es in der Kurzgeschichte um einen sympathischen Mann geht.

Seite 59

2 In dem Gespräch werden Familienangelegenheiten diskutiert. Die Stimmung scheint vonseiten der meisten Gesprächsteilnehmer eher ausgelassen zu sein, da sie sich gemeinsam über jemanden lustig machen. Rita verhält sich jedoch eher verkrampft, sodass die Stimmung insgesamt eher als angespannt betrachtet werden muss.

3 **a.** Der Titel der Kurzgeschichte wirkt eher unpassend, da die Familie nicht über einen „netten" Kerl spricht. Ritas Gast wirkt auf sie eher unsympathisch und unattraktiv.

3 **b.** *Beispiel für eine Lösung:*
Ein unangenehmer Kerl

4 Rita ist die Hauptfigur, aber über ihren Freund wird ausschließlich gesprochen.

5 Rita sitzt am Esstisch mit ihrer Familie. Sie muss sich von allen Seiten Kommentare über ihren Gast anhören, nachdem dieser gegangen ist, während sie still dabeisitzt.

Seite 60

6 *Inhalte der Tabelle:*

die Mutter / vor der Bekanntgabe:
- findet ihn „entsetzlich" und „fett" (Z. 2)
- zweifelt an seiner Gesundheit (vgl. Z. 5 f.)
- „grässlich komisch" (Z. 9 f.)

die Mutter / nach der Bekanntgabe:
- vielleicht „menschlich angenehm" (Z. 39) als Lebenspartner

Milene / vor der Bekanntgabe:
- entdeckt etwas Liebenswertes an ihm (vgl. Z. 7)
- hat etwas „Insichruhendes" (Z. 14)
- findet ihn ganz nett

Milene / nach der Bekanntgabe:
- sagt nichts mehr

Nanni / vor der Bekanntgabe:
- findet ihn „weich wie ein Molch, wie Schlamm" (Z. 6)
- macht sich über seine Fettfalten im Nacken lustig (vgl. Z. 11)
- macht sich so sehr lustig, dass sie schon ganz „verquollen" (Z. 13) vom Lachen ist
- reagiert mit Ironie auf Milenes Einlassungen (vgl. Z. 15 ff.)
- ekelt sich vor ihm (Z. 18)

Nanni / nach der Bekanntgabe:
- sagt nichts mehr, reagiert auch nicht, als Rita sie direkt anspricht (Z. 36 f.)

der Vater / vor der Bekanntgabe:
- macht sich über die Ängstlichkeit, die Bahn zu verpassen, lustig (Z. 19 f.)

der Vater / nach der Bekanntgabe:
- lenkt ein (ist ja ein „netter Kerl", Z. 37)
- bezeichnet ihn als „höflich" (Z. 38)

7 **a.** Zunächst erträgt Rita den Spott ihrer Familie, zeigt sich dabei aber verkrampft und angespannt. Dann gibt sie die Verlobung bekannt und ist dabei bemüht, locker und lustig zu wirken.

7 **b.** *Beispiel für eine Lösung:*
1. Teil: Sie wissen es noch nicht.
2. Teil: Jetzt wissen sie es.

8 Das Merkmal nennt man einen Wendepunkt, wenn die Kurzgeschichte eine unerwartete Wendung nimmt, in diesem Fall die Bekanntgabe der Verlobung.

Seite 61

9 Ich denke, dass der Vergleich eher negativ gemeint ist, weil Schlamm dreckig ist. Es könnte der Gedanke dahinterstecken, dass der Freund dreckig oder ungepflegt sei. Der Vergleich mit dem Molch ist auch nicht wohlwollend gemeint, da er nur die vorangegangenen Aussagen unterstreicht, dass der Gast dick und unattraktiv ist.

10 *Richtige Aussage:*
Die Familienmitglieder bestärken sich immer mehr in ihren Lästereien. Diese gehen auf Rita wie Wellen nieder.
Die Personifikation vermittelt das Bild einer äußerst gefährlichen Welle, die über Rita mit Gewalt hereinbricht, sie unter Wasser zieht, sodass sie für einen kurzen Moment nichts mehr hören und sehen kann und Ruhe findet.

11 In der Kurzgeschichte „Ein netter Kerl", geschrieben von Gabriele Wohmann (1978), geht es um ein Familiengespräch, in dessen Mittelpunkt Ritas Gast steht. Dieser ist kurz vorher gegangen. In dem Gespräch zeigt sich Ritas Familie äußerst ablehnend und belustigend gegenüber dem Gast und bringt Rita somit in eine unangenehme Situation.

12 Rita sitzt mit ihrer Mutter und ihren beiden Schwestern Nanni und Milene zusammen am Esstisch, nachdem Ritas Gast gegangen ist. Die Stimmung ist ausgelassen, da sich alle Beteiligten über Ritas Gast lustig machen. Nanni beispielsweise vergleicht ihn mit einem „Molch" (Z. 6) und macht sich über seine Nackenfalten lustig. Ihre Schwester Milene rudert daraufhin ein wenig zurück und meint, dass sie ihn ganz nett findet. Jeder von ihnen macht sich über sein Äußeres lustig, während Rita still, aber sehr verkrampft danebensitzt. Auf Nannis Frage hin, wann der Gast denn wiederkäme, gibt Rita schließlich ihre Verlobung mit ihm bekannt. Daraufhin wird es still am Tisch und alle sind peinlich berührt. Der Vater und die Mutter bemühen sich schließlich, die vorangegangen Aussagen zu relativieren und etwas Positives über den „netten Kerl" (Z. 37) zu sagen.

13|1 Milene ist die Einzige am Tisch, die sich bemüht, etwas Positives über den Gast zu sagen („hat was Liebes", Z. 8; „was Insichruhendes", Z. 14). Vielleicht erkennt sie auch, dass die Situation für Rita unangenehm ist. Die Wiederholung des Wortes „wirklich" soll Rita zum einen davon überzeugen, dass sie dies auch so meint. Zum anderen zeigt sie aber auch auf, dass sich Milene dabei eigentlich unsicher ist, ob sie dies so meint. Dies zeigt sich vor allem durch ihre eigene Kommentierung dieser Äußerung mit dem Wort „komischerweise" (Z. 15). Die Wiederholung des Wortes bei Nannis Äußerung in Zeile 17 ist ironisch gemeint und relativiert die Aussage Milenes wieder.

13|2 Mit dem Ausdruck „gezähmte Lippen" wird die Situation nach Bekanntgabe der Verlobung beschrieben. Gezähmt werden wilde Tiere. Die Familienmitglieder verhalten sich in dem Gespräch fast wie „wilde Tiere", indem sie sich ohne Hemmungen über den Gast lustig machen und ihn als „Molch" (Z. 6) mit Fettfalten oder als „grässlich komisch" (Z. 9 f.) und „fett" (Z. 12) bezeichnen. Erst nach der Bekanntgabe der Verlobung erkennen sie, in welche Situation sie Rita gebracht haben. Sie verstummen und ihre Lippen sind also „gezähmt".

14 *Beispiel für eine Lösung:*
Die Kurzgeschichte zeigt in anschaulicher Weise, wie sehr Worte verletzen können. Durch ihr Verhalten bringt die Familie Rita in eine unangenehme Situation.
Vielleicht wollte Rita die ehrliche Meinung ihrer Familie zu ihrem Verlobten hören. Hätte sie von Anfang an gesagt, dass sie verlobt ist, hätten womöglich alle so getan, als würden sie den Gast mögen und hätten so über ihn hergezogen. Es könnte aber auch sein, dass Rita Angst vor den Reaktionen ihrer Familie hatte, weil sie schon davon ausgegangen ist, dass die Familienmitglieder in dieser Form reagieren. Auf jeden Fall wird deutlich, dass man sich nicht so gehen lassen sollte, wenn man über andere spricht.

Seite 64

2 Die Tochter wohnt noch bei ihrer Mutter, möchte aber ausziehen. Die Mutter ist sehr fixiert auf die Tochter. Die Tochter hat Mitleid, weiß aber nicht, wie sie sich entscheiden soll.

3 **b.**

Was empfindet die Tochter für die Mutter?	
das Gefühl	**die Fundstelle**
ist genervt	„Mund krampfte sich zusammen"; „Finger spannten sich" (Z. 4 f.); „Verzweiflung" (Z. 22)
Mitleid	„Mutter alt und oft krank" (Z. 50 f.)

Was empfindet die Mutter für die Tochter?	
das Gefühl	**die Fundstelle**
Zuneigung	liebt und verwöhnt sie (vgl. Z. 45)

3 **c.** Die Tochter empfindet Mitleid, ist aber sehr genervt von der Mutter. Die Mutter empfindet Liebe und Zuneigung für die Tochter.

Seite 65

4 Die Gefühle der Tochter sind zwiespältig zwischen dem Mitleid auf der einen Seite und der genervt sein auf der anderen Seite.

5 **a.** Die Mutter sucht die Nähe ihrer Tochter, möchte vielleicht mit ihr sprechen.

5 **b.** Elsa müsste deutlich Grenzen setzen, sagen, dass sie jetzt diese Nähe nicht wünscht.

5 **c.** Elsa flieht vor ihrem Zuhause. Sie kehrt erst spät zurück, um die Begegnung mit ihrer Mutter zu vermeiden, um ihr nicht mehr gute Nacht sagen zu müssen (vgl. Z. 36 f). → Elsa müsste mit ihrer Mutter offen kommunizieren und ihr sagen, dass sie die Nähe im Moment nicht ertragen kann und Freiraum für sich selbst benötigt.

6 **a.** Es handelt sich hier um einen auktorialen Erzähler, der aus der Sicht von Elsa erzählt: „Ihre Augen wurden schmal. Ruhig bleiben!" (Z. 5 f.)

6 **b.** *Beispiel für eine Lösung:*
Der Autor hat sich vermutlich für diese Erzählperspektive entschieden, weil die Gefühle der Mutter eindeutig sind, Elsa aber in einem Zwiespalt steckt, der durch diese Perspektive deutlicher wird.

7 **a.** *Kurzgeschichtenmerkmale:*
- plötzlicher Anfang: Situation im Badezimmer (Z. 1)
- wenige Figuren: Elsa, Mutter
- Wendepunkt / offenes Ende: Elsa kehrt spätabends zurück und weiß nicht, wie es weitergehen soll.
- alltägliches Geschehen: unterschwelliger Konflikt zwischen Mutter und Tochter
- kurzer Zeitraum: Handlung streckt sich über wenige Stunden an einem Tag.

7 **b.** Die Beschreibung eines alltäglichen Geschehens verdeutlicht, dass es sich bei dem in der Kurzgeschichte behandelten Konflikt um eine Situation handelt, die häufig in Familien vorkommt. Die Konzentration auf die beiden Figuren Mutter und Tochter veranschaulicht die angespannte Situation zwischen den beiden. Die Merkmale zeigen eindrücklich den Zwiespalt der Tochter auf, da sie einerseits genervt ist von der Mutter und andererseits doch Mitleid hat. Vermutlich wiederholt sich die dargestellte Szene im Badezimmer so oft, dass die Tochter im Zusammenleben mit der Mutter immer wieder Stress verspürt.

Seite 66

8 **a.** Durch die Anaphern fokussiert der Autor den Blick des Lesers / der Leserin auf diese Textstelle. Die Tochter wirkt „befreit", nachdem sie die Wohnung verlassen hat.

8 **b.** Durch die Anaphern am Ende der Kurzgeschichte (Z. 49 f.) wird der Blick wieder intensiv auf die Tochter gelenkt. Hier wirkt die Tochter allerdings nicht mehr befreit, sondern ist in ihrem Zwiespalt gefangen.

9 **a.** und **b.** „Wie immer, wie fast immer" (Z. 4) → Die Ellipse verdeutlicht die Gereiztheit der Tochter, die die Anwesenheit der Mutter als zu präsent und aufdringlich empfindet.
„Über der Straße künstliche, blau, rot gelb erleuchtete Sterne" (Z. 47) → Hier wird das sprachliche Mittel wieder genutzt, um die Gefühlswelt der Tochter zu veranschaulichen, hier das Gefühl von Freiheit.
„Kein einziges Mal" (Z. 40 f.) → Diese Ellipse, die auch noch wiederholt wird, zeigt die Entschlossenheit der Tochter, jetzt etwas an der Situation ändern zu wollen.

10 **a.** und **b.** Die Formulierungen „unartikuliert schreien" und „entsetzlichen Gelassenheit" erläutern noch einmal die Gefühle der Tochter. Dadurch, dass der Konflikt mit der Mutter nicht offen ausgetragen und nur von der Tochter empfunden wird, kann Elsa ihre Wut nicht laut ausdrücken – der Konflikt wird nicht gelöst.

11 Der Titel der Kurzgeschichte „Augenblicke" ist so zu verstehen, dass die Situationen, die die Tochter nerven, nur von kurzer Dauer sind. Da sie sich aber häufig wiederholen, ist der Umgang der Tochter mit der Mutter nicht stressfrei und spitzt sich zu.

Seite 67

12 Als Elsa im Badezimmer ist, wartet sie schon darauf, dass ihre Mutter dazukommt – eine Situation, die sie immer wieder erlebt hat (vgl. Z. 4).

15 In der Kurzgeschichte „Augenblicke" von Walter Helmut Fritz aus dem Jahr 1964 geht es um ein schwieriges Mutter-Tochter-Verhältnis. Einerseits hat die Tochter Mitleid mit der Mutter, andererseits ist sie genervt, da ihre Mutter ihr zu nahe tritt.

16 Die 20-jährige Tochter Elsa befindet sich in einem Dilemma: Sie wohnt noch bei ihrer Mutter, die sehr auf die Tochter fixiert ist. Elsa möchte eigentlich ausziehen, hat auf der anderen Seite aber Mitleid mit der Mutter. Als diese wieder einmal zu ihr ins Badezimmer kommt, reagiert sie gereizt, ohne dies der Mutter zu sagen. Die Tochter verlässt die Wohnung, bleibt bis zum späten Abend in der Stadt und kehrt erst zurück, als die Mutter schon im Bett liegt. Das Verhältnis zwischen Mutter und Tochter ist kompliziert. Während die Mutter die Tochter vorbehaltlos liebt, befindet sich Elsa in einem Zwiespalt.
Einerseits ist sie genervt, dass die Mutter ständig ihre Nähe sucht (vgl. Z. 7 f.), andererseits hat sie Mitleid mit der Mutter, die offensichtlich wenig weitere Sozialkontakte hat und „alt und oft krank" (Z. 50) ist.
Elsa ist gefangen in diesem Zwiespalt, auch weil sie nicht deutlich sagt, dass sie sich mehr Distanz wünscht: Sie macht ihrer Mutter Platz, als diese ins Badezimmer kommt. Dementsprechend verlässt sie die Wohnung, um etwas Ruhe zu finden.

Der Autor unterstreicht Elsas Gefühle durch verschiedene sprachliche Mittel. Ihre Verzweiflung, dass ihre Mutter zu aufdringlich ist, wird durch Ellipsen verdeutlicht: „Wie immer, wie fast immer!“ (Z. 4) Auch die Freiheit, die sie verspürt, als sie allein durch die Stadt geht (vgl. Z. 47), wird so deutlicher. Die im Text verwendeten Anaphern (vgl. Z. 33 ff.) lenken den Blick der Leserin / des Lesers intensiv auf die Tochter, die eindeutig Hauptfigur dieser Kurzgeschichte ist. Dementsprechend ist auch die Erzählperspektive auktorial aus der Sicht der Tochter gewählt: So lassen sich Elsas unterschiedliche Gefühle am besten darstellen. Als typische Kurzgeschichte hat „Augenblicke“ einen offenen Anfang, nur wenige Figuren (Elsa, Mutter) und einen Wendepunkt: Als Elsa zurückkehrt, hat sie vermutlich Zweifel, ob sie tatsächlich ausziehen und ihre Mutter allein lassen kann. Dementsprechend ist das Ende zumindest ansatzweise offen, da Elsa „unartikuliert schreien“ (Z. 51) möchte. Der Titel „Augenblicke“ zeigt, dass es sich hier nur um kurze Situationen handelt, in denen Elsa genervt ist. Sie wiederholen sich allerdings ständig, sodass Elsas Gereiztheit durchaus plausibel ist.

17 In dieser Kurzgeschichte geht es um die zwiespältigen Gefühle einer Tochter, die zwar gerne aus der Wohnung der Mutter ausziehen möchte, diesen Schritt aber aus Mitleid gegenüber der Mutter noch nicht so recht vollziehen kann. Ich persönlich finde die Darstellung dieser Eltern-Kind-Problematik sehr gelungen, weil man sich diese Situation in vielen Familien als gegeben vorstellen kann.

☒ Seite 68

2 In dieser Kurzgeschichte geht es um ein Ehepaar, das an einem Sommerabend auf dem Balkon sitzt. Vera, die Frau, sucht Kontakt zu ihrem Mann, der aber völlig abwesend wirkt. Schließlich gibt sie auf, geht in die Küche und sagt sich, dass es Wichtigeres im Leben gibt.

3 Diese Kurzgeschichte handelt von einer unglücklichen Ehe.

4 **b.** Es ist erstaunlich, dass die Autorin nicht den Titel „Vera und Helge sitzen auf dem Balkon“ gewählt hat, weil es ja eigentlich so ist. Dies scheint jedoch ein erster Hinweis darauf zu sein, dass es in dieser Beziehung Probleme gibt.

5 **a.** und **b.** *Kurzgeschichtenmerkmale:*
- plötzlicher Anfang (Z. 1)
- wenige Figuren = Konzentration auf Vera und Helge und ihre Probleme
- alltägliches Geschehen = Ein Ehepaar sitzt an einem Sommerabend auf dem Balkon.
- Wendepunkt = Vera verlässt den Balkon und geht in die Küche. (Z. 22)
- offenes Ende = Man weiß am Ende nicht, wie es zwischen den beiden weitergeht.

Seite 69

6 Warum sind Vera und Helge verheiratet? Es gibt keine Antwort auf diese Frage im Text. Sie wissen nicht, warum sie (noch) verheiratet sind (vgl. Z. 1 f).
Was fühlt Vera, als sie Helge ansieht? Sie fühlt, dass er mit seinen Gedanken sehr weit weg ist (vgl. Z. 8).
Warum weiß Vera nicht, wie sie zu Helge rübergehen kann? Sie spürt, dass er an einem Gespräch nicht interessiert ist (vgl. Z. 9).
Warum legt Vera ihre Hand auf Helges Hand? Was fühlt sie dabei? Sie sucht Kontakt, aber ihr ist diese Berührung letztlich unangenehm (vgl. Z. 18).
Warum schämt sich Vera? Sie schämt sich, weil ihr die Berührung unangenehm ist und Helges Hand sich nicht bewegt (vgl. Z. 17 f.).
Warum verlässt Vera den Balkon und geht in die Küche? Sie ist enttäuscht, dass sie mit ihrem Mann nicht ins Gespräch kommt.
Warum ist der „warme Abend“ blöde (Z. 25 f.)? Der Abend ist blöde, weil sie merkt, wie abgekühlt die Beziehung zu ihrem Mann ist (vgl. Z. 24).

7 **a.** Sie versucht, Kontakt mit ihrem Mann aufzunehmen, weiß aber nicht genau wie.

7 **b.** Sie verdrängt das Problem und versucht, an andere Sachen zu denken.

8 Helge trinkt sein Bier und reagiert nicht auf seine Frau.

9 **a.** bis **c.** auktoriale Erzählperspektive → „Vera und Helge [...] gar nicht, warum.“ (Z. 1 f.)
auktoriale Erzählperspektive (aber aus Veras Sicht) →
„Sie würde gerne rübergehen [...] sucht dort den Satz.“ (Z. 9 f.) + „Sie fühlt [...] weglaufen möchte“. (Z. 17)

9 **d.** Erzählperspektive überwiegt: auktorialer Erzähler (aus der Sicht von Vera), Wechsel: Zeile 5

9 **e.** Die Autorin hat sich möglicherweise für den Wechsel entschieden, weil sie anfangs zeigen wollte, dass das Beziehungsproblem ein Thema für beide Eheleute sein sollte, dass aber nur Vera bereit ist, dieses Problem anzugehen.

Seite 70

10 **a.**
- Neologismus: „fleischwarm“ (Z. 3)
- Hyperbel: „tausend Gedanken entfernt“ (Z. 8)
- Ellipse: „Der alles ändert“ (Z. 10)
- Personifikation: „Vor lauter Widerwillen atmet“ (Z. 19)
- Wiederholung: „Helge trinkt Bier“ (Z. 13)

10 b. – Anapher: „Sie fühlt, dass ihre Hand weglaufen möchte. Sie mag [...]" (Z. 17)
– Vergleich: „Es gibt doch wirklich wichtigere Sachen als so einen blöden warmen Abend [...]" (Z. 25 f.)

11 a. und **b.** Mit der Personifikation „Das denkt sich Veras Hand so, [...]" (Z. 19 f.) möchte die Autorin vermutlich Veras inneren Konflikt darstellen. Einerseits möchte sie körperlichen Kontakt zu Helge aufnehmen, andererseits wehrt sie sich dagegen.
Um vielleicht die Distanz zwischen den Eheleuten zu unterstreichen, verwendet Sibylle Berg eine Übertreibung. Helge sitzt zwar neben Vera, aber er „ist tausend Gedanken entfernt" (Z. 8).
Durch die Wiederholung des Satzes „Helge trinkt Bier"(Z. 13) will die Autorin offensichtlich verdeutlichen, dass der Ehemann nicht an einem Gespräch mit seiner Frau interessiert ist.

Seite 71

12 Die Beziehung von Vera und Helge ist alles andere als intakt. Das sieht man daran, dass Vera ihren Mann zwar ansieht, der aber mit seinen Gedanken ganz woanders ist (vgl. Z. 8). Da Helge nicht reagiert, gibt Vera auf: „Sie steht auf und geht in die Küche." (Z. 22)

13 bis **15** In der Kurzgeschichte „Vera sitzt auf dem Balkon" von Sibylle Berg aus dem Jahr 1997 geht es um eine unglückliche Ehe, wobei die Ehefrau zumindest versucht, mit ihrem Mann wieder ins Gespräch zu kommen.
Das Ehepaar Vera und Helge sitzt an einem Sommerabend auf dem Balkon. Die Frau versucht, mit ihrem Mann ein Gespräch zu beginnen, der aber wirkt völlig abwesend. Schließlich gibt Vera auf, verlässt den Balkon und redet sich ein, dass es Wichtigeres im Leben gibt.
Vera spürt, dass die Ehe mit Helge problematisch (geworden) ist, und möchte die Gelegenheit des warmen Sommerabends nutzen, um wieder in den Kontakt mit ihrem Ehemann zu kommen: Sie weiß aber nicht wie (vgl. Z. 9). Auf der anderen Seite ist ihr der körperliche Kontakt mit ihrem Mann unangenehm, denn sie empfindet, dass „ihre Hand weglaufen möchte" (Z. 18). Auch mag sie „das schwitzige Ding" eigentlich nicht anfassen müssen. Das zeigt, dass sie auch innerlich distanziert ist. Helge hingegen unternimmt nichts, um so etwas wie Nähe entstehen zulassen: Er sieht sie nicht an, er antwortet nicht (vgl. Z. 13 f.) und er reagiert nicht, als sie ihre Hand auf seine legt (vgl. Z. 17). Über Helge erfahren wir nur, dass er Bier trinkt (vgl. Z. 13). Die Wiederholung des Satzes unterstreicht, dass er nichts unternimmt, um seine Frau in ihrem Bemühen der Annäherung zu unterstützen. Das zeigt sich auch durch die Hyperbel „tausend Gedanken entfernt" (Z. 8). Die gegensätzlichen Gefühle der Frau stehen im Vordergrund. Dementsprechend hat Sibylle Berg auch die Erzählperspektive gewählt. Konnte man in den ersten vier Zeilen von einem auktorialen Erzähler ausgehen, der die Gedanken und Gefühle beider Eheleute darstellt, so rückt Vera mehr und mehr in den Fokus. Auch der Wendepunkt der Kurzgeschichte bezieht sich allein auf Vera: Als ihre Bemühungen erfolglos bleiben, verlässt sie den Balkon. Ein unmittelbarer Anfang, wenige Figuren, ein (leider) alltägliches Geschehen und ein offenes Ende zeigen, dass es sich eindeutig um eine Kurzgeschichte handelt. Der Titel „Vera sitzt auf dem Balkon" zeigt, wer für die Autorin vorrangig von Interesse ist.
Sibylle Berg hat hier deutlich gemacht, wie eine gestörte Beziehung aussehen kann. Die Bemühungen Veras sind letztlich zum Scheitern verurteilt, wenn Helge ihre Kommunikationsangebote nicht annimmt. Sie führen auch dazu, dass Vera selbst den Kontakt mit ihrem Mann als unangenehm empfindet. Ich persönlich finde, dass diese Kurzgeschichte wirklich gut gelungen ist, weil sie zeigt, dass man sich in einer Partnerschaft immer wieder umeinander bemühen muss.

Seite 73

1 a. *Beispiel für eine Lösung:*
In dem Lied könnte es um das Ende einer Beziehung und den Beginn eines neuen Lebensabschnittes gehen.

Seite 74

2 a. traurig, wehmütig, zuversichtlich, sehnsuchtsvoll

2 b. traurig: V. 4 bis 6, V. 28
sehnsuchtsvoll, wehmütig: V. 7 bis 8, V. 10, V. 16 bis 18, V. 35

2 c. *Beispiel für eine Lösung:*
Die Stimmung des Liedes ist einerseits traurig, sehnsuchtsvoll und wehmütig, da beschrieben wird, wie es sich anfühlt, wenn eine Liebe zu Ende geht. Andererseits klingt die Aussicht auf einen Neuanfang doch zuversichtlich.

3 a. *Richtige Aussagen:*
Das lyrische Ich spricht in Gedanken mit sich selbst.
Das lyrische Ich vermittelt seine Erfahrung und spricht alle Menschen an.

3 b. Mit „sie" könnte seine Exfreundin gemeint sein, die ihn verlassen hat.

3 c. Der Grund für das Ende der Beziehung ist, dass sie ihn zwar noch gern mag, ihn aber nicht mehr liebt (vgl. V. 3 bis 4).

Seite 75

4 a. *Unterstreichungen zum Begriff „Neuanfang":*
- „Ungewisse Angst" (V. 9)
- „morgen ist heute vergang'n" (V. 16)
- „Hinterm Ende fängt was Neues an" (V. 17)
- „Augen voller Zuversicht" (V. 18)
- „das Willkomm'n in Goodbye" (V. 19)
- „aufsteh'n und renn'n" (V. 31)
- „dass das kein Ende ist" (V. 35)

4 b. *Unterstreichungen zu den Begriffen „Schmerz" und „Abschied":*
- „Schlag ins Gesicht" (V. 2)
- „Schmerz" (V. 5)
- „gebrochenes Herz" (V. 6)
- „Sehnsucht", „Wehmut" (V. 7)
- „nie mehr glücklich sein" (V. 10)
- „Trän'n" (V. 14)
- „wird schwer" (V. 25)
- „irgendwie leer" (V. 27)

5 a. *Beispiel für eine Lösung:*
In der Kiste könnten Erinnerungsstücke sein wie Fotos, Kleidungsstücke oder Geschenke von seiner Freundin.

5 b. *Beispiel für eine Lösung:*
Zu einem gewählten Gegenstand, z. B. ein Foto, auf dem das Paar glücklich aussieht: „Damals waren wir noch so glücklich, wir dachten noch an unsere gemeinsame Zukunft."

6|1 *Beispiel für eine Lösung:*
Liebes Tagebuch,
heute habe ich endlich Abschied genommen von ihr. Ich löse mich von den Dingen, die mich so schmerzlich an unsere glückliche Zeit erinnern, um auch die Gefühle zu ihr loszuwerden. Ich muss endlich damit abschließen – einfach weg mit dem Ballast! So kann ich vielleicht wieder aufstehen und nach vorne blicken.
Meine Zukunft scheint so leer ohne sie. Doch ich werde es versuchen und einen Neuanfang wagen.
Jetzt ist die Kiste am Horizont verschwunden und endlich kann meine Zukunft neu beginnen.

Seite 76

2 Eine Person / Eine Frau wartet ungeduldig auf jemanden, den sie liebt. Sie findet dieses Warten unangenehm.

3 a. Verse 2 und 3 („um das Telefon streichen", „am Fenster stehn"; „Gespenster sehn"), Verse 6 und 7 („Briefe schreiben, zerreißen"; „mich quälen")

3 b. *Beispiel für eine Lösung:*
Sie glaubt, den Mann zu sehen, wenn sie aus dem Fenster schaut. Er ist es dann aber doch nicht.

3 c. In den Briefen könnte sie schreiben, wie sehr sie ihn vermisst und liebt.

Seite 77

4 a. *Richtige Aussage:*
Das lyrische Ich hofft, dass die Person, die es liebt, zu ihm kommt.
Begründung: Die dargestellten Gefühle des lyrischen Ichs passen zu einer Liebesbeziehung: das ungeduldige Warten, das Schreiben von Briefen, die Wut am Ende, die aber in Sehnsucht umschlägt.

4 b. *Passende Gefühle:*
Liebeskummer, Ungeduld, Verzweiflung, Sehnsucht, Unruhe, Frust

4 c. *Beispiel für eine Lösung:*
Ein Gefühl des lyrischen Ichs ist Verzweiflung. Das erkennt man daran, dass es an den Fingernägeln beißt, bis es schmerzt. Ein weiteres Gefühl, das deutlich wird, ist Unruhe. Man erkennt das daran, dass das lyrische Ich in der Wohnung herumläuft und es nicht schafft, sich mit etwas abzulenken. Außerdem merkt man, dass es Sehnsucht nach der anderen Person hat, da es sich am Ende wünscht, dass sie so schnell wie möglich kommen soll.

5 a. Das lyrische Ich wartet sehnsüchtig und voller Unruhe auf eine Person, die aber nicht kommt. Gleichzeitig bedauert es diese Gefühle, da es so eigentlich nicht mehr empfinden wollte.

5 b. *Beispiel für eine Lösung:*
Das lyrische Ich könnte mit diesem „Du" bereits ähnliche Erfahrungen gemacht haben, z. B. indem es schön öfter so lange hat warten musste.
Oder: Das lyrische Ich ist ganz allgemein so in seinen Gefühlen / seiner Liebe gefangen, dass es sich auf nichts konzentrieren kann, und diesen Zustand nicht mag.

5 c. Die letzte Strophe drückt die widersprüchlichen Gefühle des lyrischen Ichs aus. Auf der einen Seite ist es wütend darauf, dass das „Du" nicht erscheint (vgl. V. 10). Andererseits sehnt es sich nach dem „Du" und kann es kaum erwarten (vgl. V. 11).

Seite 78

6 Man kann an der äußeren Form erkennen, dass es sich um ein Gedicht handelt: Es hat drei Strophen mit jeweils vier Versen. Einzelne Reime sind vorhanden („stehn" – „sehn" oder die Wiederholungen von „gewollt").

7 a. *Beispiel für eine Lösung:*
„am Fenster stehn" (V. 2), „keinen Schritt aus dem Haus gehen" (V. 3), „Gespenster sehn" (V. 3), „Soll dich der Teufel holen" (V. 10)

7 b. Bei der Redewendung „Soll dich der Teufel holen" handelt es sich um einen Ausruf der Verwünschung oder des Fluchs. Es zeigt, dass das lyrische Ich das angesprochene „Du" loswerden möchte.
Der Ausruf geht zurück auf die christliche Vorstellung, dass schlechte Menschen vom Teufel in die Hölle geholt werden. Dort sollen sie als Strafe für ihre bösen Taten Qualen erleiden müssen.

8 Wenn Sätze ohne Punkt und Komma gesprochen werden, wirkt das aufgeregt, hektisch, atemlos, unruhig.
Wenn Sätze kurz und knapp sind, wirkt das entschlossen, bestimmt.

☒ Seite 79

2 *Beispiel für eine Lösung:*
Es geht um ein lyrisches Ich, das mit dem Pferd in der Nacht unterwegs ist.

3 a. Zeit: „Abend" (V. 3), „Nacht" (V. 4), „Mond" (V. 9); dann: „Morgensonne" (V. 25)
Was nimmt das lyrische Ich wahr? „im Nebelkleid die Eiche" (V. 5) als „ein aufgetürmter Riese" (V. 6); „Finsternis" (V. 7), „mit schwarzen Augen" (V. 8); „Mond" (V. 9) „sah kläglich hervor" (V. 10); „Winde schwangen leise Flügel" (V. 11); „tausend Ungeheuer" (V. 13)

3 b. Es geht um einen nächtlichen Ritt in einer unheimlichen Atmosphäre. Das lyrische Ich trotzt jedoch der finsteren Atmosphäre, um ein lyrisches „Du" zu besuchen. Als es dieses wieder verlässt, ist es traurig.

Seite 80

4 a. „milde Freude" (V. 17), „süße[r] Blick" (V. 18), „liebliche[s] Gesicht" (V. 22), in den „Küssen welche Wonne" (V. 27), „in deinem Auge welcher Schmerz" (V. 28), „mit nassem Blick" (V. 30)

4 b. Die beiden lieben sich, haben die Nacht miteinander verbracht, müssen sich aber am Morgen wieder trennen (weil niemand von dieser Beziehung wissen soll).

4 c. Als sie ihn empfängt, <u>freut sie sich, ihn zu sehen</u>.
Das erkennt man daran, <u>wie sie ihn ansieht und dass sie zärtlich zu ihm ist</u>.
Als er sie verlässt, <u>ist sie sehr traurig</u>.
Das wird daran deutlich, <u>dass sie weint / ihm mit nassem Blick nachsieht</u>.

5 a. beim Ritt durch die Nacht: (Strophen 1 und 2)
Die Atmosphäre …
unheimlich, finster, bedrohlich, beängstigend, angsteinflößend
passende Verse: 5/6, 7/8, 11/12, 13
Die Stimmung des lyrischen Ichs …
aufgeregt, mutig
passende Verse: 1, 14 bis 16
bei der Ankunft: (Strophe 3)
Die Atmosphäre …
friedlich, entspannt, ruhig
passende Verse: 17/18, 21
Die Stimmung des lyrischen Ichs …
erfreut, glücklich
passende Verse: 17/18
beim Abschied: (Strophe 4)
Die Atmosphäre …
bedrückend, traurig
passende Verse: 25/26, 28 bis 30
Die Stimmung des lyrischen Ichs …
traurig, niedergeschlagen, bedrückt, aber auch glücklich
passende Verse: 26, 31/32

5 b. Die unheimliche Umgebung („tausend Ungeheuer", V. 13) macht ihm keine Angst, sein Mut (vgl. V. 14) und seine Freude, die Geliebte zu sehen (vgl. V. 15/16), sind stärker.

Seite 81

6 a. „Nebelkleid" (V. 5) = Metapher; „stand … Ein aufgetürmter Riese da" (V. 5/6) = Personifikation

6 b. Wenn es neblig ist, kann man (fast) nichts sehen und fühlt sich verloren/allein. Bei der Metapher „Nebelkleid" denkt man nicht an einen Baum, sondern an eine Person, die dieses Kleid trägt.
Wenn im Dunkel ein Riese vor einem auftaucht, ist das unheimlich/bedrohlich. Diese Personifikation vermittelt insgesamt ein Gefühl von Bedrohung/Gefahr/Furcht.

7 a. Die Finsternis hat hundert schwarze Augen und befindet sich im Gesträuch, von wo aus sie das lyrische Ich beobachtet. Es wirkt, als lauere da ein Tier oder viele Tiere. Die schwarzen Augen wirken unheimlich, weil sie nicht zu sehen, sondern nur zu spüren sind. Man kann nicht erkennen, um was es sich handelt. Die Absicht ist nicht klar: Droht ein Angriff? Auch das macht Angst.

7 b. *Mögliche Beispiele:*
- der kläglich dreinschauende Mond, der kaum Licht gibt (vgl. V. 9/10)
- die schauerlichen Winde, die einerseits als „leise" beschrieben werden, also das Ich höchstens frösteln lassen, es andererseits aber auch „umsausten", also als sehr unangenehm empfunden werden; das lyrische Ich kann sich nicht vor ihnen schützen (V. 11/12)
- die Nacht, die Ungeheuer schafft, das heißt, die ihn in seiner Fantasie im Dunkeln Dinge/Gefahren sehen lässt, die nicht wirklich existieren (V. 13)

7 c. *Mögliches Beispiel:*
das „rosenfarbne Frühlingswetter" (V. 21): Rosen als Blumen der Liebe; rosenfarben als Farbe, die im Gegensatz zu dem Dunkel der Nacht steht und als schön empfunden wird; Frühling als Zeit, in der es wieder hell und warm wird; das Dunkle und Unangenehme ist vorbei

Seite 83

1 a. und **b.** *Beispiel für eine Lösung:*
Philipp fuhr mit seinem Mountainbike auf dem Flowtrail in Stromberg über eine erste Rampe, wobei er bei der Landung auf der zweiten Rampe nach hinten über das Hinterrad kippte und von der Rampe fiel.

2 a. Personalpronomen: ich, mich → Philip

2 b. und **c.** Possessivpronomen unterstrichen / Anredepronomen markiert:
Sehr geehrter Herr Neumann,
am Montag, dem 15.07.20.. hatte ich einen Unfall. Ich möchte Ihnen von diesem berichten: Meine Freunde und ich fuhren mit unseren Mountainbikes auf dem Flowtrail in Stromberg. Bei einem Gap (das ist eine Lücke im Gelände) auf der Abfahrt „Wild Hog Trail" fuhr ich über die erste Rampe und flog sehr hoch durch die Luft, aber bei der Landung auf der zweiten Rampe, kippte ich über das Hinterrad nach hinten. Mein Bike und ich fielen von der Rampe. Ich segelte dann durch die Luft und landete auf meinem rechten Arm. Meine Freunde leisteten sofort Erste Hilfe, aber ich konnte meinen rechten Arm nicht mehr bewegen und hatte große Schmerzen. Der herbeigeholte Rettungswagen brachte mich ins Krankenhaus. Dort wurde mein Arm geröntgt und eine Fraktur festgestellt.

Falls Sie noch ein ausgefülltes offizielles Formular für die Unfallmeldung benötigen, senden Sie mir dieses bitte zu. Für eine rasche Bearbeitung meines Falles bedanke ich mich bei Ihnen im Voraus.

2 d. Demonstrativpronomen: diesem Unfall (Z. 2), dieses Formular (Z. 14)

3 Lieber Philipp,
vielen Dank für **deine** E-Mail vom 25.07.20..!
Im Anhang sende ich **dir** das offizielle Formular, das **du** bitte schnellstmöglich an **mich** komplett ausgefüllt und unterschrieben zurücksendest. Da **du** noch nicht volljährig bist, muss es auch von **deinen** Eltern unterschrieben werden.
Für weitere Fragen stehe ich **dir** natürlich zur Verfügung.

4 *Beispiel für eine Lösung:*
Die Jungen fuhren über Steine und Wurzeln.
Sie flogen über Rampen.
Philipp machte Kunststücke und fuhr über überrollbare Sprünge.
Er sprang über kleine Stufen und über Treppen herunter.
Die Freunde rollten auf dem Waldboden.

Seite 84

1 Ich reise am liebsten mit dem Fahrrad
Von einem Tag auf den anderen kann ich selbst entscheiden, ob die Reise südlich oder nördlich von meiner Heimatstadt starten soll. Ich mag es ganz und gar nicht, auf Züge oder Busse warten zu müssen, deshalb fahre ich lieber unabhängig los, wann es mir passt. Ich informiere mich zwar vorher gründlich, welche Route geeignet ist, entscheide aber häufig spontan, welchen Weg ich einschlage. Demzufolge ist es vorteilhaft, mit dem Fahrrad zu verreisen. Ich bin also stets an der frischen Luft unterwegs. Es kostet nichts und es ist umweltfreundlich. Aber das Beste daran ist, ich erlebe täglich neue Abenteuer und bin meistens in der Natur. Auf dem Weg treffe ich oft viele nette Menschen. Auf meiner Reise durch Irland habe ich letztes Jahr meinen Freund kennengelernt. Er half mir sofort, meinen Platten zu flicken. Später haben wir unsere Tour gemeinsam fortgesetzt.

2 Adverbien der Zeit: häufig, stets, täglich, meistens, oft, sofort, später
Adverbien des Ortes: südlich, nördlich, unterwegs
Adverbien der Art und Weise: am liebsten, lieber
Adverbien des Grundes: deshalb, zwar, demzufolge

Seite 85

3 a. *Beispiel für eine Lösung:*
Ich werde **bald** mit dem Rad nach Island fahren. Zuerst fahre ich nach Dänemark. Von dort geht es weiter mit der Fähre. Ich reise **gerne** mit leichtem Gepäck. Ich möchte auch nicht immer erreichbar sein. Mein Handy lasse ich **daher** ausgeschaltet.

3 b. Die Adverbien bestimmen die Verben näher und vermitteln von daher genauere Informationen.

4 *Beispiel für eine Lösung:*
Am 12. Juli ging es endlich los! Wir fuhren zuerst von Bonn nach Trier. Da es geregnet hat, waren wir zur Mittagspause leider alle klitschnass. Deswegen haben wir ein Lagerfeuer zusammen mit anderen Radfahrern gemacht, um uns daran aufzuwärmen. Eigentlich wollten wir noch ein Etappenziel erreichen. Da wir aber so gern mit den anderen Radfahren gequatscht haben, haben wir kurzerhand unser Zelt aufgebaut und einen super Abend mit netten Leuten verbracht.

Seite 87

1 a. *Präteritum:* fuhr, stattfand, ging los, ankamen, bezogen, erkundeten, aßen, sahen, besichtigten, konnten, waren, tanzten, stand an, war, zeigten, machten, gab, hatten, verbrachten, hörten, fuhren, stand bevor, waren, war
Plusquamperfekt: hatte geplant, hatten gebucht, hatten geplant
Futur: vergessen werde

1 b. Es ist die Zeitform Präteritum vorherrschend.

1 c. In dem Satz wird Vorzeitigkeit ausgedrückt. Das Planen der Fahrt hat vor der Fahrt stattgefunden und war dann bereits beendet.

2 Bevor ich den Koffer packte, hatte ich Sonnencreme eingekauft.
Bevor die Reise losging, hatte die Lehrerin meinen Impfpass kontrolliert.
Bevor wir losfuhren, hatten wir uns von den Eltern verabschiedet.

3 *Beispiel für eine Lösung:*
„Ich habe nachts mit meinen Freundinnen Chips gegessen."
„Ich habe mich sehr auf diese Fahrt gefreut."
„In Italien habe ich Jugendliche anderer Schulen kennengelernt."

4 *Beispiel für eine Lösung:*
Nach der Fahrt werde ich online ein Fotobuch erstellen. Ich werde meinen Freunden alles von der Fahrt erzählen. Ich werde meine Reisetasche auspacken.

Seite 89

1 a. *Präsens:* ist, hofft, besteht, mögen, ist, arbeitet, hat, deckt, isst, klingelt
Präteritum: spürte, begann, zog, half, entstand, lag, verbrachte, besuchte, erholte, erlangte, kaufte
Plusquamperfekt: getrennt hatten, gezogen war, war aufgewachsen, hatte absolviert, eröffnet hatte, hatte zugezogen, beendet hatte, hatte besorgt
Futur I: werden sich begegnen, wird mögen, finden werden, herrschen wird, wird arbeiten

1 b. *Beispiel für eine Lösung:*
Sara stand ziemlich aufgeregt vor der Tür. Tims Mutter eilte schnell zur Tür und meinte: „Schön, dass wir uns einmal kennenlernen! Ich bin Lea." Das fing ja eigentlich gut an, dachte Tim. Dann wird es ja wohl hoffentlich ein voller Erfolg werden!

2 a. Der Satz drückt Vorzeitigkeit aus. Der Kauf des Handys liegt zeitlich vor den anderen Handlungen.

2 b. *Beispiel für eine Lösung:*
Beim letzten Konzertbesuch war ich etwas traurig, weil ich aus Versehen Tickets mit ungünstigen Plätzen gekauft hatte. Dieses Mal waren die Plätze aber gut, weil ich mir vorher den Hallenplan genau angesehen hatte und entsprechend gute Tickets gekauft hatte.

Seite 90

1 *Sätze in indirekter Rede:*
… und fragt, was das sei.
Jona meint, dass er besser mal auf den Hochsitz klettere.
Jona sagt, dass es ein Glück sei, dass ihnen nichts passiert sei.

2 Jona meint: „Sinje hat zu viel Angst!" → Jona meint, dass Sinje zu viel Angst habe.
Jona erklärt: „Es gibt eben Tiere im Wald." → Jona erklärt, dass es eben Tiere im Wald gebe.
Jona ergänzt: „Im Wald ist es spannend." → Jona ergänzt, dass es im Wald spannend sei.

Seite 91

3 a. und **b.**
„Ich höre ein komisches Geräusch", sagt Sinje.
„Ich weiß es nicht", antwortet Jona.
„Das ist gruselig!", sagt Sinje.
„Jetzt will ich zurück nach Hause gehen!", sagt Sinje.

3 c.

Sprecher/-in	Wörtliche Rede	Konjunktiv I
Sinje	ich höre	sie höre
Jona	ich weiß	er wisse
Sinje	das ist	das sei
Sinje	ich will	sie wolle

4 Sinje sagt, sie höre ein komisches Geräusch.
Jona antwortet, er wisse es nicht.
Sinje sagt, das sei gruselig.
Sinje sagt, sie wolle zurück nach Hause gehen.

5 a. Sinje sagt: „Ich habe Angst."
Jona erwidert: „Ich bin tapfer."
Sinje meint: „Mir hat die Nachtwanderung trotzdem gut gefallen!"
Sinjes Mutter erwidert: „Ich bin froh, dass du wieder da bist."

5 b. Sinje sagt, sie habe Angst.
Jona erwidert, er sei tapfer.
Sinje meint, dass ihr die Nachtwanderung trotzdem gut gefallen habe.
Sinjes Mutter erwidert, dass sie froh sei, dass sie wieder da sei.

Seite 92

1 a. Sie sagt: „Komm, ich mach dir Platz" (Zeile 12).
Sie fügt hinzu: „Aber es ist doch so eng" (Zeile 14).
Sie meint: „Du kannst weitermachen" (Zeile 19 f.).

1 **b.** Die Verben stehen im Indikativ.

Seite 93

1 **c.** Elsa sagt, sie mache ihr Platz.
Sie fügt hinzu, es sei doch so eng.
Die Mutter meint, sie könne weitermachen.

2 Elsa sagt: „Ich fahre gleich in die Stadt." → Elsa sagt, sie führe gleich in die Stadt.
Die Mutter antwortet: „Ich warte auf dich." → Die Mutter antwortet, sie würde auf sie warten.
Elsa entgegnet: „Ich komme wahrscheinlich erst sehr spät zurück." → Elsa entgegnet, sie würde wahrscheinlich erst sehr spät zurückkommen.

3 **a.** und **b.** Sie würde erst spät zurückkehren. → Sie kehrte erst spät zurück.
Ihre Mutter würde zu Bett gegangen sein. → Ihre Mutter wäre zu Bett gegangen.
Sie würde ihr nicht mehr gute Nacht zu sagen brauchen. → Sie bräuchte ihr nicht mehr gute Nacht zu sagen.
Sie würde sich, gleich nach Weihnachten, eine Wohnung nehmen. → Sie nähme sich, gleich nach Weihnachten, eine Wohnung.

Seite 95

1 **a.** und **b.**

Vorfeld	linkes Verbfeld	Mittelfeld	rechtes Verbfeld
Erfundene Geschichten	erscheinen	den Zuschauern als reale Ereignisse.	
Die Zuschauer	sollen	den realen Alltag der Menschen	nachempfinden.
Diese Sendungen	zeigen	unter anderem Gerichtsverhandlungen oder Reportagen über Polizeieinsätze.	
Sendungen wie zum Beispiel *Mitten im Leben*	zeigen	den scheinbaren Alltag von Freunden und Familien in Krisen, mit ihren Lügen und Betrügereien.	
Die Schauspieler	spielen	in Wirklichkeit alle Szenen nach einem Drehbuch (Script).	

1 **c.** und **d.**

Vorfeld	linkes Verbfeld	Mittelfeld	rechtes Verbfeld
Die Dokumentation wahrer Ereignisse	täuschen	Scripted-Reality-Sendungen	vor.
Den Zuschauern	erscheinen	erfundene Geschichten als reale Ereignisse.	
Den realen Alltag der Menschen	sollen	die Zuschauer	nachempfinden.
In Wirklichkeit	spielen	die Schauspieler alle Szenen nach einem Drehbuch (Script).	

2 **a.** und **e.** **A** Was tun Scripted Reality Sendungen? Scripted Reality Sendungen täuschen vor.
B Was tun erfundene Geschichten? Erfundene Geschichten erscheinen.
C Was tun die Zuschauer? Die Zuschauer sollen nachempfinden.
D Was tun diese Sendungen? Diese Sendungen zeigen.
E Was tun Sendungen wie zum Beispiel *Mitten im Leben*? Diese Sendungen zeigen.
F Was tun die Schauspieler? Die Schauspieler spielen.

2 **b.** und **e.**
A Wer oder was täuscht die Dokumentation wahrer Ereignisse vor? Scripted-Reality-Sendungen
B Wer oder was erscheint den Zuschauern als reale Ereignisse? erfundene Geschichten
C Wer oder was soll den realen Alltag nachempfinden? die Zuschauer
D Wer oder was zeigt unter anderem Gerichtsverhandlungen oder Reportagen über Polizeieinsätze? diese Sendungen
E Wer oder was zeigt den scheinbaren Alltag von Freunden und Familien in Krisen, mit ihren Lügen und Betrügereien? Sendungen wie zum Beispiel *Mitten im Leben*
F Wer oder was spielt in Wirklichkeit alle Szenen nach einem Drehbuch (Script)? die Schauspieler

2 **c.** und **e.**
A Wen oder was täuschen Scripted-Reality-Sendungen vor? die Dokumentation wahrer Ereignisse
D Wen oder was zeigen Scripted-Reality-Sendungen unter anderem? Gerichtsverhandlungen oder Reportagen über Polizeieinsätze

3 d. und **e.**
B Wem erscheinen erfundene Geschichten als reale Ereignisse? den Zuschauern

3 a. A Die Darsteller setzen Handkameras ein.
B Das wackelige Bild vermittelt den Eindruck, live dabei zu sein.
C Viele Kinder und Jugendliche erkennen den erfundenen Inhalt der Sendung nicht.
D Dies ergab eine Befragung aus dem Jahr 2011.
E Mittlerweile gibt es im Abspann oft den Hinweis „Alle handelnden Personen sind frei erfunden."

3 b.

Vorfeld	linkes Verbfeld	Mittelfeld	rechtes Verbfeld
Die Darsteller	setzen	Handkameras	ein.
Das wackelige Bild	vermittelt	den Eindruck, live dabei zu sein.	
Viele Kinder und Jugendliche	erkennen	den erfundenen Inhalt der Sendung nicht.	
Dies	ergab	eine Befragung aus dem Jahr 2011.	
Mittlerweile	gibt	es im Abspann oft den Hinweis „Alle handelnden Personen sind frei erfunden."	

Seite 96

1 a. bis **c.** Subjektsätze sind unterstrichen; Objektsätze sind unterkringelt
Es ist erstaunlich, dass die ersten Solarschiffe in Berlin und Brandenburg erst vor wenigen Jahren ihren Betrieb aufnahmen. Die Reederei sorgte dafür, dass zunächst zwei Solarschiffe eingesetzt wurden. Bei der Planung ging man davon aus, dass die Schiffe Platz für etwa 200 Passagiere bieten sollten. Den Touristen gefiel die Idee, dass sie mit ihrem Ausflug der Umwelt nicht schadeten. Noch ist es allerdings Utopie, dass alle Schiffe im Charter- und Linienverkehr so umweltfreundlich wie Solarschiffe sind.

2 A Es spricht außerdem für Solarschiffe, dass der Lärmpegel sehr gering ist. (O)
B Es ist sicher, dass den Solarschiffen die Zukunft gehört. (S)
C Dass der Bau von Schiffen billiger wird, halten viele für wahrscheinlich. (S)

Seite 97

3 a. A Als ich das erste Mal von Weltraumreisen hörte, konnte ich es gar nicht glauben, dass viele Menschen ihren Urlaub einmal im All verbringen möchten. **B** Sie wollen in den Weltraum fliegen, weil sie die Erde einmal von außen betrachten möchten. **C** Es wird einen Ansturm auf diese Reisen geben, wohin sie in Zukunft auch führen werden. **D** Auf der anderen Seite weisen viele Menschen auf die Probleme von Reisen ins All hin, indem sie auf den ökologischen Schaden aufmerksam machen.

3 b.

Nebensatz	Konjunktion	Beispielsatz (Buchstabe)
Zeit (Temporalsatz)	als	A
Objektsatz	dass	A
Grund (Kausalsatz)	weil	B
Ort (Lokalsatz)	wohin	C
Art und Weise (Modalsatz)	indem	D

4 a. und **b.**
Die Touristen werden auf die Schwerelosigkeit vorbereitet. Sie absolvieren ein spezielles Höhentraining. → Die Touristen werden auf die Schwerelosigkeit vorbereitet, indem sie ein spezielles Höhentraining absolvieren.
Die Reise in den Weltraum wird angetreten. Die Touristen werden über mögliche Maßnahmen im Notfall informiert. → Wenn die Reise in den Weltraum angetreten wird, werden die Touristen über mögliche Maßnahmen im Notfall informiert.
Viele Menschen sehen den Weltraumtourismus kritisch. Sie finden die Lösung anderer Probleme wichtiger. → Viele Menschen sehen den Weltraumtourismus kritisch, weil sie die Lösung anderer Probleme wichtiger finden.

Seite 98

1 a. bis **c.** Satzreihen sind unterstrichen; Satzgefüge sind unterkringelt
Anna meint, dass das Internet eine tolle Möglichkeit ist, um Freundschaften auch über weite Entfernungen zu pflegen. Man kann sich in Chats weiterhin austauschen, aber man kann leider keine Dinge mehr gemeinsam erleben. Anna findet auch, dass man immer vorsichtig im Kontakt mit Personen sein sollte, die man nur aus dem Internet kennt. Weil man nicht weiß, wer sich wirklich hinter einem Nutzernamen verbirgt, ist es wichtig, keine Fotos oder sensiblen Daten, wie zum Beispiel Telefonnummern oder Adressen, zu veröffentlichen.

Anna bevorzugt daher Offline-Freundschaften. Sie kann sich auch nicht vorstellen, mit einer Online-Freundin über ihre Probleme zu sprechen, denn sie kennt diese ja nicht wirklich. Außerdem tut es gut, wenn man gemeinsam lachen oder sich umarmen kann, wenn es einem mal schlecht geht.

Seite 99

2 *Beispiel für eine Lösung:*
Ich bin für Online-Freundschaften, weil sich daraus schon öfter richtig feste Beziehungen entwickelt haben.

3 (*Satzreihe*) Ich habe viele Offline-Freundschaften. Ich spiele online in einer Gruppe Computerspiele. → Ich habe viele Offline-Freundschaften, denn ich spiele online in einer Gruppe Computerspiele.
(*Satzgefüge*) Ich kenne die anderen Spieler nicht persönlich. Es stört mich nicht. → Obwohl ich die anderen Spieler nicht kenne, stört es mich nicht.
(*Satzgefüge*) Ich finde Online-Freundschaften super. Man kann sich per Nachricht schnell und jederzeit austauschen kann. → Ich finde Online-Freundschaften super, weil man sich per Nachricht schnell und jederzeit austauschen kann.
(*Satzreihe*) Ich pflege Online-Freundschaften. Ich habe gleichzeitig auch reale Freunde. → Ich pflege Online-Freundschaften und ich habe gleichzeitig auch reale Freunde.
(*Satzreihe*) Viele Leute sind in persönlichen Begegnungen eher schüchtern. Sie trauen sich nicht andere anzusprechen. → Viele Leute sind in persönlichen Begegnungen eher schüchtern, denn sie trauen sich nicht andere anzusprechen.
(*Satzgefüge*) Schreiben ist oft einfacher. Beim Schreiben hat man mehr Zeit, die richtigen Worte zu finden. → Schreiben ist oft einfacher, weil man beim Schreiben mehr Zeit hat, die richtigen Worte zu finden.

Seite 100

1 **a.** bis **c.** Viele junge Menschen machen sich von der Arbeit der Influencerin / des Influencers ein Bild, das der Realität nicht standhält. Die Arbeitszeiten, die an vielen Tagen acht Stunden überschreiten, können nur vage im Voraus geplant werden. So ist es beispielsweise im Bereich Mode üblich, dass die Influencer/-innen bei vielen Modeschauen präsent sein müssen. Das ist ein enormer zeitlicher Aufwand ~~das~~ der ein halbwegs normales Familienleben kaum zulässt. Sicherlich können Influencer/-innen , die ihre Popularität ausnutzen, viel Geld verdienen. Auf der anderen Seite muss man die Hass-Kommentare, die einem im Netz begegnen, auch verkraften können. So sollte man sich gut überlegen, wie man mit Kommentaren, die einen persönlich angreifen, umgeht.

2 Das Einkommen, das auch jahreszeitlich schwanken kann, ist nicht bei allen Influencerinnen/Influencern ausreichend.
Für viele ist das Posten zunächst nur ein Hobby, das dann später zu einem richtigen Beruf werden kann.
Erfolgreiche Influencer/-innen können auch Unternehmer/-innen, die dann eigene Produktlinien vermarkten, werden.
Sabrina startete mit einem Foodblog, dessen Schwerpunkt vegetarisches Essen war.

Seite 101

3 **A** Influencer/-innen benötigen eine Gruppe von Followerinnen/Followern, die treu und aktiv sind.
B Weil man im Netz auch mit Hass konfrontiert wird, sollte man über ein Nervenkostüm, das extrem gut funktioniert, verfügen.
C Selbst ein argumentativer Text, der gut formuliert ist, sollte vor allem durch seine inhaltlichen Argumente überzeugen.

4 **A** Das Sanduhrprinzip, **das** beim Schreiben des argumentativen Textes hilfreich sein kann, unterscheidet sich von anderen Möglichkeiten des Strukturierens.
B Besonders wichtig ist der Hinweis, **dass** die einzelnen Argumente gut miteinander verknüpft werden müssen.
C Das Gegenargument, **das** zunächst einmal erläutert werden sollte, muss danach entkräftet werden.
D Bei der Formulierung des Schlusssatzes ist es wichtig, **dass** du deine Position noch einmal bekräftigst.

Seite 102

1 *Beispiel für eine Lösung:*
Dabei habe ich geholfen, gelieferte Waren zu überprüfen und Waren für die Auslieferung bereitzustellen.
Am Computer habe ich die Waren dokumentiert, was ich gerne gemacht habe.

Seite 103

2 *Beispiel für eine Lösung:*
Videos mit Frisiertipps schaue ich gerne und style mich und meine Freunde danach. Ich bin auch selbst kreativ und gestalte eigene Frisuren, die ich dann auch gerne allen präsentiere.
Langes Stehen macht mir nichts aus, weil ich körperlich belastbar bin. Im Umgang mit Werkzeugen bin ich auch geschickt, da ich in

meiner Freizeit auch gerne noch Möbel baue. Außerdem liebe ich es, mit Menschen zu reden, und berate diese gerne bei Haarschnitten, Farbe und Pflege. Ich höre ihnen natürlich auch gerne aufmerksam zu. Dazu besitze ich eine gute Merkfähigkeit bei Gesichtern und Namen.

Seite 104

1 Die Sachverhalte werden mithilfe von Verben ausgedrückt: B.
Die Sachverhalte werden mithilfe von Nomen ausgedrückt: A.
Der Text enthält kurze und genaue Formulierungen: A.
Es werden Vorgehensweisen oder Abläufe beschrieben: A/B.
Der Text wirkt so, als würde es sich um eine Tatsache handeln: A.

2 Bestellung eines Schulbuchs; Bestätigung einer Zahlung; Reklamation einer Bestellung; Meldung des Verlusts einer Lieferung; Bitte um Erstattung der Kosten

Seite 105

3 **A** Das von mir Bestellte konnte nicht innerhalb einer Woche geliefert werden. → Das, was ich bestellt habe, konnte nicht innerhalb einer Woche geliefert werden.
B Aufgrund der Verspätung kann ich die Ware nicht mehr nutzen. → Weil sich die Lieferung verspätet hat, konnte ich sie nicht mehr nutzen.

4 **a.** Betreff: Umtausch Halloweenkostüm
Sehr geehrte Damen und Herren,
die verspätete Lieferung meines Halloweenkostüms am 4.11.20.. veranlasst mich zur Rückgabe des in Ihrem Online-Shop bestellten reduzierten Produktes. Ihre Zusage einer pünktlichen Zustellung bei Expresssendung mit einem Zuschlag von 12,95 Euro haben Sie nicht eingehalten. Aufgrund dieser Verspätung bitte ich Sie, meine zusätzlichen Kosten für den Versandzuschlag zurückzuerstatten. Zudem möchte ich nach der versäumten Halloweenparty auch das Kostüm zurückgeben. Die Rücküberweisung der vollständigen Summe soll sofort auf das von mir verwendete Konto veranlasst werden.

4 **b.** *Beispiel für eine Lösung:*
Sehr geehrte Damen und Herren,
die verspätete Lieferung meines Halloweenkostüms am 4.11.20.. veranlasst mich zur Rückgabe des in Ihrem Online-Shop bestellten reduzierten Produktes. → Sehr geehrte Damen und Herren, da mein Halloweenkostüm am 4.11.20.. verspätet geliefert wurde, möchte ich das in Ihrem Online-Shop bestellte reduzierte Produkt zurückgeben.
Ihre Zusage einer pünktlichen Zustellung bei Expresssendung mit einem Zuschlag von 12,95 Euro haben Sie nicht eingehalten. → Sie haben Ihre Zusage, das Kostüm pünktlich zuzustellen nicht eingehalten, obwohl ich einen Zuschlag in Höhe von 12,95 Euro für die Expresssendung gezahlt habe.

4 **c.** *Beispiel für eine Lösung:*
Bitte überweisen Sie mir die vollständige Summe auf das von mir verwendete Konto umgehend zurück.

Seite 106

1 **a.** das Bild – klug – sie schweigt – der Sommerurlaub – sie schweigt – neugierig – entzückend – tagelang – traurig – die Kostbarkeit – der Brand

1 **b.** das Bild – die Bilder; klug – klüger; sie schweigt – schweigen; der Sommerurlaub – die Sommerurlaube; sie schweigt – schweigen; neugierig – neugieriger; tagelang – länger; traurig – trauriger; die Kostbarkeit – die Kostbarkeiten; der Brand – die Brände

2 **a.** Umhüllt in riesigen Luftbällen, die man um den Körper trägt, geht es auf das Fußballfeld. Schubsen, Rammen, Grätschen – alles ist auf den Plätzen erlaubt, außer die Fäuste, die bleiben im Luftball. Entstanden ist das auffällige Spiel in Skandinavien. Ziel des Spiels ist es, den Ball ins gegnerische Tor zu treffen. Neben den sportlichen Fähigkeiten steht bei dieser Sportart der Spaß im Vordergrund.

2 **b.** Luftbälle – Luftball; trägt – tragen, Plätzen – Platz, Fäuste – Faust; auffällige – auffallen

2 **c.** Grätschen; Fähigkeiten

Seite 107

1 **a.** und **b.** *Verlängern:*
der Aufwand – die Aufwände
der Pfad – die Pfade
wendig – das wendige Auto
der Berg – die Berge
Ableiten:
die Nähe – nah
das Gelände – das Land
häufig – der Haufen
läuft – laufen

2 *Beispiel für eine Lösung:*
Der Aufwand für diese Arbeit war sehr hoch.
Der Stürmer läuft auf das Tor zu.
Im Winter kann man mit dem Schlitten durch das Gelände fahren.
Der Kletterer erklimmt einen hohen Berg.

Seite 108

1 **a.** bis **c.** *Nomen mit Artikel:* der Trendsport, des Spieles, die Frisbee, einen Punkt, die Mannschaft, die Frisbee
Nomen mit Adjektiven: (sehr) energisches Spiel, (das) taktisches Verständnis, (der) gegnerischen Endzone, (aus) rundem weichem Plastik
Nomen mit Präpositionen: durch Passspiel, im Durchmesser
Nomen mit Pronomen: alle Frisbee-Fans, viel Wurfgeschick,
Nomen ohne oben genanntes Begleitwort: Ultimate-Frisbee, Flying-Disc, (28) Zentimeter

1 **d.** *Beispiel für eine Lösung:*
Die Mannschaften sind gleich stark.
Das Plastik ist sehr biegsam.
Die Frisbee fliegt in einer Kurve.
Während des Spiels zählt eine Mitspielerin oder ein Mitspieler die Punkte.

2 **a.** und **b.** Ultimate-Frisbee kann in der Sporthalle, am Strand oder auf einer Wiese gespielt werden. Das Spiel wird mit zwei Mannschaften, die aus drei bis sieben Spielern bestehen, gespielt. Das Spielfeld ist rechteckig mit je einer Endzone. Ausdauer, Sprintstärke, Taktik und das Gespür für den richtigen Moment sind wichtige Voraussetzungen. Ultimate-Frisbee ist ganz klar ein Teamsport, die Fairness steht im Mittelpunkt. Fast in jeder Stadt findet sich eine Mannschaft, bei der man das Spiel mit der Plastikscheibe ausprobieren kann.

Seite 109

1 **a.** bis **c.** **A** Das Wort Slackline bedeutet übersetzt „schlaffes Band". Im Gegensatz zur Hochseilakrobatik wird hier anstatt eines Stahlseils ein elastisches Band benutzt und zwischen zwei Fixierungspunkten, zum Beispiel zwei Bäumen, gespannt. (10)
Begleitwörter: das (Artikel), im (Präposition), zur (Präposition + Artikel), anstatt eines (Präposition + Artikel), ein elastisches (Artikel + Adjektiv), zwischen zwei (Präposition + Zahlwort), zum (Präposition), zwei (Zahlwort)

B Die Slackline ist flach gewebt und hat eine Breite zwischen 25 und 50 mm. Das Balancieren ist der wohl wichtigste Aspekt bei dieser Trendsportart. Wer zum ersten Mal auf einer gespannten Slackline steht, merkt schnell, dass es eine ganz schön wackelige Angelegenheit ist. Das Anspruchsvolle dabei ist also, das Gleichgewicht zu halten. Doch auch hier gilt: Übung macht den Meister. Mit Geduld und Ruhe haben auch Anfänger sehr schnell Erfolgserlebnisse und schaffen mühelos die ersten Meter. (17)
Begleitwörter: die (Artikel), eine (Artikel), das (Artikel), der wichtigste (Artikel + Adjektiv), bei dieser (Präposition und Pronomen), zum ersten (Präposition + Zahlwort), einer gespannten (Artikel + Adjektiv), eine wackelige (Artikel + Adjektiv), das (Artikel), das (Artikel), den (Artikel), mit (Präposition) die ersten (Artikel + Zahlwort)

C Slacklining ist gesund für den Körper. Das Stärken der gesamten Muskulatur, das Vorbeugen unangenehmer Rückenschmerzen und rechtzeitiges Vermeiden unnötiger Verletzungen stehen dabei im Vordergrund. Die Slackline ist wie ein transportables Fitnessstudio und du kannst damit (fast) immer und (fast) überall trainieren. Probiere diesen spannenden Trendsport doch einmal aus! (12)
Begleitwörter: für den (Präposition + Artikel), das (Artikel), der gesamten (Artikel + Adjektiv), das (Artikel), unangenehmer (Adjektiv), rechtzeitiges (Adjektiv), unnötiger (Adjektiv), im (Präposition), die (Artikel), ein transportables (Artikel + Adjektiv), diesen spannenden (Pronomen + Adjektiv)

2 **a.** und **b.** *Beispiel für eine Lösung:*
Das Malen von Bildern hat mir schon immer Spaß gemacht.
Beim Würfeln habe ich oft Pech!
Du musst dich auf das Schlimmste gefasst machen!
Ich wünsche dir alles Gute zum Geburtstag!

Seite 110

1 **a.** bis **c.** Roundnet – das Trendspiel des Sommers
Eine neue dynamische Trendsportart erobert Strände, Parks und Festivals – Roundnet ist das neue Spiel für die gute Laune. Zentraler Gegenstand des Spiels um 360 Grad ist ein kleines Trampolin, das sogenannte Roundnet. Vorteilhaft sind das leichte Transportieren des runden Netzes mit drei Bällen sowie das schnelle Auf- und Abbauen. Durch lockeres oder straffes Spannen des Netzes lässt sich der Schwierigkeitsgrad verändern.
Begleitwörter: das (Artikel), des (Artikel), eine neue dynamische (Artikel + Adjektiv + Adjektiv), das neue (Artikel + Adjektiv), die gute (Artikel + Adjektiv), zentraler (Adjektiv), des (Artikel), um (Präposition), ein kleines (Artikel + Adjektiv), das sogenannte (Artikel + Adjektiv), das leichte (Artikel + Adjektiv), des runden (Artikel + Adjektiv), mit drei (Präposition + Zahlwort), das schnelle (Artikel + Adjektiv), durch lockeres/straffes (Artikel + Adjektiv), des (Artikel, der (Artikel)

Beim Roundnet stehen zwei Teams mit jeweils zwei Spielern um das Trampolin herum. Die Spielidee ist einfach: Die Teams versuchen, den Ball so auf das Netz zu schlagen, dass das gegnerische Team ihn nicht erreichen kann. Der Spielball muss dabei von den beiden Mannschaften abwechselnd darauf- bzw.

zurückgeschmettert werden. Pro Spielzug ist das Berühren des Balles höchstens dreimal erlaubt – dabei ist das Einsetzen aller Körperteile möglich. Kann das gegnerische Team den Ball nicht annehmen, bekommt das Team einen Punkt. Hat ein Team einen Punkt erzielt, hat das Team weiterhin die Angabe. Nach jedem Punkt werden die Positionen am Netz getauscht. Das Behindern gegnerischer Mitspielerinnen und Mitspieler ist nicht verboten.
Begleitwörter: beim (Präposition), zwei (Zahlwort), um das (Präposition + Artikel), die (Artikel), den (Artikel), auf das (Präposition + Artikel), das gegnerische (Artikel + Adjektiv), der (Artikel), von den beiden (Präposition + Artikel + Pronomen), pro (Pronomen), das (Artikel), des (Artikel), das (Artikel), aller (Pronomen), das gegnerische (Artikel + Adjektiv), den (Artikel), das (Artikel), einen (Artikel), ein (Artikel), einen (Artikel), das (Artikel), die (Artikel), nach jedem (Präposition + Pronomen), die (Artikel), am (Präposition), das (Artikel), gegnerischer (Adjektiv)

Bei dieser Sportart werden vor allem die Koordination von Hand und Auge sowie die Schnelligkeit trainiert. Dabei stehen klar der Spaß und das Gruppenerlebnis im Vordergrund.
Begleitwörter: dieser (Pronomen), die (Artikel), von (Präposition), die (Artikel), der (Artikel), das (Artikel), im (Präposition)

2 Beim **A**ussuchen eines neuen Roundnet-Spielnetzes sollte das leichte **T**ransportieren beachtet werden. Es ist auch wichtig, dass das **St**raffen des Netzes mit festen Gummiringen möglich ist, damit es nicht so **s**chnell reißt. Für Spiele im **D**unklen gibt es mittlerweile sogar **b**eleuchtete Netze zu **k**aufen.

Seite 111

1 Kite-Landboarding
Kein Wasser in der Nähe/~~Nehe~~? Kitesport geht nun auch an Land/~~Lant~~. Kite-Landboarding ist eine Extremsportart und eine Kombination aus Kitesurfen und Skateboarden. Gefahren wird mit einem ~~übergrosen~~/übergroßen Skateboard, auch Allterrainboard genannt. Die großen, luftgefüllten Räder/~~Reder~~ ermöglichen auch ein Fahren auf einer Wiese oder auf Schotter. Die Füße werden in einer Bindung festgeschnallt. Außer dem Brett ~~benötikt~~/benötigt man eine Lenkmatte/~~lenkmatte.~~ Mit dieser Ausrüstung sind Tempo, Spaß und ~~Abeneuer~~/Abenteuer garantiert. Bei starkem Wind sind auch Tricks und Freestyle-Sprünge möglich. Erfunden wurde Kite-Landboarding Anfang der 2000er-Jahre in England. Seit vielen Jahren ist nun das Kite-Landboarding auch in Deutschland eine Trendsportart. In vielen deutschen ~~Stedten~~/Städten gibt es mittlerweile ~~kurse~~/Kurse. Hier kannst du dir die Ausrüstung ausleihen und erste Fahrtechniken erlernen.

2 Checkpunkt 1 (Sprechen – hören – gliedern): Abenteuer
Checkpunkt 2 (Wörter verlängern): Land, benötigt
Checkpunkt 3 (Wörter ableiten): Nähe, Räder, Städten
Checkpunkt 4 (Wortfamilien richtig schreiben): übergroßen
Checkpunkt 5 (Regelwissen anwenden): Lenkmatte, Kurse

Seite 112

1 Checkpunkt 1: Methode, Hilfsmittel, Grundfitness
Checkpunkt 2: Ursprung, Bewegungsabläufe, Weg, Landschaft, gibt, Bewegung
Checkpunkt 3: Bewegungsabläufe, Städte, erklärt
Checkpunkt 4: Ursprung, Hilfsmittel, Grundfitness
Checkpunkt 5: Hilfsmittel, Mauern, Weg, Landschaft, Überwinden, Bewegungsmöglichkeiten, Grundfitness, Bewegung, vorhanden sein

2 **a.** Eine weitere Outdoor-Trendsportart ist das Speed Hiking. Speed Hiking, das ist eine Art „**T**urbowandern" im Gel**ä**nde. Im **G**egensatz zum Trailrunning ist von der kurzen Etappe bis hin zur ausgedehnten Mehrtagestour im Hochgebirge mit aben**d**licher Hüttenübernachtung jede Etappenl**ä**nge möglich. Der Speedhike ist zwar eine Wanderung mit angezogenem Tempo, lädt aber gleichzeiti**g** auch zum **V**erweilen in der Natur ein.

2 **b.** Checkpunkt 2: abendlicher, gleichzeitig
Checkpunkt 3: Gelände, Etappenlänge
Checkpunkt 5: Turbowandern, Gegensatz, Verweilen

Seite 113

1 Checkpunkt 1: Spielspaß, Sportart, Material, Grundausstattung
Checkpunkt 2: Fangkorb, lang, Sportart, Grundausstattung, Landschaft, Landschaftsschutz, Umgang
Checkpunkt 3: häufig, Länge, Gelände
Checkpunkt 4: Spielspaß, Abwurf, Sportart, Landschaftsschutz
Checkpunkt 5: Golf, Fangkorb, Abwurf, Würfe, Länge, Sportart, Material, Grundausstattung, Gelände. Landschaft, Landschaftsschutz, Umgang

2 Checkpunkt 2: das Spielfeld (Z. 23)
Checkpunkt 3: erhält (Z. 25)
Checkpunkt 4: der Abwurf

Checkpunkt 5: ein kreatives Spielen (Z. 22), mit kleinteiligem Granulat (Z. 23 f.), dem Werfen (Z. 26), verschiedene Varianten (Z. 29), lieben lernen (Z. 30)

Seite 114

1 **b.** durch Reisen, das Fahren, beim Nachdenken, zum Telefonieren, das Suchen

2 **a.** und **b.** *Beispiel für eine Lösung:*
Auch in der Zukunft wird man auf das Fliegen nicht verzichten.
Oft findet man durch Überlegen die Lösung eines Problems.
Beim Zelten ist Regen unerwünscht.
Petra packt zum Übernachten den Schlafsack aus.

Seite 115

1 nominalisierte Verben: das Fliegen, beim Autofahren, lautes Brummen
nominalisierte Adjektive: das Gute, im Stillen, etwas Neues, viel Erfreuliches

2

Artikel	Präposition (mit Artikel)	Adjektive	Mengenangaben
das Fliegen das Gute	beim Autofahren im Stillen	lautes Brummen	etwas Neues viel Erfreuliches

3 *Beispiel für eine Lösung:*
Beim Autofahren hört sie gerne Musik.
Von der Klassenarbeit gibt es viel Erfreuliches zu berichten.

Seite 116

1 nominalisierte Verben: beim Nachdenken, das Reisen, flüchtiges Planen, ihr Forschen
nominalisierte Adjektive: etwas Schnelles, im Stillen, das Unmögliche

2 **a.** und **b.** *Beispiel für eine Lösung:*

Artikel	Präposition (mit Artikel)	Adjektiv
das Reisen das Unmögliche das Aus die Forschenden das Grüne das Laufen	beim Nachdenken im Stillen vom Wandern zum Trainieren	flüchtiges Planen genaues Rechnen schlechtes Spielen

Possessivpronomen	Mengenangabe
ihr Forschen sein Planen euer Denken	etwas Schnelles wenig Gutes viel Erfreuliches

3 Vgl. die markierten Wörter in der Tabelle zur Lösung von Aufgabe 2.

Seite 117

1 die Reparatur = die Ausbesserung
das Profil = mit Kerben versehene Oberfläche
die Revision = die Überprüfung
defekt = nicht in Ordnung sein
die Restauration = die Ausbesserung, die Aufbereitung
reduzieren = verringern

Seite 118

1 **a.** und **b.** *Beispiel für eine Lösung:*

Fachbegriffe (deutsch)	Fremdwörter
die Pauschalreise – Reise, bei der alle Kosten in einem Preis enthalten sind die Reiserücktrittsversicherung – eine Versicherung, die den Reisepreis ersetzt, wenn man die Reise nicht antreten kann, z. B. bei Krankheit Allgemeine Geschäftsbedingungen (AGB) – Vertragsklauseln	die Stornierung – das Rückgängigmachen die Mobilität – die Beweglichkeit der Trip – eine kurze Reise generell – allgemein gültig das Malheur – das Unglück das Attest – die ärztliche Bescheinigung die Stornokosten – Kosten, die bei Nichtantritt einer Reise entstehen können

2 die Stornierung – lateinisch/italienisch
die Mobilität – lateinisch
das Malheur –lateinisch/französisch
das Attest – lateinisch

Seite 119

1 die Reklamation – die Beschwerde
die Mahnung – die Erinnerung, die Zahlungsaufforderung
die Verzugszinsen – vom Schuldner bei verspäteter Zahlung zu zahlende Zinsen
die Servicemitarbeiter – die Berufsbezeichnung
protestieren – Widerspruch einlegen
akzeptabel – annehmbar
die Qualität – der Zustand, die Güte
unkompliziert – einfach zu lösen

2 die Garantie – Zusicherung des Herstellers, dass er für eine bestimmte Zeit nach dem Kauf eines Produkts die Kosten für die Behebung eventueller Mängel übernimmt
das Widerrufsrecht – Recht zur rückwirkenden Auflösung eines Verbrauchervertrags
mangelfrei – ohne Mängel
die Verjährung – nach Ablauf einer Frist ist der Käufer nicht mehr vertraglich gebunden

3 **b.** Mit Fachbegriffen oder Fremdwörtern kann ich einen Sachverhalt oft kürzer und präziser darstellen.

Seite 120

1

Nomen + Verb	Verb + Verb	Wortgruppen mit sein
Geld verdienen Urlaub planen Auto fahren Verantwortung tragen Kompromisse schließen Fehler akzeptieren	tanzen gehen sehen können arbeiten gehen	zuverlässig sein vorbei sein

2 **a.** und **b.** Sie pflückt beim Spazierengehen eine Blume.
Ihm fällt das Schlangestehen schwer.

Seite 121

1 **a.** Nomen + Verb: Auto fahren, Kind sein
Verb + Verb: schätzen lernen
Adjektiv + Verb: erwachsen sein, richtig machen, besser machen

1 **b.** Das Schätzenlernen dauert manchmal seine Zeit.
Beim Autofahren braucht man einen Führerschein.
Zum Kindsein ist man nie zu alt.

2 Sie möchte die Aufgabe besonders **gut machen.**
Er möchte den Schaden wieder **gutmachen.**
Sie wird ihren Vortrag **frei sprechen.**
Das Gericht wird ihn von der Schuld **freisprechen.**

Seite 122

1 **a.** bis **c.** Zwei Brüder, die auf das Land umzogen, machten eine überraschende Entdeckung. Sie spielten in einer Hütte, die sie aus alten Brettern gebaut hatten. Zur Einrichtung nahmen sie alte Bettlaken aus dem Kleiderschrank, der ihren Großeltern gehört hatte. Ein Bettlaken war besonders schwer. Aus ihm fielen plötzlich zwei Goldbarren, die ihr Vater zuerst für wertloses Metall hielt. Schließlich entdeckte ein Experte, dass der zufällige Fund sehr wertvoll ist. Die Brüder freuten sich natürlich: „Dann werden wir jetzt einen Pool bauen, der uns im Sommer erfrischt."

2 Ein Fund, der auf einem Privatgrundstück gemacht wird, muss angemeldet werden.
Manchmal findet man einen Schatz, der nicht besonders wertvoll ist.

3 *Beispiel für eine Lösung:*
Das Fahrzeug, das in der Werkstatt steht, ist nicht mehr zu reparieren.
Zum Fundbüro bringt man auch einen Gegenstand, der nicht besonders wertvoll ist.
Leider sind die Äpfel faul, die du gestern gekauft hast.

Seite 123

1 **a.** und **b.** Beim Öffnen entdeckten sie viele alte Münzen, total verschmutzt.
Strahlend liefen sie ins Haus, laut jubelnd.
Doch dann freuten sich Lena und Patrick still, geduldig wartend.

1 **c.** Lena und Patrick, wie immer gut gelaunt, machten einen tollen Fund.
Sie gruben im Garten, kräftig schwitzend, eine abgestorbene Baumwurzel aus.

2 Der Leiter des Fundbüros nahm die alten Geldmünzen an, total erfreut.
Lena und Patrick, sehr erleichtert, verließen das Amt.

Seite 124

1 **a.** und **b.** *Appositionen:* Mehmet, ein guter Schüler, gewann in einem Preisausschreiben eine Reise.
Im Thüringer Wald, einem deutschen Mittelgebirge, durfte er nach Gold suchen.
In einem Bach namens Grümpen, einem der bekanntesten Goldflüsse Thüringens, förderten unsere Vorfahren wahre Prachtexemplare zutage.
Nachgestellte Erläuterungen: Mehmet durfte sogar mit Hilfe eines Geologen nach Gold suchen, und zwar im Goldwaschbecken.
Trotz eifriger Suche fand er nur wertlose Brocken, vor allem Sand und Schutt.
Parenthese: Am Samstag, 24. Juli, ging die Reise los.

2 **a.** und **b.** Diese Art des Urlaubs wird, so denke ich, noch eine große Zukunft haben. (P)
Mehmet, der Goldsucher, hatte im Urlaub Glück. (A)
Der Schüler fand etwas Gold, vor allem aber Sand und Schutt. (E)

3 *Beispiel für eine Lösung:*
Der Geologe, ein älterer Mann, hatte schon einige Goldfunde gemacht. (A)
Ein großer Goldfund, so ist es die Regel, kommt eher selten vor. (P)
Mehmet zeigte den Freunden, und zwar allen, seinen Goldfund. (E)

Seite 125

1 a. Dabei strecken sie den Schwanz, mit dem sie das Gleichgewicht halten, nach hinten, so können sie sehr weit und hoch springen.

1 b. „Das Riesenkänguru bringt dabei Sätze von 13 m Länge und über 3 m Höhe zustande."

2 a. Dabei strecken sie den Schwanz, mit dem sie das Gleichgewicht halten, nach hinten, so können sie sehr weit und hoch springen. (vgl. M 1, Z. 3–5)

2 b. „Das Riesenkänguru bringt dabei Sätze von 13m Länge und über 3m Höhe zustande." (M 1, Z. 5–6)

Seite 126

1 a. Das wörtliche Zitat erkennt man an den Anführungszeichen.

1 b. „Elefanten sind Herdentiere, die sich von Laub und Zweigen ernähren und dabei den Bäumen schaden. Sie nehmen gern Schlamm- und Wasserbäder, leben zumeist in Wald und Dschungel und sind gegen ständige Sonnenbestrahlung empfindlich." (M 1, Z. 48–49)

2 Eigner, Wilhelm (1979): Enzyklopädie der Tiere. Herrsching, S. 472, Z. 48–49.

Seite 128

2 a. und **b.** „Alle Haie sind Fleischfresser." (M 3, Z. 3)
„Jedes Jahr werden etwa 100 Haiangriffe [auf Menschen] weltweit registriert, ungefähr fünf bis zehn davon enden tödlich." (M 2, Z. 1–2)
„Der Hai ist das häufigste Raubtier der Erde [...]. 70 bis 100 Millionen Haie werden pro Jahr gejagt." (M 1, Z. 5–6)

3 Der Hai dient dem Menschen als Speisefisch. Schillerlocken haben die meisten von uns schon mal gegessen, das sind geräucherte Bauchlappen des Dornhais. „125 Länder fischen intensiv nach Haien. Ein Pfund Haiflosse bringt 300 Dollar, eine Flosse eines Walhais mehrere tausend Dollar." (M 1, Z. 8–10) Daher unterlaufen kriminelle Organisationen das Verbot des Handels mit Haiflossen auch in der EU (vgl. M1, Z. 11–12). „Haie sind [also durchaus] keine bösartigen Einzelgänger mit Appetit auf Menschenfleisch." (M 2, Z. 3) Sie werden verfolgt und in Massen getötet.

Julie hat einen Entwurf für ein Bewerbungsschreiben verfasst.

2 Aus welchen Bestandteilen besteht ein Bewerbungsschreiben? Ordne die Textbausteine den Zahlen im Anschreiben zu.

Achtung: Fehler!

Julie Mertens [1] Aachen, den 28.09.20.. [2]
An der Gasse 11
52064 Aachen
Mobil: 0162 2089982
E-Mail: julie.mertens@example.com

AC-Drogeriemarkt [3]
Domstraße 64
52062 Aachen

Bewerbung um einen Ausbildungsplatz als Verkäuferin [4]

Hallo Frau Meier, [5]
über die Internetseite ihres Unternehmens bin ich auf ihre Anzeige aufmerksam geworden. Hiermit bewerbe ich mich bei ihnen um einen Ausbildungsplatz als Verkäuferin. [6]
Zurzeit besuche ich die Klasse 9 der Gesamtschule am Park und werde diese voraussichtlich im nächsten Jahr mit dem Mittleren Schulabschluss verlassen.
Ich gehe gerne mit Menschen um und glaube, dass meine Stärken zu diesem Beruf passen. Weitere Angebote interessieren mich auch.
Wenn Sie sich bei mir melden würden, fände ich das prima!

Liebe Grüße [7]
Julie Mertens [8]

Anlagen: Lebenslauf, letztes Zeugnis [9]

- ☐ die Anrede, wenn der Name bekannt ist, sonst: Sehr geehrte Damen und …
- ☐ der Absender, mit Kontaktdaten (E-Mail-Adresse, Telefonnummer)
- ☐ die Auflistung des Beigefügten (die Anlagen)
- ☐ der Betreff mit Ausbildungswunsch
- ☐ die Anschrift (zuständige Abteilung/Person angeben)
- ☐ der Gruß
- ☐ Haupttext mit Bewerbung und Begründung
- ☐ der Ort, das Datum
- ☐ die Unterschrift (Vor- und Zuname)

3 Vergleiche das offizielle Schreiben mit einer offiziellen E-Mail mithilfe des Wissen kompakt auf der Seite 5.

a. Welche Elemente aus dem offiziellen Schreiben sind auch in einer offiziellen E-Mail enthalten? Markiere diese.

b. Welche Elemente kommen in einer offiziellen E-Mail hinzu? Notiere sie.

In ihrem Bewerbungsschreiben muss Julie auf Inhalt und Sprache achten. Sie hat nicht in allen Textblöcken passende Formulierungen gewählt.

4 Markiere alle Anredepronomen in Julies Bewerbung, die falsch geschrieben sind. Ergänze die korrekte Form wie im Beispiel.

(…) über die Internetseite ~~ihres~~ Ihres Unternehmens …

5 Welche Anrede und welche Grußformel sollte Julie wählen? Schreibe auf.

6 Überarbeite Julies Aussage über ihre Stärken. Schreibe zwei dass-Sätze dazu auf. Verwende deine Ergebnisse zu Aufgabe 1d und schreibe die Sätze mit überzeugenden Verben auf.

überzeugt sein | wissen | glauben

7 In der Anzeige werden auch besondere Angebote des Unternehmens für die berufliche Zukunft über die Ausbildung hinaus genannt. Formuliere für Julie einen Satz, in dem sie darauf Bezug nimmt. Verwende den Konjunktiv.

Ich könnte mir vorstellen

8 Beende dein Anschreiben mit dem Wunsch, eine Rückmeldung zu erhalten. Verwende auch hier den Konjunktiv.

Über eine Rückmeldung

9 Schreibe das überarbeitete Anschreiben in dein Heft oder am Computer.

Das Bewerbungsschreiben kannst du zusammen mit Lebenslauf und Zeugnissen deiner Online-Bewerbung als Anlagen einer offiziellen E-Mail beifügen.

10 Schreibe die offizielle E-Mail, mit der du deine Bewerbung verschickst, am Computer.
a. Formuliere einen passenden Betreff.
b. Schreibe einen kurzen Text, in dem du auf die Bewerbungsunterlagen im Anhang verweist. So kannst du deinen Text beginnen:

Sehr geehrte Damen und Herren,

hiermit schicke ich …

Die Begegnung im Fachgeschäft – eine schriftliche Beschwerde überarbeiten

**Aaron wurde in einem Elektrogeschäft seiner Meinung nach unhöflich und wenig kompetent behandelt.
Anschließend schreibt er eine Beschwerde an den Kundenservice des Geschäfts.**

1 Lies Aarons Entwurf.

Unverschämtheit!!!! ____________________

Hallo! ____________________

Ich bin sehr wütend. Ich wurde in eurem Laden echt mies behandelt.

____

Ich war bei euch im Laden und suchte ein passendes Ladekabel zu meinem Tablet. Zunächst schickte mich eine Verkäuferin in die falsche Abteilung. Nachdem ich dann endlich die Ladekabel gefunden hatte, fragte ich einen Verkäufer um Rat. Dieser hat mich zunächst ignoriert und sagte dann sehr unfreundlich, er kennt sich mit den Ladekabeln nicht aus, alle wichtigen Infos würden auf den Beschilderungen stehen. Das Verhalten geht nicht! Ich bin schließlich ein Kunde und erwarte eine Beratung zu Ihren Produkten.

____

Mit freundlichen Grüßen ____________________
Aaron Maurer

2 Eine Beschwerde besteht aus verschiedenen Bestandteilen.
a. Welche Bestandteile fehlen in der Beschwerde? Kreuze sie unten an.
b. Ordne die übrigen Textbausteine der Beschwerde zu. Schreibe sie auf die Linien.

- ☐ die Anrede
- ☐ Betreff
- ☐ die Forderung/Bitte
- ☐ die genaue Beschreibung des Beschwerdegrunds
- ☐ der Grund des Schreibens
- ☐ die Grußformel/Unterschrift
- ☐ mögliche Verbesserungsvorschläge

Eine Beschwerde sollte sachlich und höflich geschrieben sein.

3 Formuliere eine aussagekräftige und sachliche Betreffzeile.
Mache dabei deutlich, dass es sich um eine Beschwerde handelt.

____

4 Beginne den Brief wertschätzend.

a. Kreuze an, welche Formulierung deiner Meinung nach wirkungsvoll ist.

☐ Ich bin schon oft in Ihrem Geschäft gewesen und freundlich behandelt worden.
☐ Bisher bin ich in Ihrem Geschäft immer kompetent beraten worden.

b. Formuliere selbst einen wertschätzenden Einleitungssatz:

____

____

5 In Aarons Beschwerde sind einige Sätze umgangssprachlich formuliert.

a. Markiere die umgangssprachlichen Formulierungen.

b. Formuliere die Sätze so um, dass sie sachlich und höflich sind.

____

____

____

____

____

Um Bitten oder Wünsche zu formulieren, kann man den Konjunktiv nutzen.
Hinweise zum Konjunktiv findest du auf den Seiten 92 bis 93.

6 **a.** Setze in den folgenden Sätzen die Verben in Klammern im Konjunktiv ein.

Eine genauere Produktbeschreibung *wäre* hilfreich.

Die Mitarbeiterin versprach mir, dass ich in Kürze das neue

Tablet ______________. (bekommen)

Am Telefon erhielt ich die Auskunft, dass der Vorgang schon längst erledigt

______________. (sein)

Eine schnelle Bearbeitung meiner Beschwerde ______________

ich ______________. (begrüßen)

Sie ______________ Ihren Service verbessern. (können)

b. In Aarons Beschwerde fehlt eine Forderung oder ein Wunsch an den Kundenservice. Ergänze diese(n) und verwende dabei den Konjunktiv.

Bei meinem nächsten Besuch in Ihrem Geschäft

Der Mitarbeiter hat Aaron nicht geholfen, da er sich mit dem Produkt nicht auskannte.

7 Formuliere einen Verbesserungsvorschlag für das Verhalten des Mitarbeiters.

eine Kollegin oder einen Kollegen fragen | die Produktseite des Herstellers im Internet aufrufen | die Hotline des Herstellers anrufen

Du überarbeitest die Beschwerde für Aaron.

8 Überarbeite die Beschwerde von Aaron mithilfe der Ergebnisse aus den Aufgaben 2 bis 7. Schreibe Aarons Beschwerde als offizielle E-Mail in dein Heft. Denke dir eine passende E-Mail-Adresse aus.

9 Überprüfe die Beschwerde mithilfe der folgenden Checkliste und des Wissen kompakt auf der Seite 5.

Checkliste	ja	noch nicht / nicht richtig
Ich wähle einen passenden Betreff.	☐	☐
Ich formuliere eine passende Anrede.	☐	☐
Ich nenne zu Beginn den Grund meines Schreibens.	☐	☐
Ich beschreibe den Beschwerdegrund genau.	☐	☐
Ich formuliere mögliche Forderungen und Bitten.	☐	☐
Ich mache mindestens einen Verbesserungsvorschlag.	☐	☐
Ich schreibe einen passenden Gruß und setze meinen Namen darunter.	☐	☐

Die mangelhaften Kopfhörer – einen Mangel schriftlich reklamieren

Hanna hat sich im Internet neue Kopfhörer bestellt. Nach vier Wochen funktionieren sie nicht mehr. Auf der Internetseite des Versandhandels findet sie folgende Allgemeine Geschäftsbedingungen (kurz AGB). Das sind schriftlich formulierte Vertragsbedingungen.

1 Lies den Auszug aus den Allgemeinen Geschäftsbedingungen aufmerksam durch.

Allgemeine Geschäftsbedingungen (Auszug)

3. Gewährleistung (Sachmängelhaftung)

Das Elektrogeschäft gewährleistet, dass die Produkte der Bestellung entsprechen und frei von Mängeln sind. Die Gewährleistung richtet sich nach den gesetzlichen Bestimmungen. Gewährleistungsansprüche von Kunden sind schriftlich innerhalb 24 Monate ab Kaufdatum an *Das Elektrogeschäft* zu richten. Bei Reklamationen bitten wir um Nachweis des Kaufdatums mittels Rechnung sowie Zusendung des Artikels mit einer Kopie der Rechnung an *Das Elektrogeschäft, 12345 Musterstadt.* Das Recht auf Nacherfüllung in Form von Austausch oder Reparatur steht Ihnen im gesetzlich vorgesehenen Umfang zu. Keine Gewährleistung übernehmen wir für Schäden, die aus unsachgemäßer Verwendung oder unsachgemäßer Reparatur entstehen.

4. Garantie

Unbeschadet der gesetzlichen Gewährleistungsrechte kommt unseren Kunden auch die Garantie zugute, die gemäß der dem Produkt beiliegenden Garantiebescheinigung gilt. Die Garantie deckt keine Schäden ab, die durch eine falsche Handhabung des Produkts und allgemein durch eine unsachgemäße Verwendung oder Reparatur des Produkts verursacht werden.
Um die kommerzielle Garantie für die Produkte in Anspruch nehmen zu können, muss der Kunde unbedingt die Rechnung für das Produkt aufbewahren.

2 Fasse die wichtigsten Informationen in eigenen Worten zusammen, indem du die Satzanfänge vervollständigst.

Keine Gewährleistung wird für Schäden übernommen, die ______________________

____

____

Die Garantiebedingungen befinden sich ______________________

____

____

Um die Garantie in Anspruch zu nehmen, muss ______________________

____

____

Das Elektrogeschäft, 12345 Musterstadt; das.elektrogeschäft@example.com

Hanna Schmitz Hauptstraße 2, 12345 Musterstadt E-Mail: hanna_schmitz@example.com	**Bestellnummer:** 3562571/2021 **Bestelldatum:** 10.09.2021 **Artikelnummer:** 57557
Menge Artikelbezeichnung	**Preis**
1 Kopfhörer EH 456 Zahlungsart: bezahlt per Vorabkasse/Überweisung	39,95 €

Hanna möchte den Mangel schriftlich reklamieren und hat alle erforderlichen Unterlagen herausgesucht.

Sehr geehrte Damen und Herren,

am 10.09.2021 habe ich in Ihrem Online-Shop die Kopfhörer EH 456 bestellt.
Nach nun sechs Wochen rauscht die rechte Kopfhörerseite. Außerdem löst sich an einem Kabel die Isolierung.

Mit freundlichen Grüßen
Hanna Schmitz

Anlagen: Rechnung und Überweisungsnachweis

3 Markiere in den Unterlagen die Informationen, die Hanna für ihre offizielle E-Mail benötigt.

Hanna hat einen Entwurf für ihr Reklamationsschreiben als offizielle E-Mail verfasst.

4 Welche Bestandteile des Reklamationsschreibens fehlen in Hannas Entwurf? Kreuze an.

- ☐ der Reklamationsgrund (die Beschreibung des Mangels)
- ☐ der Zeitpunkt des Auftretens des Mangels
- ☐ die Erwartung/Bitte/Forderung
- ☐ der Zeitpunkt, bis wann die Forderung erfüllt sein soll
- ☐ der Hinweis auf Nachweise

5 Notiere, an welcher Stelle in der offiziellen E-Mail Hanna ihre Kontaktdaten nennen kann.

____

____

6 In Hannas E-Mail fehlt eine aussagekräftige Betreffzeile. Formuliere einen Betreff. Nutze die Informationen aus Hannas Unterlagen.

____

____

Du ergänzt für Hanna die fehlenden Bestandteile eines Reklamationsschreibens.

7 Hannas Reklamation fällt unter die gesetzliche Gewährleistung.

a. Um die Reklamation zu begründen und seine Rechte einzufordern, kann man sich auf die AGB beziehen. Formuliere einen Satz, in dem der rechtliche Rahmen deutlich wird.

Gemäß Ihrer AGB gilt in diesem Fall ______________________

____

b. An welcher Stelle der Reklamation ist der Bezug zu den AGB sinnvoll? Markiere in Hannas E-Mail-Entwurf und begründe kurz deine Wahl.

____

____

8 **a.** Formuliere Hannas Forderung bzw. Wunsch zu ihrer Reklamation. Verwende den Konjunktiv.

Aufgrund des oben genannten Mangels ______________________

____

b. Gib einen Zeitpunkt an, bis wann deine Forderung erfüllt sein soll.

Ich möchte Sie bitten, ______________________

____

9 Überarbeite Hannas Reklamation mithilfe deiner Ergebnisse aus den Aufgaben 2 bis 8. Beachte den Aufbau einer offiziellen E-Mail. Schreibe in dein Heft.

Auch Hannas Freundin Louisa möchte etwas reklamieren.

10 Hanna erklärt ihrer Freundin in einer privaten E-Mail, was sie bei einer Reklamation beachten muss. Ergänze die E-Mail.

AW: Wie schreibe ich eine Reklamation?

Hey Louisa,
hier habe ich ein paar Tipps für dein Reklamationsschreiben:

____

____

____

Unser Alltag wird digital – *schriftlich argumentieren*

In diesem Kapitel äußerst du zu einem strittigen Thema schriftlich deine Meinung. Um andere zu überzeugen, verknüpfst du deine Argumente und Beispiele zu einer Argumentationskette.

So baue ich eine Argumentation auf	So formuliere ich überzeugend
Einleitung	*Im Folgenden beziehe ich mich auf … / Das Thema … wirft verschiedene Sichtweisen auf … / Die Meinungen zum Thema … gehen auseinander …*
Meinung	*Ich bin für/gegen … / Ich bin dafür/dagegen, dass … / Ich bin der Meinung, dass … / Ich finde, dass … / Meiner Ansicht nach …*
1. Argument (weniger wichtig)	*Zunächst … / Dafür spricht, dass …*
1. Beispiel	*Zum Beispiel … / Beispielsweise …*
2. Argument (wichtig)	*Darüber hinaus … / Ein weiteres Argument ist … Ferner … / Zu beachten ist auch, dass … / Noch wichtiger ist, dass … / Zu erkennen ist dies auch daran, dass …*
2. Beispiel	*Das gezeigte Beispiel … / Dies belegt …*
Gegenargument und Entkräftung	*Sicherlich ist es nicht falsch, dass … / Dennoch … / Ein mögliches Gegenargument ist … / Ich aber denke, dass … / Ich verstehe die Bedenken, dass … / Dem möchte ich aber entgegnen, dass … / Ein berechtigter Einwand ist … / Entscheidender ist jedoch, dass …*
3. Argument (am wichtigsten)	*Vor allem aber … / Das wichtigste Argument … / Am deutlichsten ist das Argument, dass … / Am überzeugendsten jedoch ist …*
3. Beispiel	*Ein Beispiel dafür ist … / Belegt wird dies dadurch, dass …*
Schlussfolgerung und Forderung	*Deswegen/Deshalb komme ich zu dem Schluss, dass … / Daher komme ich zu der Überzeugung, dass … / Folglich spreche ich mich für/gegen … aus. / Für mich ergibt sich dadurch, dass … / Man sollte …*

Ein Datenchip unter der Haut? Seite 16
Traumberuf Influencer/-in? Seite 20
Anonymität im Netz? Seite 24

Ein Datenchip unter der Haut? – schriftlich argumentieren

Ist es sinnvoll, mit einem Datenchip unter der Haut seinen Alltag zu bewältigen?
In einem Online-Beitrag für eine Jugendzeitschrift setzt du dich mit diesem Thema kritisch auseinander.

1 Lies den Zeitungsartikel mit dem Lese-Profi gründlich durch.

M 1 Digitale Körper: Mikrochips im Menschen

Als digitales Hilfsmittel erweisen sich eingepflanzte Mikrochips als ziemlich nützlich – doch Experten warnen auch vor Gefahren.

Er ist groß wie ein Reiskorn, aber zugleich mächtig wie ein Computer. Einpflanzbare Mikrochips sind in Deutschland und Europa auf dem Vormarsch: Immer mehr Menschen lassen sich die kleinen Computerchips in ihre Körper injizieren[1].
Der Chip dient dem Nutzer dabei als Eintrittskarte ins Büro oder als Ausweis. Möglich gemacht wird das beispielsweise durch die so genannte Nahfeldkommunikation. Dabei werden Daten über wenige Zentimeter kontaktlos übertragen, beispielsweise zu einem Lesegerät. Dieses erkennt den Chip automatisch.
In Schweden haben sich bereits mehr als 3000 Menschen einen Mikrochip einpflanzen lassen. Auf der ganzen Welt tragen rund 50.000 Menschen die winzigen Chips, schätzt das Mikrochip-Unternehmen Digiwell. Das ist mit Blick auf die Menschheit insgesamt zwar noch eine winzige Gruppe – aber sie wächst.
Und die Möglichkeiten sind groß: In Schweden beispielsweise können Menschen den Mikrochip nutzen, um Lebensmittel am Automaten zu kaufen, ins Büro zu gelangen und neuerdings sogar als Ticket-Ersatz in den Bahnen. Auch in Deutschland tragen Schätzungen zufolge zwischen 2000 und 3500 Menschen einen Chip im Körper.
Das amerikanische Technologieunternehmen „Three Square Market“ hat seine Mitarbeiter angeregt, Mikrochips zu nutzen. Waren es am Anfang 50 Mitarbeiter, die mit Mikrochip Snack-Maschine und Eingangstür bedienten, nutzen mittlerweile ungefähr 80 der 250 Mitarbeiter die winzigen Chips. „Man gewöhnt sich daran, es ist einfach“, sagte Firmenchef Patrick McMullan gerade der „MIT Technologyreview“. Für viele Mitarbeiter seien die Benutzung der technologischen Helfer zur Alltagsroutine geworden.

Körpertemperatur auf dem Mikrochip

Experten warnen allerdings vor einem erheblichen Datenrisiko: Hacker haben es bereits geschafft, die Chips im Vorbeigehen zu knacken und an die darauf befindlichen Daten zu gelangen. Denn wenige verschlüsseln die Informationen, die sich auf ihren Chips befinden. Wer sein Handy über den implantierten Mikrochip hält, kann dann zum Beispiel die Daten des jeweiligen Nutzers angezeigt bekommen. Noch ist die Menge der Daten, die ein Mikrochip speichern kann, vergleichsweise gering. Doch in naher Zukunft könnte die Anzahl der gespeicherten Daten steigen – deswegen raten Experten auch davon ab, intime Daten auf den Mikrochips zu speichern.

1 injizieren = (ein-)spritzen

2 Worum geht es in dem Text? Schreibe das Thema in einem Satz auf.

3 Erläutere den Begriff Nahfeldkommunikation (Z. 7) in eigenen Worten.

4 Welche Vor- und Nachteile von Mikrochips im Menschen werden im Text genannt? Notiere die Argumente in Stichworten in der folgenden Tabelle.

Pro Mikrochip	Kontra Mikrochip

M 2 Mikrochips im Alltag

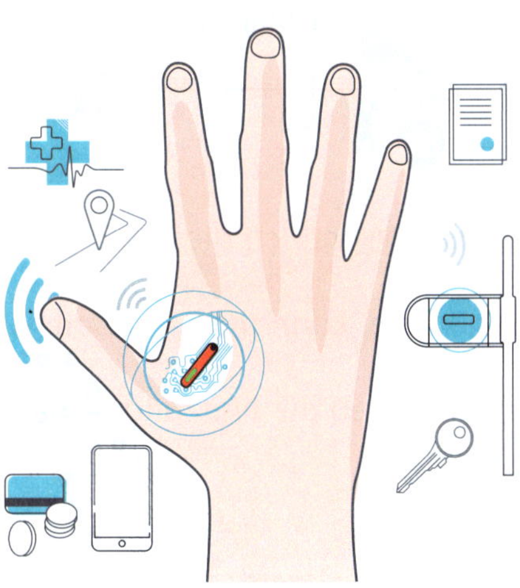

5 Sieh dir die Grafik an. Leite daraus weitere Argumente ab und ergänze die Tabelle.

In einem Online-Forum wird über den implantierten Chip im Menschen diskutiert.

M 3 Würdet ihr euch einen Mikrochip einsetzen lassen?

Mini Meter: Der Nutzen ist groß! Bei einem Unfall könnte man beispielsweise direkt meine Daten auslesen und alles über meine Krankheiten, Blutgruppe und Allergien erfahren.

Pete Frankfurt: … und dann gegen dich verwenden, wenn die Krankenkasse herausbekommt, dass du rauchst oder sonst wie ungesund lebst! Nein, danke!

Frida Kalli: Als zuckerkranker Mensch kann ich mir ein Leben ohne meinen implantierten Blutzuckermess-Chip nicht mehr vorstellen. Er hat mir schon mehrmals das Leben gerettet!

Markus Magnet: Die technische Entwicklung ist doch so schnell. Dann muss man den Chip wohl alle paar Monate erneuern und neu einpflanzen. Ist das gesund?

Franz Denker: Der gläserne Mensch: Alles ist immer und überall sichtbar und kontrollierbar. Man hinterlässt beispielsweise überall Spuren.

Nele Köhler: Mikrochips können sehr nützlich sein, um Menschen wiederzufinden, zum Beispiel bei Alzheimerpatienten oder kleinen Kindern.

6 a. Leite aus den Chatbeiträgen weitere Argumente ab und ergänze die Tabelle.
b. Du kannst die Tabelle mit eigenen Argumenten erweitern.

7 Verschaffe dir einen Überblick über deine Argumente. Welche Meinung vertrittst du? Schreibe einen Satz auf.

____

8 a. Welche drei Argumente stützen deine Meinung besonders überzeugend? Wähle aus und gewichte sie, indem du sie nummerierst (vom schwächsten zum stärksten).
b. Welches Gegenargument möchtest du entkräften? Wähle aus und markiere es.

Die Argumente veranschaulichst du mit Beispielen. Zum Verknüpfen von Argumenten und Beispielen nutzt du bestimmte Wörter, z. B. Konjunktionen und Adverbien.

9 Ergänze das Argument, indem du aus den folgenden Wörtern passende auswählst.

Argument: *weil* | *da* | *denn* **Beispiel:** *beispielsweise* | *zum Beispiel* | *das zeigt sich …*
Gegenargument: *obwohl* | *andererseits* | *ein mögliches Gegenargument ist …* | *hingegen*
Schlussfolgerung: *daher* | *folglich* | *aus diesem Grund*

Ich finde das Einpflanzen von Mikrochips bedenklich, ______________________ es mich zu einem gläsernen Menschen werden lässt. Wenn ich diesen Chip ______________________ zum Einkaufen nutze, kann man ablesen, was ich wo einkaufe. ______________________ bin ich gegen die Nutzung dieser Chips.

Du nimmst zum Thema Mikrochips schriftlich Stellung und verfasst einen Beitrag für das Online-Forum einer Jugendzeitschrift mithilfe eines Schreibplans.

10 Wie kannst du das Interesse deiner Leserinnen und Leser in der **Einleitung** wecken? Wähle eine passende Einleitung aus oder formuliere eine eigene in deinem Heft.

A *Der technologische Fortschritt erleichtert unseren Alltag. Immer mehr Menschen nutzen eingepflanzte Mikrochips, um … Ich finde es sinnvoll, …*

B *Der Mensch wird immer gläserner. Das Einpflanzen von Mikrochips ist ein weiterer Schritt in die Richtung … Ich finde es nicht sinnvoll, …*

11 Wie möchtest du die Leserinnen und Leser im **Hauptteil** überzeugen?

a. Notiere im Schreibplan deine drei Argumente und Beispiele in Stichworten.

b. Trage auch dein gewähltes Gegenargument ein und entkräfte es.

1. Argument (weniger wichtig): ______________________

____

Beispiel: ______________________

2. Argument (wichtig): ______________________

____

Beispiel: ______________________

Gegenargument: ______________________

Entkräftung: ______________________

3. Argument (am wichtigsten) ______________________

____

Beispiel: ______________________

12 Im **Schlussteil** fasst du deine Meinung noch einmal in Form einer Schlussfolgerung zusammen. Mache dir dazu Notizen.

____

____

13 **a.** Verfasse nun deinen Beitrag für das Online-Forum mithilfe deines Schreibplans. Schreibe in dein Heft und nutze das Wissen kompakt auf der Seite 15.

b. Überprüfe deinen Beitrag mithilfe folgender Fragen.
- Sind die Argumente überzeugend und nachvollziehbar?
- Sind die Argumente und Beispiele sprachlich verknüpft?
- Endet der Beitrag mit einer Zusammenfassung deiner Meinung?

c. Überarbeite deinen Text. Überprüfe dabei auch die Rechtschreibung, Zeichensetzung und Grammatik.

Traumberuf Influencer/-in? – schriftlich argumentieren

Viele jungen Menschen sind von dem Beruf des Influencers fasziniert. Aber ist Influencer/-in tatsächlich ein „Traumberuf"? Du setzt dich in einem Online-Beitrag für eine Jugendzeitschrift mit der Frage kritisch auseinander.

1 Lies das Interview der Bloggerin Sabrina über ihren Job als Influencerin.

M 1 Traumberuf Influencer – was steckt hinter dem glamourösen Job?

Mit Fotos vom eigenen Essen tausende Likes erzielen, auf die besten Partys und in die teuersten Hotels eingeladen werden? Davon träumen Tausende Jugendliche und genau so stellen sich viele das Leben der Blogger, Influencer und Youtuber vor. #getsocial hat Bloggerin Sabrina von BeRosaGoGreen interviewt und gefragt, was die Vor- und Nachteile ihres Jobs sind. Im Interview erzählt die 31-jährige Bloggerin, wie sie zu diesem ungewöhnlichen Job gekommen ist. […]

Kannst du vom Bloggen leben?

Ja, mittlerweile lebe ich vom Bloggen. Ich hatte aber nie den Plan, das Bloggen zum Beruf zu machen. Kooperationen hatte ich sporadisch auch schon früher mit dem Foodblog. Erst seit letztem Jahr habe ich aber wirklich finanzielle Sicherheit durch langfristige Kooperationen. Da habe ich mir dann auch gedacht: „Jetzt mache ich es wirklich zum Beruf." Wie bei allen Selbstständigen ist das Einkommen nicht beständig. Es gibt Monate, wo so viel reinkommt, dass ich gar nicht weiß, wie sich das ausgehen soll, und wiederum Monate, wo es gar nicht so ist.

Was ist dein Geheimtipp, um als Bloggerin erfolgreich zu sein?

Wenn ich ehrlich bin, würde ich niemals jemandem raten, Bloggerin oder Blogger zu werden. Meiner Meinung nach ist das kein Job, den man anstreben kann. Es gibt keinen klassischen Werdegang – man sollte mit dem Bloggen beginnen, weil man Freude daran hat. Natürlich liebe ich den Job, sonst würde ich ihn nicht machen. Aber ich denke auch, dass es mittlerweile sehr schwer ist, groß zu werden, wenn man nicht schon früh begonnen hat. Ich würde jetzt vermutlich jedem raten, eine Nische zu bedienen und diese auch anzusprechen. Man muss sich im Klaren darüber sein, dass man vermutlich einige Jahre unbezahlt arbeiten wird. Wenn man mit der Einstellung beginnt, dass man viel Geld verdienen will, wird es wohl nicht funktionieren. Regelmäßig posten, hochwertige Bilder, Mehrwert für die Leser bieten und „Experte" auf seinem Gebiet sein, sind die wichtigsten Grundpfeiler.

Du hast auf Instagram schon über 34.000 Follower. Bist du oft mit Hass im Netz konfrontiert?

Je größer man wird, umso mehr Kritiker hat man auch. Bei mir hält es sich zum Glück in Grenzen. Es hängt vermutlich davon ab, wie sehr du als Bloggerin polarisierst und wie du deine Standpunkte vertrittst. Ich persönlich wurde mit Hass konfrontiert, als mir jemand unterstellt hat – und zwar wirklich schlimm formuliert – dass ich magersüchtig bin. Das hat mich richtig gekränkt und verletzt. […]

Das Influencer-Leben kommt auf Instagram oft sehr glamourös rüber. Was sind denn die Nachteile in deinem Beruf?

Viele Jugendliche glauben, dass Influencer der Traumberuf schlechthin ist. Man sieht auf Social Media meistens nur die „schönen Seiten" des Jobs. Viele wissen gar nicht, wie viel Arbeit hinter einem einzigen Post stecken kann. Mir wurde beispielsweise auch erst vor Kurzem klar, dass ich eigentlich keinen richtigen Urlaub machen kann. Zwei Wochen nichts zu posten schadet eben der Reichweite und man kann danach wieder fast bei null beginnen. Die Grenzen zwischen Privat und Business kann man also kaum mehr ziehen. Es ist eben nicht nur „lustig Fotos machen", sondern auch viel Hintergrundarbeit. Du musst zum Beispiel Verträge aushandeln, Büroarbeit und die Buchhaltung machen. Für mich ist es einfach ein Hobby, das zum Beruf geworden ist. Die Freude daran sollte einfach immer mehr im Fokus stehen!

2 Beschreibe in einem Satz, worum es in dem Artikel geht.

____

____

3 Markiere Argumente, die für den „Traumberuf" Influencer/-in sprechen, blau und Argumente dagegen rot.

Aus den folgenden Materialien kannst du weitere Argumente ableiten.

M 2 Influencer – Berufs- und Karrierechancen

Der Erfolg in den sozialen Netzwerken ist nicht selbstverständlich, dazu bedarf es der Fähigkeit, Vertrauen zu schaffen und eine Gruppe von treuen und aktiven Followern aufzubauen. Wichtig ist zudem auch, auf sich aufmerksam zu machen und interessante Kooperationen mit Unternehmen und Marken zu finden. Wer gut darin ist, seine Popularität auszunutzen, kann Top-Influencer werden. Von hier bis zur Berühmtheit und dem Eintritt in die Welt des Showbiz ist es dann nur noch ein kurzer Schritt. Viele bekannte Influencer und Influencerinnen [...] moderieren Fernseh- und Radioprogramme, schreiben Bücher, spielen Rollen in Film und TV-Serien, erscheinen in Werbespots, nehmen an Events teil, arbeiten als Tänzer, Sänger oder Models. Aber nicht nur das – sie können auch echte Unternehmer werden, mit eigenen Marken und Produktlinien.

M 3

4 Markiere im Sachtext M 2 ebenfalls die Pro- und Kontra-Argumente farbig.

5 Welches Argument liefert das Foto einer Reise-Influencerin? Notiere Stichworte.

____

____

____

M 4

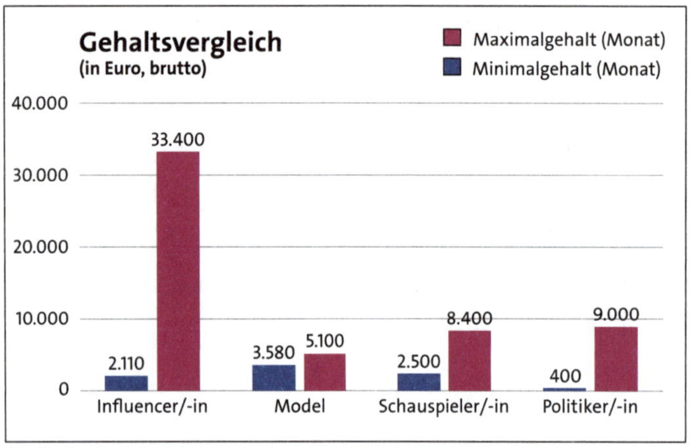

Quelle: karrierebibel.de

6 Welches Argument lässt sich aus der Grafik ableiten? Notiere Stichworte in deinem Heft.

7 Erstelle in deinem Heft eine Tabelle nach folgendem Muster.
a. Trage Pro- und Kontra-Argumente in die Tabelle ein und ergänze passende Beispiele aus den Materialien.
b. Finde eigene Argumente und Beispiele für oder gegen den Beruf Influencer/-in und ergänze deine Tabelle.

Pro-Argumente		Kontra-Argumente	
Argument	Beispiel	Argument	Beispiel
...	...	...	...

In deiner Argumentation stellst du einen logischen Zusammenhang innerhalb des Textes her. Die einzelnen Bestandteile der Argumente verknüpfst du mithilfe von Wörtern, z. B. durch Konjunktionen und Adverbien.

8 Markiere im folgenden Auszug aus einer Argumentation die Wörter, die Argument und Beispiel verknüpfen, das Gegenargument entkräften und die Schlussfolgerung einleiten.

Für den Job als Influencer/-in benötigt man ein gutes Nervenkostüm, weil man im Netz auch mit Hass konfrontiert wird. So wurde beispielsweise eine Bloggerin mit üblen Worten beschimpft. Andererseits lernt man durch die Arbeit auch viele nette Leute kennen. Deshalb sollte man sich genau überlegen, ob man diesen Job dauerhaft ausüben möchte.

9 **a.** Ordne die Verknüpfungswörter aus dem Wortspeicher richtig in die Tabelle ein.
b. Finde weitere Beispiele und ergänze sie.

denn | folglich | jedoch | daher | wegen | andererseits | darum | zum Beispiel | obwohl

Argument	Gegenargument	Beispiel	Schlussfolgerung
______	______	______	______
______	______	______	______

Mithilfe deiner Argumente schreibst du einen Online-Beitrag. Deine Argumentation ist besonders überzeugend, wenn sie logisch nach dem Sanduhrprinzip aufgebaut ist.

10 Verschaffe dir einen Überblick über deine Argumente. Welche Meinung findest du überzeugender? Schreibe einen Satz in deinem Heft auf.

11 **a.** Wähle für den ersten Teil des Hauptteils drei Gegenargumente aus. Du beginnst dabei mit dem stärksten Gegenargument und endest mit dem schwächsten. Notiere sie.

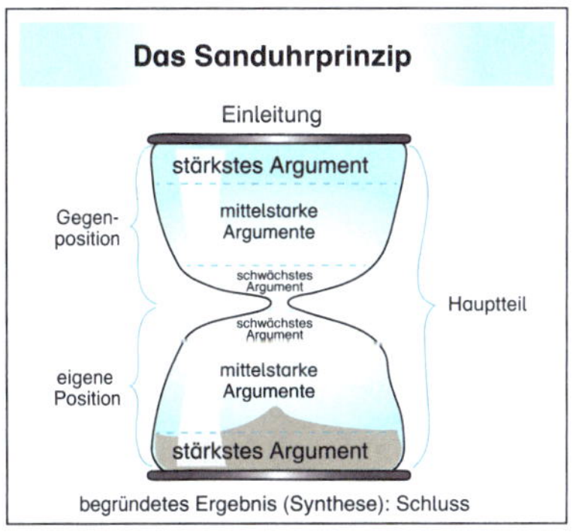

Gegenargument (am wichtigsten): ______________________

____

Gegenargument (wichtig): ______________________

____

Gegenargument (weniger wichtig): ______________________

____

b. Gehe im zweiten Teil des Hauptteils umgekehrt vor. Ordne die drei Argumente, die für deine Meinung sprechen, von weniger wichtig bis am wichtigsten.

Argument (weniger wichtig): ______________________

____

Argument (wichtig): ______________________

____

Argument (am wichtigsten): ______________________

____

c. Überlege dir, wie du den Übergang vom ersten Teil des Hauptteils zum zweiten sprachlich gestaltest. Ergänze die folgenden Sätze in deinem Heft.

Die Argumente zeigen, dass … Trotzdem gibt es gute Gründe dafür, …

12 Schreibe einen argumentierenden Text.

a. Nenne in der **Einleitung** das Thema und begründe, warum das Thema aktuell ist und kontrovers diskutiert wird. Schreibe deine Meinung zum Thema auf.

b. Gestalte die Anordnung deiner Argumente und Beispiele im **Hauptteil** nach dem Sanduhrprinzip. Nutze die Ergebnisse aus Aufgabe 11.

c. Greife im **Schluss** die Einleitung noch einmal auf, stelle deine Meinung begründet dar und sprich eine Empfehlung aus.

d. Überarbeite deinen Text mithilfe des Wissen kompakt auf der Seite 15. Überprüfe dabei auch die Rechtschreibung, Zeichensetzung und Grammatik.

Anonymität im Netz? – schriftlich argumentieren

Es ist eine Debatte, die immer wieder geführt wird: Sollten Nutzer/-innen im Internet und speziell in den sozialen Medien mit ihrem echten Namen auftreten? Du setzt dich in einem Online-Beitrag für eine Jugendzeitschrift mit dieser Frage kritisch auseinander.

1 Lies die Texte (M 1 und M 2) und sieh dir die Grafik bzw. Karikatur (M 3 und M 4) an.

M 1 Anonymität im Internet – sinnvoll oder gefährlich? *Mirjam Benecke*

Der damalige Bundestagspräsident Wolfgang Schäuble forderte, die Nennung von Klarnamen in sozialen Netzwerken verpflichtend zu machen. […] Was spricht dafür, was dagegen?

„Wer kennt ein gutes Hausmittel gegen eitrigen Hautausschlag?“ Klick. Es dauert nur ein paar Sekunden und schon schwirrt die Frage von „Knuddelmaus_74“ ungebremst durchs Internet. In Foren und sozialen Medien können Nutzer über jedes beliebige Thema plaudern, streiten und Erfahrungen austauschen. Viele benutzen dabei nicht ihre richtigen Namen, sondern wählen sogenannte Nicknames, also Spitznamen.

Doch nun kocht eine alte Debatte wieder hoch: Sorgt Anonymität im Internet für mehr Hass und Hetze? Schließlich bekommen Politiker und Journalisten immer wieder anonyme Drohbotschaften zugeschickt […].

Für Bundestagspräsident Wolfgang Schäuble ist die Sache klar. „Anonymität ist immer die Versuchung zur Hemmungslosigkeit“, sagte Schäuble der „Bild am Sonntag“.

Der CDU-Politiker ist ein Befürworter der Klarnamenpflicht. Das bedeutet: Jeder Nutzer soll sich nur unter Angabe seines vollen Namens an Debatten im Internet beteiligen dürfen. Dadurch soll die Hemmschwelle, Hasskommentare abzuschicken, steigen. „Die Regeln und Werte, die in der analogen Welt gelten, müssen auch in der digitalen Welt gelten. Dazu passt Anonymität nicht“, so Schäuble.

[…] **Kritiker: Anonymität sichert Meinungsäußerung**

„Klarnamenpflicht ist Mist“, meint Social-Media-Experte Martin Fehrensen. Denn Anonymität sichere die freie Meinungsäußerung im Internet. „Im Alltag läuft auch niemand mit einem Namensschild durch die Gegend und bei Demonstrationen oder Bürgerversammlungen gilt ebenfalls das Recht auf Anonymität“, sagte Fehrensen der DW.

Auch Politiker von CDU, Grünen und FDP sehen eine Pflicht zur Nennung des vollen Namens in sozialen Netzwerken kritisch. „Häufig gibt es gute Gründe, warum jemand anonym bleiben möchte, zum Beispiel um sich vor Diskriminierung oder Angriffen zu schützen. Dies gilt für Leserbriefe in Zeitungen genauso wie für Posts im Internet“, sagte Bundesjustizministerin Christine Lambrecht (SPD) gegenüber der dpa.

Klarnamen könnten Opfer gefährden

Die Grünen-Netzpolitikerin Tabea Rößner nannte eine Klarnamenpflicht „absoluten Irrsinn“. „Da ohnehin bereits viele Menschen völlig unverfroren von ihren Profilen mit eindeutiger Namensnennung hetzen, steht zu befürchten, dass eine Klarnamenpflicht am Ende wohl eher denjenigen Betroffenen schadet, die dadurch vor Hetze geschützt werden sollen“, sagte die Abgeordnete dem Handelsblatt.

„Die Klarnamenpflicht ist auch problematisch, weil Menschen, die Hass verbreiten, ihre Opfer potenziell leichter identifizieren können“, so Martin Fehrensen. Neben der Angst vor Diskriminierung und Hass gibt es aber auch noch eine ganze Reihe anderer Gründe, weshalb Menschen im Internet lieber anonym bleiben. Es gibt zum Beispiel Paare, die sich Kinder wünschen und sich Tipps in Foren holen, oder Kranke, die in Online-Communitys nach Hilfe suchen. Dass der Klarnamen-Vorstoß diesmal ausgerechnet von Bundestagspräsident Wolfgang Schäuble kommt, hat für Fehrensen schon fast einen komischen Beigeschmack. „Schäuble galt lange als größter Gegner der Nutzung von Social Media im Bundestag", so Fehrensen. „Dass ausgerechnet jemand die Spielregeln ändern will, der sich in diesen digitalen Räumen überhaupt nicht bewegt und maximale Vorbehalte hat, ist ein schlechter Witz."

M 2 Wir brauchen eine Klarnamenpflicht für soziale Medien, sagt Daniel Mack

Egal, über was ich schreibe – über Freiheit und Demokratie oder meine Liebe zu Europa –, unter diesen Tweets stehen innerhalb von wenigen Minuten Hass, Hetze und Beleidigungen. Und das ist nur ein Bruchteil dessen, was Angela Merkel, Cem Özdemir, Christian Lindner oder bekannte Journalisten erreicht.
Ich habe früh gelernt, dass Kommunikation von persönlich Verantwortlichen lebt. Dass auf einem politischen Plakat oder Flyer neben einer Adresse auch ein Name stehen muss. Und weil ich Menschen mag, die mich klüger machen, suche ich den Diskurs. Ich verhalte ich mich online dabei nicht anders als offline, trete mit meinem Namen und Profilbild auf. Viele handhaben das anders. Ihre Profile beinhalten wirre Zahlen- und Buchstabenkombinationen, ihre Profilbilder zeigen alles, nur nicht sie selbst. Aber politische Debatte funktioniert nur mit Gesicht. Ob im Bierzelt oder im Netz.
Wir müssen aufpassen, dass nicht die digitale über die analoge Welt bestimmt. Wir können nicht die Anonymität hochhalten, wenn Organisationen gezielt Hass im Netz verbreiten, mit dem Ziel, unsere liberale Gesellschaft zu zersetzen.
Argumente für die Anonymität im Netz lese ich seit Jahren. Überzeugend finde ich sie nicht. Wer sein Gesicht nicht zeigen und seinen Namen nicht nennen mag, dem kann ich nicht trauen und mit dem will ich auch nicht diskutieren.
Ob der Klarname sichtbar sein soll, muss jeder Nutzer selbst entscheiden können. Betreiber von Plattformen wie Facebook, Twitter und Instagram sollten ihn jedoch – gesetzlich vorgeschrieben kennen müssen. Er sollte Teil einer Mehr Faktor Authentifizierung sein, die neben E-Mail, Name, Telefonnummer auch etwa ein Foto des Personalausweises voraussetzt. Diese Daten sind auf richterliche Anordnung schnellstmöglich herauszugeben. Nur mit klaren nachvollziehbaren Regeln können wir die Digitalisierung zur Stärkung unserer Demokratie nutzen. Ansonsten tritt das Gegenteil ein.

M 4

M 3

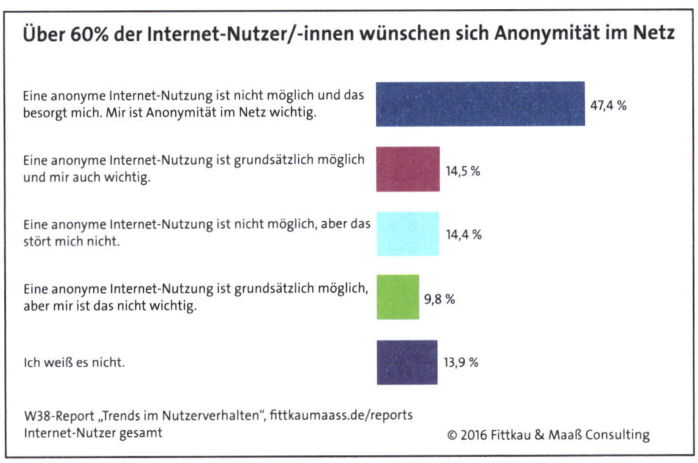

2 Fasse das Thema der vier Materialien in zwei Sätzen zusammen.

____

____

____

3 In den Materialien werden Argumente für die Anonymität im Netz und dagegen aufgeführt.
- **a.** Lege in deinem Heft eine Tabelle nach dem Muster auf der Seite 22 an.
- **b.** Notiere alle Argumente, die du aus den Materialien M 1 bis M 4 ableiten kannst.
- **c.** Ergänze eigene Argumente sowie zu den Argumenten passende Beispiele und trage sie ebenfalls in die Tabelle ein.

Du überzeugst mit deiner Argumentation, wenn du den Zusammenhang deiner Gedanken deutlich machst. Deshalb ist es besonders wichtig, deine Argumente zu verknüpfen.

4
- **a.** Ordne die folgenden Verknüpfungswörter den Operatoren darunter zu und trage den passenden Buchstaben ein.
- **b.** Ergänze jeweils weitere Beispiele für Verknüpfungswörter.

A	*außerdem, ferner, überdies, nicht zuletzt, ebenso, gleichzeitig, des Weiteren*
B	*daher, deshalb, deswegen, darum, aus diesem Grund*
C	*sonst, andernfalls, unter der Bedingung, dass*
D	*vor allem, schwerer wiegt, insbesondere, überzeugender ist, ausschlaggebend ist*
E	*jedoch, hingegen, zwar … aber, dessen ungeachtet, einerseits … andererseits, dennoch*
F	*also, folglich, demzufolge, demnach, infolgedessen*

begründen: ______________________

Folgen aufzeigen: ______________________

Gegensatz aufzeigen: ______________________

aneinanderreihen: ______________________

Bedingungen nennen: ______________________

abwägen/gewichten: ______________________

Du nimmst in einem Online-Beitrag schriftlich Stellung zur Frage der Anonymität im Netz.

5 Welchen Standpunkt (für oder gegen Anonymität im Netz) findest du überzeugender?
- **a.** Verschaffe dir einen Überblick über die Argumente und formuliere deine Meinung.

____

____

- **b.** Überlege, wen du mit deiner Argumentation erreichen möchtest. Welche Auswirkungen könnte die Adressatin / der Adressat auf die Darstellung deiner Argumente haben?

Das Sanduhrprinzip sorgt für einen logisch aufgebauten und überzeugenden Hauptteil deiner Argumentation.

6 a. Wähle für den ersten Teil des Hauptteils drei Gegenargumente aus. Du beginnst dabei mit dem stärksten Gegenargument und endest mit dem schwächsten. Notiere sie.

Gegenargument (am wichtigsten): ______________________________

____

Gegenargument (wichtig): ______________________________

____

Gegenargument (weniger wichtig): ______________________________

____

b. Gehe im zweiten Teil des Hauptteils umgekehrt vor. Ordne die drei Argumente, die für deine Meinung sprechen, von weniger wichtig bis am wichtigsten.

Argument (weniger wichtig): ______________________________

____

Argument (wichtig): ______________________________

____

Argument (am wichtigsten): ______________________________

____

c. Formuliere einen Satz, der den Übergang vom ersten Teil des Hauptteils zum zweiten zeigt.

____

____

____

7 Schreibe einen argumentierenden Text in deinem Heft.

a. Nenne in der **Einleitung** das Thema und stelle dabei einen aktuellen Bezug her. Schreibe deine Meinung zum Thema auf.

b. Gestalte die Anordnung deiner Argumente und Beispiele im **Hauptteil** nach dem Sanduhrprinzip. Nutze die Ergebnisse aus Aufgabe 6.

c. Schreibe einen **Schlusssatz** auf. Bekräftige darin nochmals deine Meinung.

d. Überarbeite deinen Text mithilfe des Wissen kompakt auf der Seite 15. Überprüfe dabei auch die Rechtschreibung, Zeichensetzung und Grammatik.

Reisen heute und morgen – *informierende Texte verfassen*

Um andere über einen Sachverhalt zu informieren, kannst du Texten und Grafiken Informationen entnehmen und diese für einen eigenen informierenden Text nutzen.

Arbeitstechnik

Einen informierenden Text schreiben

Vor dem Schreiben

- Ich prüfe genau, was die Aufgabenstellung von mir verlangt und wer mein Adressat ist. Ich überlege, was ich dabei beachten muss.
- Ich sammle Informationen aus verschiedenen Materialien zum Thema, zum Beispiel aus Texten oder Grafiken. Ich notiere Stichworte, zum Beispiel in einer Tabelle.
- Ich wähle wichtige und interessante Informationen für meinen Text aus.
- Ich ordne meine Informationen, zum Beispiel mithilfe einer Mind-Map.
- Ich erstelle eine Gliederung, indem ich zum Beispiel die Informationen in der Mind-Map nummeriere.

Während des Schreibens

- Ich benenne in der **Einleitung** das Thema meines Textes und wecke das Interesse meiner Leser/-innen, zum Beispiel mit einer bemerkenswerten Tatsache, einem anschaulichen Zitat, einem konkreten Beispiel oder einer Frage.
- Ich informiere im **Hauptteil** sachlich und verständlich. Ich verdeutliche Zusammenhänge, indem ich Informationen in Beziehung setze und Sätze sinnvoll verknüpfe. Ich gebe wichtige Informationen nach Teilthemen geordnet wieder und strukturiere meinen Text durch Absätze. Ich belege meine Aussagen am Text und verwende passende Zitate.
- Ich fasse zum **Schluss** wichtige Aussagen noch einmal zusammen. Ich stelle einen Bezug zur Einleitung her, gebe meine eigene Meinung wieder oder erkläre, was mich an dem Thema besonders interessiert oder fasziniert hat.
- Ich finde eine **Überschrift,** die zu meinem Text passt und neugierig macht.

Nach dem Schreiben

- Ich überprüfe meinen Text, ob er informativ, sachlich und verständlich ist.
- Ich überprüfe die Rechtschreibung, Grammatik und Zeichensetzung.
- Ich gebe unter meinem Text alle verwendeten Quellen* an.
- Tipp: Ich kann Bilder ergänzen, die meinen Text anschaulicher machen.

* Quellen können zum Beispiel sein: ein Lexikon, eine Zeitschrift oder ein Text aus dem Internet.

Ein alternativer Reisetrend: Das Couchsurfing Seite 29
Reisen im 21. Jahrhundert Seite 34
Ein Ticket ins All Seite 39

Ein alternativer Reisetrend: Das Couchsurfing – sich informieren

Du möchtest für die virtuelle Plattform der Schule einen informierenden Text über eine alternative Reiseform, das Couchsurfing, schreiben und sammelst Informationen.

1 Welche Informationen über Couchsurfing enthalten die Materialien M 1 bis M 3?

a. Lies die Texte und sieh dir die Diagramme an.

b. Bearbeite zunächst die Aufgaben zu den einzelnen Materialien.

c. Trage die gesammelten Informationen in Stichworten in die Tabelle auf der Seite 32 ein.

M 1 Was ist Couchsurfing?

Beim Couchsurfing handelt es sich um organisierte kostenlose Übernachtungen bei Fremden. Ähnlich wie bei Mitfahrgelegenheiten wird die Aktion zuvor abgesprochen und geplant. Couchsurfing wird vor allem von jungen Menschen genutzt. Durch eine global aktive Community lassen sich Reisen auf der ganzen Welt günstig finanzieren. Beim Couchsurfing geht es neben kostenlosen Übernachtungen vor allem um Gesellschaft: Sie empfangen Gäste aus aller Welt oder übernachten selbst bei Einheimischen, die Ihnen ihre Stadt zeigen und authentische[1] Reiseempfehlungen geben. So entsteht ein reger kultureller Austausch, bei dem schon so manche Freundschaft geknüpft wurde.
Melden Sie sich auf einer Couchsurfing-Webseite an, können Sie dort sowohl Ihre eigene Wohnung zur Verfügung stellen als auch weltweit nach Übernachtungsmöglichkeiten suchen.
Auf fast allen Couchsurfing-Websites müssen Sie sich ein Profil erstellen und können von Ihren Hosts oder Gästen bewertet werden. Dabei spielt es keine Rolle, ob Sie nur surfen oder Schlafplätze zur Verfügung stellen.

1 echt, den Tatsachen entsprechend

2 a. Beschreibe mithilfe der Informationen aus M 1 kurz in deinen Worten, was Couchsurfing ist.

b. Was ist mit „global aktive Community" (Z. 4) gemeint? Erkläre in eigenen Worten.

c. Trage die wichtigsten Informationen und Fachbegriffe in deine Tabelle auf der Seite 32 ein. Notiere jeweils auch die Zeilenangaben.

M 2 Interview mit einer Couchsurferin

Maria Kapeller beantwortet in einem Selbstinterview Fragen zum Couchsurfing.

Hast du keine Angst, wenn wildfremde Leute in deiner Wohnung schlafen?
Am Anfang war es schon komisch. Fast noch mehr für die Gegenseite als für einen selbst: Viele nicht so versierte[1] Couchsurfer muss man erst überzeugen, dass sie sich bei einem wohlfühlen können. Das komische Gefühl vom Anfang hat sich schnell gelegt. Die allermeisten Leute sind einfach so nett und dankbar und nach einem lustigen Abend fallen meistens alle müde ins Bett. […]

Wie lange bleiben die meisten Couchsurfer?
Die meisten bleiben nur ein bis drei Nächte, einige auch länger oder kürzer. Es gilt als stilles Commitment[2] in der Community[3], die Gastfreundschaft nicht auszureizen. Und wenn doch, dann wird man vorher ganz nett gefragt. Außerdem kann man in seinem Couchsurfer-Profil klipp und klar angeben, wie lange man sein Sofa maximal zur Verfügung stellt. […]

Was bringt es dir, Couchsurfer aufzunehmen?
Es kostet zwar Zeit und meist auch ein bisschen Geld, aber das ist es wert. Es ist wahnsinnig bereichernd sich zu vergegenwärtigen, wie unterschiedlich Menschen aufgewachsen sind, denken, ticken, gestikulieren,[4] reden. Man kann so viel über das Leben in anderen Ländern lernen, aber auch über das Leben an sich, denn jeder hat hörenswerte Erfahrungen und Einstellungen.

Wie bedanken sich die Leute für die Gastfreundschaft?
Auch das ist ganz unterschiedlich. Geübte Couchsurfer, die selbst oft Gäste haben, sehen es eher als selbstverständlich an. Andere sind total dankbar, viele bringen kleine Geschenke wie Tee oder Gewürze aus ihren Ländern mit. […]

Und wenn ich es doch probieren will – welche Tipps gibt es für Neulinge?
Wer daheim zu zweit wohnt, kann vorerst nur andere Pärchen aufnehmen. Das vermittelt Sicherheit und bei vier oder mehr Leuten kommt sicher keine drückende Stille auf (was bei mir auch so noch nie der Fall war). Auch Freunde einladen und ein kleines Essen veranstalten ist wirklich lustig und bringt allen Beteiligten etwas. Der Vorteil dabei ist, dass man sich auch mal ausklinken kann und den anderen das Tischgespräch überlassen. Gemeinsam etwas unternehmen, zum Beispiel wandern oder zum See fahren, ist eine weitere Möglichkeit, um für Ungezwungenheit zu sorgen.

Musst du jeden beherbergen, der sich bei dir meldet?
Nein. Müssen tut man gar nichts. Meist bekommt man viel mehr Anfragen, als einem lieb ist. Ich habe folgende Erfahrung gemacht: Man soll sich nur darauf einlassen, wenn man auch wirklich Zeit und die Muße dazu hat, weil anstrengend ist ein Besuch trotzdem immer. […]

Wie ist es, beim Reisen selbst auf der Couch eines anderen zu surfen?
Da geht es mir wie vielen anderen auch: Ich bin eigentlich lieber Gastgeberin als Surferin. Denn als Gast hat man schon immer ein bisschen das Gefühl, möglichst keine Umstände machen zu wollen. Wenn ich allein reise nutze ich Couchsurfing schon, weil es eine super Möglichkeit ist, Anschluss zu finden. Aber meistens reise ich mit meinem Freund. […] V

1 unerfahren 2 Verpflichtung 3 Gemeinschaft 4 Bewegung mit Armen und Händen

3 **a.** Welche Vor- und welche Nachteile werden im Text zum Couchsurfing genannt? Markiere sie in unterschiedlichen Farben und trage die wichtigsten Aussagen in Stichworten in deine Tabelle ein.

b. Welche Aussagen findest du besonders aussagekräftig? Umkreise zwei Zitate, die du in deinem informierenden Text zitieren möchtest.

M 3 **Aus welchen Gründen lehnen Sie „CouchSurfing" ab?**

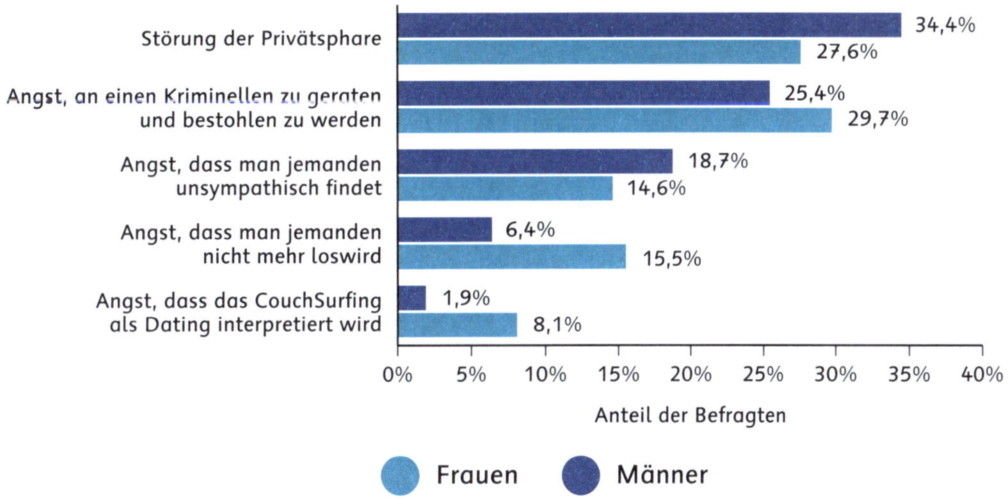

Quelle
Immobilienscout24

Weitere Informationen:
Deutschland; Immobilienscout24 2019; Januar 2011; 856 Nutzer von Immobilienscout24

4 Benenne aus der Grafik M 3 die wichtigsten Gründe für die Ablehnung des Couchsurfings. Gehe auch auf die Unterschiede bei Frauen und Männern ein. Ergänze deine Tabelle.

Deinen informierenden Text kannst du durch aussagekräftige Zitate ergänzen.

5 **a.** Mithilfe eines Textbelegs gibst du eine Information aus einem Text in eigenen Worten wieder. In Klammern gibst du dahinter mit der Abkürzung „vgl." an, auf welchen Text und welche Textstelle du dich beziehst. Ergänze die Zeilenangaben im Beispiel.

Die Couchsurferin Maria Kapeller sieht einen Vorteil des Couchsurfings darin, dass man ganz unterschiedliche Menschen aus verschiedenen Ländern kennenlernt (vgl. M 2, Z. _____ bis _____).

b. Übernimmst du eine Textstelle wörtlich, setzt du das Zitat in Anführungszeichen. Ergänze auch in diesem Beispiel die passende Zeilenangabe.

Die Couchsurferin beschreibt einen Nachteil so: „Man soll sich nur darauf einlassen, wenn man auch wirklich Zeit und die Muße dazu hat, weil anstrengend ist ein Besuch trotzdem immer." (vgl. M 2, Z. _____ bis _____)

c. Formuliere das Zitat in deinem Heft in einen Textbeleg um.

Für deinen informierenden Text ordnest du deine Informationen und setzt sie miteinander in Beziehung.

Material	wichtige Informationen (Kernaussagen)	wichtige Fachbegriffe und ihre Bedeutung
M 1	*organisierte kurze Übernachtung bei Fremden*	*global aktive Community*
M 2		
M 3	*Störung der Privatsphäre = Hauptgrund der Ablehnung*	

6 Mithilfe deiner Tabelle planst du deinen informierenden Text.

Schritt 1: Planen

a. Verschaffe dir einen Überblick über deine Informationen.
b. Welche Informationen sind besonders wichtig oder interessant für deine Mitschülerinnen und Mitschüler? Unterstreiche sie in deiner Tabelle.
c. Gibt es Informationen aus den verschiedenen Materialien, die einander ergänzen oder veranschaulichen? Markiere sie mit derselben Farbe.

7 a. Ordne die Informationen. Ergänze die angefangene Mind-Map. Du kannst dich dabei an den folgenden Oberbegriffen orientieren oder eigene finden.
b. Nummeriere die Äste in der Reihenfolge, in der du in deinem Text informieren möchtest.
c. Unterstreiche Fachbegriffe, die deine Mitschülerinnen und Mitschüler kennen sollten.

Merkmale | Gast | Gastgeber | Vorteile | Nachteile

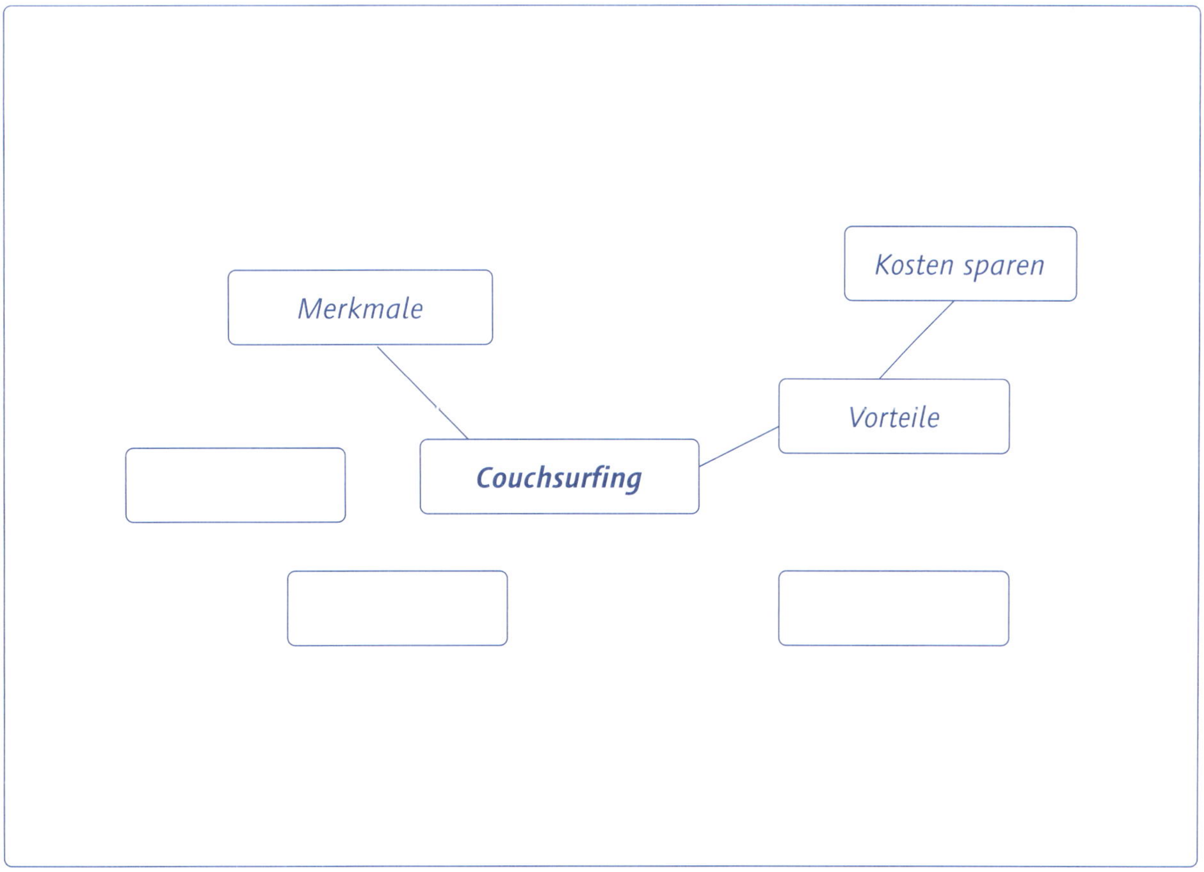

8 Schreibe nun mithilfe der Mind-Map deinen informierenden Text.

Schritt 2: Schreiben

a. Schreibe eine **Einleitung:** Wähle einen passenden Einstieg, z. B., indem du mit einer Frage oder einem Umfrageergebnis (s. M 3) einsteigst.
b. Schreibe den **Hauptteil:**
- Beachte dabei die von dir gewählte Reihenfolge der Informationen.
- Gliedere deinen Text durch Zwischenüberschriften und füge Absätze ein.
- Verdeutliche Zusammenhänge mit passenden Satzanfängen und Konjunktionen.
- Ergänze deinen Text durch mindestens ein Zitat oder einen Textbeleg (s. Aufgabe 5).

c. Schreibe den **Schluss:** Fasse zusammen, was aus deiner Sicht am wichtigsten ist. Du kannst auch ein Fazit ziehen, einen Ausblick geben oder eine Empfehlung aussprechen.
d. Überlege dir eine **Überschrift,** die die Leserinnen und Leser neugierig macht.
e. Gib unter deinem Text alle verwendeten **Quellen** (Materialien) an.

9 Überarbeite deinen Text. Nutze dazu das Wissen kompakt auf der Seite 28.

Schritt 3: Überarbeiten

Reisen im 21. Jahrhundert – sich informieren

Du möchtest für die virtuelle Plattform der Schule einen informierenden Text über ein alternatives Reisemittel schreiben und sammelst dazu Informationen.

1 a. Lies nacheinander den Textauszug, die Sachtexte und die Grafik M 1 bis M 4.
b. Bearbeite jeweils die Aufgaben zur Erschließung der Materialien. Kläre dabei unbekannte Begriffe.
c. Trage die gesammelten Informationen in Stichworten in die Tabelle auf der Seite 37 ein.

M 1 Auszug aus dem Klimaschutzplan des Bundesministeriums für Umwelt, Naturschutz und nukleare Sicherheit

Im November 2016 verabschiedete[1] die Bundesregierung den Klimaschutzplan 2050. Damit ist Deutschland eines der ersten Länder, die die im Pariser Abkommen geforderte Klimaschutzlangfriststrategie[2] erstellt und bei der UN[3] vorgelegt haben. [...] Deutschlands Langfristziel ist es, bis zum Jahr 2050 weitgehend treibhausgasneutral zu werden. Damit orientiert sich die Bundesregierung am Ziel des Pariser Abkommens, dass in der zweiten Hälfte dieses Jahrhunderts weltweit Treibhausgasneutralität erreicht werden soll.

1 hier im Sinne von beschließen
2 eine Strategie, mit deren Hilfe bis Ende 2050 das Klima geschützt werden soll
3 zwischenstaatlicher Zusammenschluss von 193 Staaten

2 Welche Informationen enthält der Auszug aus dem Klimaschutzplan im Hinblick auf den Klimaschutz? Notiere Stichpunkte in der Tabelle.

M 2 Solarschiff – die Zukunft der Schiffe mit Solarenergie

Der klassische Schiffsverkehr mit seinen Schwerölen und Schiffsdieselmotoren steht in Zeiten umweltbewusster Transportwege immer mehr im Fokus.[1] Die Zahlen sind erschreckend: Betrachten wir die fünfzehn größten Seeschiffe der Welt, so ist es ein unrühmlicher Fakt, dass diese mehr Schadstoffe ausstoßen als 700 Millionen Autos. Die Forschung ist an umweltfreundlichen Lösungen interessiert, steht aber noch am Anfang.
Ein möglicher Schlüssel für dieses Problem sind Schiffe mit Solarbetrieb. Hierbei handelt es sich um Schiffe, die die Kraft der Sonne nutzen und damit einen Teil der Antriebsenergie generieren[2] oder sich komplett mithilfe vom Solarstrom fortbewegen.
Solar für Schiffe ist eine Idee, die Ende des 20. Jahrhunderts bereits im Gespräch war. Erstmals wurde sie 2010 beim Katamaran Turanor PlanetSolar [s. Foto] in größerem Maße umgesetzt. Es war das erste Schiff, das zu einhundert Prozent mit der Sonnenenergie auskam und damit eine Weltumrundung durchführte. Seitdem hat die Forschung Schiffe mit Solarantrieb für sich entdeckt.

Schiffe besitzen im Normalfall einen Dieselmotor, welcher durch fossile Öle und andere giftige Treibstoffe angetrieben wird. Bei einem Elektroschiff sind andere Komponenten verbaut. In erster Linie ist es der Elektromotor, der hier zur Umweltschonung beiträgt. Ein solcher Motor wird über Strom angetrieben und benötigt keine fossilen Rohstoffe. Der Strom wird auf dem Elektroschiff selbst erzeugt. Hierzu sind große Solarpanels verbaut, die Sonnenlicht aufnehmen und dieses in elektrischen Strom umwandeln.

Im Idealfall sind zusätzlich moderne Stromspeicher verbaut, die auch dann für Energie sorgen, wenn die Sonne gerade einmal nicht scheint. Ansonsten müssen Solarschiffe an der Steckdose nachtanken und so für den notwendigen Antrieb sorgen.

Das Solarschiff besitzt Akkus, die in der Nacht Energie aus der Steckdose tanken. Hierdurch ist ein Betrieb von sechs Stunden gesichert. […] Glas mit Solarpanels unterstützt die Akkus. Bei gutem Wetter bezieht das Schiff seine Energie aus den Solarpanels und benötigt keinen Strom aus der Steckdose. […] Glas sammelt das Sonnenlicht und gibt dieses als Gleichstrom an einen Wechselrichter. Auf einem Modul sind 36 monokristalline Hochleistungszellen verbaut. Auf einer Fläche von einem Quadratmeter können so 160 Watt Leistung erzeugt werden. […]

Glas ist das perfekte Produkt, wenn über die Nutzung der Sonnenkraft für ein Schiff gesprochen wird. Das Glas bietet ideale technische Eigenschaften für die Nutzung im Freien.

1 im Mittelpunkt stehen
2 hervorbringen, erzeugen

3 Beantworte die Fragen zum Zeitungsartikel. Notiere Stichworte in deiner Tabelle.
- Inwiefern ist der klassische Schiffsverkehr problematisch?
- Was macht Solarschiffe so umweltschonend?
- Inwieweit eignet sich Glas zur Nutzung von Sonnenkraft für ein Schiff?

M 3 Wie funktioniert ein Solarpanel?

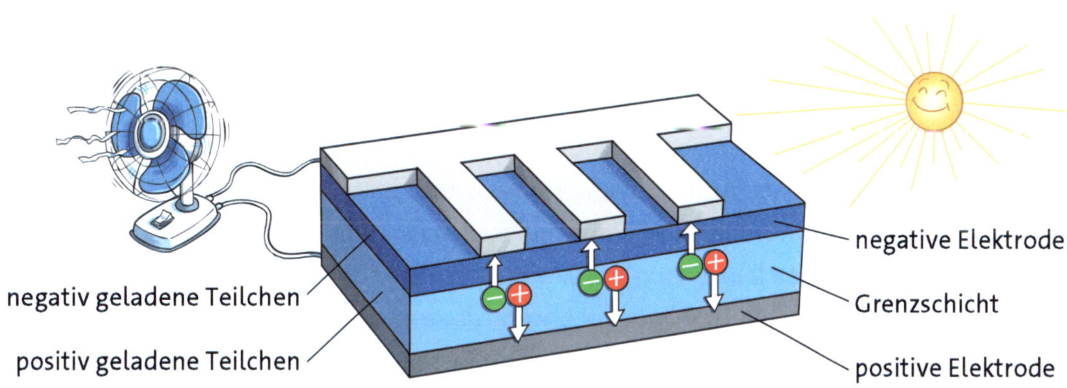

4 In deinem informierenden Text verwendest du Fachbegriffe. In M 2 wird mehrfach der Fachbegriff **Solarpanel** angeführt. Überlege, wie du diesen Fachbegriff in deinem informierenden Text erläuterst. Nutze dazu auch die Grafik in M 3 und die Formulierungshilfen.

Sonneneinstrahlung | Elektronen (negative Ladungsträger) | Plus- und Minuspol | Protonen (positive Ladungsträger) | wie Batterie | Strom fließt

M 4 Mit dem Solarboot von Washington nach Alaska

Das Vater-Sohn-Team David und Alex Borton hat mit einem Solarboot die Strecke von Washington nach Juneau, Alaska, zurückgelegt. Die Reise begann am 25. Mai 2021 und endete am 8. Juli 2021. [...]

Solarboot ohne Verbrennungsmotor und Ladekabel

Das Solarboot Wayward Sun hat keinen Verbrennungsmotor. „Die Leute fragen uns immer, ob wir Benzin oder Diesel als Reserve haben", sagt Alex Borton. „Aber die Sonne geht jeden Tag auf. Wenn unsere Batterien zu schwach werden, warten wir einfach."
Die Wayward Sun wurde von Devlin Boat in Olympia, WA gebaut. Sie ist gut acht Meter (27 Fuß) lang und hat einen Rumpf aus Holz. Sie besitzt eine Torqeedo Cruise 4.0 Elektro-Pod-Antrieb mit sechs Torqeedo Power 24-3500 Lithium-Batterien. [...] Ihre Energie erhält die Wayward Sun von einer 1.700-Watt-Photovoltaik-Anlage auf dem Dach des Bootes.
Die Bortons hatten seit 2004 an ihrer Vision gearbeitet. In dieser Zeit bauten sie [...] mehrere solarbetriebene Elektroboote und ließen diese patentieren. Nun sind sie mit dem Ergebnis zufrieden. [...]
Während der Reisezeit dauert ein Tag in Juneau etwa von 4 bis 22 Uhr. „Selbst an einem völlig bedeckten Tag zu dieser Jahreszeit können wir tagsüber mit 2 bis 3 Knoten fahren, ohne unsere Batterien zu verbrauchen", sagte Borton. „Bei direkter Sonneneinstrahlung können wir den ganzen Tag über 5 Knoten oder mehr fahren, ohne dass wir die Batterien brauchen. Die meiste Zeit der Reise war es bewölkt und es hat viel geregnet. An manchen Tagen fuhren wir langsam, weil wir es mussten. An anderen Tagen fuhren wir langsam und luden die Batterien während der Fahrt."

Stärkere Module und Batterien brachten den Durchbruch

Ein Durchbruch für die Solarbootfans waren die technischen Fortschritte bei Modulen und Batterien. „Die meisten heute auf dem Markt befindlichen Elektroboote sind durch ihre Batteriekapazität begrenzt, was bedeutet, dass sie zum Aufladen auf die Stromversorgung von Land angewiesen sind", erklärt Borton. „Bis vor Kurzem waren Solarmodule und Batterien einfach nicht in der Lage, die Abhängigkeit zum Landstrom aufzulösen. So konnten sie nur zur Verlängerung der Reichweite oder zum teilweisen Aufladen genutzt werden. Aber dank der Fortschritte bei den Solarzellen und den effizienten elektrischen Antrieben und Hochleistungsbatterien [...] ist es jetzt möglich, ein Solarboot mit vernünftigen Geschwindigkeiten und Unterkünften zu bauen, das kontinuierlich fahren kann, ohne jemals an Land aufgeladen zu werden." [...]
Solarboote sind bis heute selten, auch wenn es sie schon länger gibt. Das Ausflugsschiff „Alstersonne" war das erste Solarschiff in Hamburg. Der Solar-Katamaran MS Tûranor PlanetSolar umrundete von 2010 bis 2012 in 19 Monaten die Welt. Mittlerweile vertreibt ein Bootshersteller luxuriöse Solar-Katamarane. Ein Verein in Lübeck rüstete 2017 ein Sportboot auf Solarenergie um.
Nach den rund 1.400 Seemeilen auf dem Solarboot sagt Alex Borton: „Wenn ich mehr Zeit hätte, würde ich noch 1000 Meilen weiterfahren." V

5 Welche ergänzenden Informationen über Solarboote hast du im Text bekommen? Notiere Stichworte in deiner Tabelle.

Du planst deinen informierenden Text und wählst Informationen aus. Dabei arbeitest du auch mit Textbelegen.

Material	wichtige Informationen (Kernaussagen)	wichtige Fachbegriffe und ihre Bedeutung
M 1		
M 2		
M 3	*Solarschiffe nutzen „Solarpanels"; Umwandlung der Sonnenenergie in elektrische Energie*	
M 4		

6 a. Du möchtest für deinen Text ein Zitat aus M 1 verwenden. Ergänze die richtige Zeilenangabe.

„Deutschlands Langfristziel ist es, bis zum Jahr 2050 weitgehend treibhausgasneutral zu werden." (vgl. M 1, Z. _______ bis _______)

b. Suche in den anderen Materialien Beispiele, die diese Aussage stützen, und notiere sie. Verknüpfe die Aussagen.
Tipp: Hinweise zum Zitieren findest du in Aufgabe 5 auf der Seite 31.

____

____

____

c. Finde weitere Aussagen in den Materialien, die du in Beziehung setzen kannst. Markiere sie in deiner Tabelle mit derselben Farbe.

Nun ordnest du deine Informationen und setzt sie in Beziehung zueinander.

7 Mithilfe deiner Tabelle planst du deinen informierenden Text.

Schritt 1: Planen

a. Verschaffe dir einen Überblick über deine Informationen.
b. Unterstreiche Informationen, die du für deinen informierenden Text verwenden willst.
Tipp: Du kannst Schwerpunkte auf einzelne Aspekte legen, die dir besonders wichtig oder interessant für deine Mitschülerinnen und Mitschüler erscheinen.
c. Markiere Fachbegriffe, die du in deinem Text verwenden möchtest.

8 Wähle die Informationen für deinen informierenden Text aus und ordne sie.
- Du kannst eine Mind-Map anlegen und die einzelnen Äste nummerieren, um die Reihenfolge in deinem Text festzulegen.
- Du kannst eine tabellarische Gliederung erstellen.

9 Schreibe nun mithilfe der Mind-Map oder Tabelle deinen informierenden Text.

Schritt 2: Schreiben

a. Schreibe eine **Einleitung:** Benenne darin das Thema deines informierenden Textes und wecke das Interesse deiner Mitschülerinnen und Mitschüler.
Tipp: Du kannst beispielsweise mit einem bemerkenswerten Detail einsteigen.
b. Schreibe den **Hauptteil:**
  - Gliedere deinen Text durch Zwischenüberschriften und füge Absätze ein. Verdeutliche Zusammenhänge und verknüpfe einzelne Aspekte des Themas mit passenden Satzanfängen und Konjunktionen.
  - Belege deine Aussagen mit Textstellen und führe passende Zitate an.
c. Fasse zum **Schluss** zusammen, was aus deiner Sicht am wichtigsten ist, und schreibe deine persönliche Meinung auf. Du kannst auch eine Empfehlung aussprechen.
d. Überlege dir eine **Überschrift,** die die Leserinnen und Leser neugierig macht.
e. Gib unter deinem Text alle verwendeten **Quellen** (Materialien) an.

10 Überarbeite deinen Text. Nutze dazu das Wissen kompakt auf der Seite 28.

Schritt 3: Überarbeiten

Ein Ticket ins All – sich informieren

Du möchtest für die virtuelle Plattform der Schule einen informierenden Text über neue Reisemöglichkeiten schreiben und sammelst Informationen.

1 a. Lies nacheinander die Sachtexte und die Grafiken M 1 bis M 5 und bearbeite jeweils die Aufgaben zur Erschließung der Materialien. Kläre dabei unbekannte Begriffe.
b. Erstelle eine Tabelle nach dem Muster auf der Seite 37 und trage die gesammelten Informationen ein.

M 1 Auszug aus einem Sachbuch

Touristen im All
Vor Beginn des 21. Jahrhunderts konnte man nur in den Weltraum reisen, wenn man bei einer nationalen Weltraumagentur beschäftigt war, ein Astronautentraining absolviert hatte und für eine Mission ausgewählt wurde. Die meisten Astronauten wurden bisher von Russland und den USA in den Weltraum gebracht, einige auch von China. Erst in den letzten Jahren flogen einige wenige Menschen an Bord von russischen Raketen gegen Bezahlung in den Weltraum.

Dennis Tito [s. Foto]
Als erste Privatperson bezahlte der amerikanische Geschäftsmann Dennis Tito eine Reise in den Weltraum. Er war der 415. Mensch im All, aber der erste Weltraumtourist. Die Reise im April 2001 kostete etwa 20 Mio. Dollar. Er blieb eine Woche auf der Internationalen Raumstation und kreiste 128-mal um die Erde.

2 Ergänze die wichtigsten Aussagen über das Reisen ins All in deiner Tabelle.

M 2 Aus welchen Gründen könnten Sie sich vorstellen, ins Weltall zu reisen?

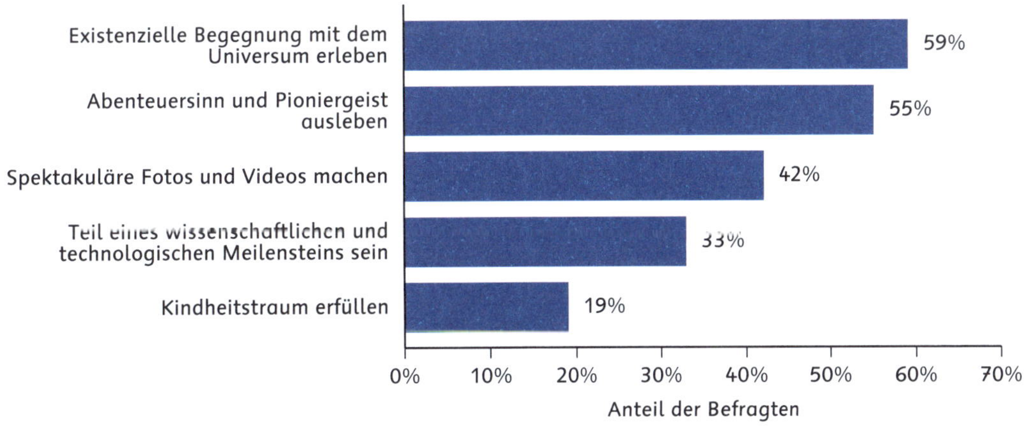

Quelle
Urlaubspiraten
© Statista 2022

Weitere Informationen:
Deutschland; Urlaubspiraten; 2019; Anzahl der Befragten: 4.147* Nutzer des Portals "Urlaubspiraten" aus Deutschland

3 a. Leite aus der Grafik Aussagen über mögliche Gründe für einen Weltraumtourismus ab.
b. Überlege, welche Gründe gegen solche Reisen ins All sprechen könnten.
c. Ergänze deine Tabelle mit den wichtigsten Informationen.

M 3 Weltraumtourismus rückt näher: Virgin Galactic schickt „VSS Unity“ bemannt ins All

Spaceport America. Das Raumflugzeug „VSS Unity“ der Betreiberfirma Virgin Galactic hat am Samstag [den 22.5.2021] (Ortszeit) einen bemannten Weltraum-Testflug absolviert. Die mit zwei Piloten besetzte Kapsel war an Bord eines Trägerflugzeugs von dem kommerziellen Weltraumbahnhof Spaceport America im US-Bundesstaat New Mexico gestartet.

In knapp 14 Kilometer Höhe setzte das Mutterschiff die „VSS Unity“ ab. Danach beschleunigte die Raumkapsel 60 Sekunden lang mit eigenem Raketenantrieb und setzte den Flug mit dreifacher Schallgeschwindigkeit (Mach 3) kurz fort. Sie erreichte eine Höhe von 89,2 Kilometern, wie Virgin Galactic später mitteilte.

„Jetzt im Weltraum“, schrieb Virgin Galactic während des Events auf Twitter, bevor das Raumflugzeug zur Erde zurückkehrte und auf dem Weltraumbahnhof sicher landete. Auch das Trägerflugzeug kehrte unbeschadet zurück.

Der britische Milliardär und Abenteurer Richard Branson, der mit seiner Firma Virgin Galactic kommerzielle Weltraumflüge anbieten will, verfolgte den Testflug vor Ort mit. Es war der dritte erfolgreiche Flug des Unternehmens ins All seit 2018 – und der erste von dem neuen Standort in New Mexico. „Wir haben nun sieben Menschen ins Weltall geflogen und setzen unsere Mission fort, den Weltraum für alle zu erschließen“, sagte Branson auf Twitter.

Nach schweren Rückschlägen: Virgin Galactic plant eine erfolgreiche Zukunft

Bei einem Testflug im vorigen Dezember hatte der Raketenantrieb nicht planmäßig funktioniert. „VSS Unity“ landete damals nach der Trennung vom Mutterschiff gleich wieder auf der Erde, ohne zuvor den Weltraum zu erreichen. [...]

Das Unternehmen plant [...] weitere drei Testflüge, an einem will auch Branson teilnehmen. Die 18 Meter lange „VSS Unity“-Kapsel bietet zwei Piloten und sechs Passagieren Platz, ab 2022 soll sie Touristen ins All bringen. Insgesamt sollen sich schon mehr als 600 Menschen eines der rund 250.000 Dollar (etwa 205.000 Euro) teuren Tickets gekauft haben, darunter auch Prominente.

4 Die Sachtexte enthalten weitere Informationen über neue Formen des Reisens ins All. Welche Informationen hältst du für besonders wichtig? Ergänze deine Tabelle.

M 4 Der Flug ins All

So läuft der Flug ins All ab: Das Weltraumflugzeug wird von einem Trägerflugzeug auf 15 Kilometer Höhe transportiert. Per „Air Launch“ wird dann die Rakete gezündet, die auf maximal 110 Kilometer Höhe fliegt. Auf dem Weg zurück zur Erde werden auf 21,5 Kilometer Höhe die Tragflächen wieder zurückgeklappt. Die Rakete gleitet dann zurück zur Erde.

5 In M 3 werden mehrfach die Fachbegriffe „Weltraumbahnhof“ und „Mutterschiff“ angeführt. Überlege, wie du die beiden Fachbegriffe in deinem informierenden Text erläutern kannst. Nutze dazu die Informationen aus der Grafik M 4 und vervollständige die Sätze.

M 5 KOMMENTAR – Wer Ja zur privaten Raumfahrt sagt, muss auch Touristen im Weltraum begrüßen *Christian Speicher*

Richard Branson machte den Anfang. Neun Tage später folgte Jeff Bezos. Im Juli erfüllten sich die beiden Milliardäre einen Kindheitstraum. Mit Raumschiffen, die sie weitgehend privat finanziert hatten, statteten sie dem Weltraum einen kurzen Besuch ab. Nach wenigen Minuten in der Schwerelosigkeit kehrten sie als beglaubigte Astronauten zur Erde zurück und ließen sich als Pioniere des privaten Weltraumtourismus feiern. Da mochte auch Elon Musk nicht abseitsstehen. Der charismatische Gründer von SpaceX hat in den letzten Jahren wie kein anderer dazu beigetragen, die private Raumfahrt voranzubringen. Zwar hat Musk bisher keine Ambitionen erkennen lassen, selbst in den Weltraum zu fliegen. Aber die Gelegenheit, mit dem Weltraumtourismus Geld zu verdienen, möchte auch er sich nicht entgehen lassen.

Nach drei erfolgreichen Flügen zur Internationalen Raumstation (ISS) absolvierte das „Crew Dragon"-Raumschiff von SpaceX kürzlich seinen ersten touristischen Flug. Der Multimilliardär Jared Isaacman und seine drei Gäste kreisten drei Tage lang um die Erde. Zusammen mit der siebenköpfigen Besatzung der ISS und drei chinesischen Taikonauten befanden sich kurzzeitig 14 Personen gleichzeitig im Weltraum. Das hatte es noch nie zuvor gegeben.

„Boys and their toys"

Die Öffentlichkeit betrachtet den Beginn des privaten Weltraumtourismus mit gemischten Gefühlen. Einerseits ist man fasziniert davon, was die privaten Investoren in wenigen Jahren auf die Beine gestellt haben. Andererseits empört man sich darüber, dass Branson, Bezos und Musk die Bedürfnisse einer kleinen zahlungskräftigen Elite befriedigen, anstatt mit ihrem Geld irdische Probleme wie den Klimawandel oder den Hunger anzupacken. Abschätzig ist vom „Battle of the Billionaires" oder von „Boys and Their Toys" die Rede.

Dass der Weltraumtourismus auf absehbare Zeit ein Vergnügen für Reiche bleiben wird, lässt sich nicht bestreiten. Da helfen auch die Bekundungen von Branson und Co. nicht, möglichst vielen Menschen einen Zugang zum Weltraum verschaffen zu wollen, um ihnen die Verletzlichkeit der Erde vor Augen zu führen. Bei Flugpreisen von 450 000 Dollar und mehr ist das ein Hohn. Und beim gegenwärtigen Stand der Technik wäre es auch gar nicht wünschenswert, wenn der Weltraumtourismus zum Massenphänomen würde. Denn jeder Raketenstart hinterlässt einen ökologischen Fußabdruck, der um ein Vielfaches größer ist als der eines Langstreckenfluges.

Der elitäre Charakter des Weltraumtourismus ist kein Grund, ihn pauschal zu verdammen. [...] Ohne den Weltraumtourismus besteht die Gefahr, dass man die private Raumfahrt abwürgt, bevor sie richtig erblüht ist. Daran kann keinem gelegen sein, der die Raumfahrt für eine zivilisatorische Errungenschaft hält. [...] Das Geld aus dem Weltraumtourismus erlaubt es den Unternehmen, anspruchsvolle Projekte in Angriff zu nehmen. Davon profitiert langfristig die gesamte Raumfahrt. Denn ohne die Privaten ist eine Rückkehr zum Mond kaum zu schaffen – geschweige denn ein bemannter Flug zum Mars. Die Nasa hat das längst erkannt. Selbst in China, wo die Raumfahrt immer noch unter strikter staatlicher Kontrolle steht, gibt es zaghafte Ansätze der Privatisierung.

Die ISS wird privatisiert

Dass der Weltraumtourismus ein integraler Bestandteil der privaten Raumfahrt ist, zeigen die Diskussionen um die ISS. Die USA machen kein Geheimnis daraus, dass ihnen der Unterhalt der Internationalen Raumstation auf Dauer zu teuer ist. Vor einem Jahr schloss die Nasa deshalb mit der Firma Axiom einen Vertrag über die schrittweise Privatisierung der ISS ab.

Im Auftrag von Axiom wird SpaceX im nächsten Jahr damit beginnen, private Astronauten zur ISS zu bringen. Doch das ist erst der Anfang. Bis 2024 möchte Axiom mindestens ein zusätzliches Modul an der Internationalen Raumstation anbringen, das als Wohneinheit für Weltraumtouristen dienen soll. Gleichzeitig können Firmen oder Universitäten das Modul mieten, um hier Experimente durchzuführen oder Materialien unter den Bedingungen der Schwerelosigkeit zu züchten. Mit der Öffnung der ISS möchte die Nasa dazu beitragen, dass sich im erdnahen Weltraum eine robuste Wirtschaft etablieren kann, die nicht länger auf staatliche Unterstützung angewiesen ist. [...]

Der Weltraumtourismus ist nicht das Ziel

Die private Raumfahrtindustrie braucht den Weltraumtourismus, um gedeihen zu können. Es wäre allerdings ein Armutszeugnis, wenn sie sich auf Dauer damit begnügen würde, reiche Kunden ins All zu bringen. In den letzten Wochen wurde immer wieder der Beginn eines neuen Weltraumzeitalters heraufbeschworen. Wenn das keine leere Floskel bleiben soll, muss die private Raumfahrtindustrie nach Höherem streben.

Das muss man einem Elon Musk oder einem Jeff Bezos nicht zweimal sagen. Die beiden sind bekannt (und berüchtigt) für ihre Visionen. So ist Musk von dem Wunsch beseelt, den Mars zu kolonialisieren. Er sieht das als ersten Schritt zu einer multiplanetaren Gesellschaft. Und Bezos träumt davon, die umweltverschmutzende Schwerindustrie in den Weltraum auszulagern, um die Erde lebenswert zu halten. Andere Firmen zieht es in den Weltraum, weil sie hier Bodenschätze abbauen wollen, die auf der Erde knapp sind.

Das klingt heute noch sehr futuristisch. Und es ist ein Leichtes, diese Pläne zu belächeln. Aber genau solche Visionen bringen die private Raumfahrtindustrie voran. Hätten Musk und Bezos nur den Weltraumtourismus vor Augen, gäbe es keinen Grund, Schwerlastraketen und Raumkapseln zu entwickeln, mit denen man dereinst Ziele ansteuern kann, die heute noch unerreichbar sind.

Kurzum: Der Weltraumtourismus hilft der Menschheit, im Weltraum Fuß zu fassen. Er ist aber nur Mittel und nicht Zweck der bemannten Raumfahrt.

6 Im Kommentar werden Vorteile und Nachteile des Weltraumtourismus genannt.

a. Benenne die Nachteile, die im Hinblick auf den Weltraumtourismus angeführt werden.

b. Benenne auch die möglichen Vorteile, die die private Raumfahrtindustrie für die Menschen haben könnte.

c. Ergänze die wichtigsten Informationen in deiner Tabelle.

Du stützt deinen informierenden Text mit passenden Textbelegen und verknüpfst Aussagen.

7 a. Du möchtest für deinen Text ein Zitat aus M 5 verwenden. Ergänze die richtige Zeilenangabe. Suche in den Materialien Beispiele, die diese Aussage stützen, und notiere sie. Verknüpfe die Aussagen.
Tipp: Hinweise zum Zitieren findest du in Aufgabe 8 auf der Seite 33.
„Die Öffentlichkeit betrachtet den Beginn des privaten Weltraumtourismus mit gemischten Gefühlen." (vgl. M 1, Z. ______ bis ______)

____

____

____

b. Setze mindestens zwei weitere Aussagen in einem Satz in Beziehung zueinander. Achte dabei auf die korrekte Zitierweise. Markiere das Verknüpfungswort.

Nun ordnest du deine Informationen, setzt sie in Beziehung zueinander und triffst eine Auswahl für deinen eigenen informierenden Text.

8 a. Verschaffe dir einen Überblick über deine gesammelten Informationen.
b. Markiere in deiner Tabelle zusammenhängende Informationen mit derselben Farbe. Orientiere dich dabei an den folgenden Leitfragen.
- Was ist mit Weltraumtourismus gemeint?
- Wie funktionieren Flüge von Privatpersonen ins All?
- Welche Vorteile für Menschen können sich aus den neuen Reisemöglichkeiten ergeben?
- Welche Nachteile bringt der Weltraumtourismus mit sich?

9 Plane deinen informierenden Text.

Schritt 1: Planen

a. Bewerte die einzelnen Informationen hinsichtlich ihrer Relevanz für deinen informierenden Text. Unterstreiche Informationen, die dir besonders wichtig, bemerkenswert oder interessant erscheinen. Tipp: Du musst deine Mitschülerinnen und Mitschüler nicht umfassend informieren, sondern kannst bewusst eine Auswahl treffen und Schwerpunkt setzen.
b. Hebe Fachbegriffe hervor, die du in deinem informierenden Text verwenden möchtest.
c. Ordne die Informationen übersichtlich und überlege dir einen sinnvollen Aufbau. Tipp: Du kannst eine Mind-Map anlegen oder eine tabellarische Gliederung erstellen.

10 Verfasse einen informierenden Text am Computer.

Schritt 2: Schreiben

a. Formuliere eine **Einleitung,** die das Thema nennt und das Leseinteresse weckt.
b. Schreibe den **Hauptteil** sachlich und verwende Fachbegriffe. Gliedere den Hauptteil mit Zwischenüberschriften und Absätzen. Verknüpfe Informationen logisch, zeige Zusammenhänge auf und stelle Überleitungen her. Belege deine Aussagen am Text und verwende passende Zitate.
c. Ziehe zum **Schluss** ein Fazit und nimm persönlich Stellung.
d. Finde eine aussagekräftige Überschrift.
e. Gib unter deinem Text alle verwendeten Quellen (Materialien) an.

11 Überarbeite deinen Text. Nutze dazu das Wissen kompakt auf der Seite 28.

Schritt 3: Überarbeiten

Zeit der Veränderung – *Jugendbuchausschnitte erschließen und weiterschreiben*

Ich kann eine literarische Figur und ihr Handeln besser verstehen, wenn ich mich in sie hineinversetze, z. B. indem ich einen inneren Monolog aus ihrer Sicht schreibe.

Arbeitstechnik

Einen inneren Monolog schreiben
Ich versetze mich in die Lage einer Figur. Ich notiere in Stichworten:
- In welcher **Situation** befindet sich die Figur?
- Welche **Gefühle und Gedanken** hat die Figur?
- Welche **Wünsche** hat die Figur? Was möchte sie tun?

Ich verfasse den inneren Monolog:
- Ich schreibe im **Präsens** und in der **Ich-Form.**
- Ich verwende eine **Sprache, die zu der Figur passt.**
- Ich darf Gedankensprünge einbauen und kurze, unvollständige Sätze schreiben.
- Ich kann Ausrufe machen und Fragen stellen.

Ich beachte: Der innere Monolog muss zum Text passen, aber nicht alles muss belegbar sein. Ich kann über die Gedanken der Figur Vermutungen anstellen.

Wenn ich das Handeln der Figuren verstanden habe, kann ich in die Rolle des Erzählers schlüpfen und einen Text weiterschreiben.

Arbeitstechnik

Einen literarischen Text weiterschreiben
Ich lese den Text aufmerksam durch und notiere Stichworte zum **Inhalt** (die Handlung und der Handlungsort, die Hauptfiguren, ihre Sprechweise) und zur **sprachlichen Gestaltung** (die Zeitform, die Erzählform / die Erzählperspektive, die Textsorte).
Ich entwickle einen **Schreibplan** mithilfe der folgenden Fragen:
- Aus welcher Perspektive schreibe ich?
- Wo und wann spielt sich meine Handlung ab?
- Welche Figuren sind beteiligt?
- Was tun die Figuren? Was sagen, denken oder fühlen sie?
- Wie endet meine Forsetzung, sodass sie zu dem literarischen Text passt?

Ich schreibe die Fortsetzung oder das Ende mithilfe meines Schreibplans.
- Ich beachte die sprachliche Gestaltung des literarischen Textes.
- Ich erzähle anschaulich und verwende abwechslungsreiche Verben.

Tanz der Tiefseequalle Seite 45
Der Gänsestein Seite 49
Eisvogelsommer Seite 53

Tanz der Tiefseequalle – einen Jugendbuchauszug erschließen und weiterschreiben

Das Jugendbuch Tanz der Tiefseequalle erzählt von Niko, der aufgrund seiner Körperfülle Außenseiter ist, und der Klassenschönsten Sera. Als der Klassenanführer Marko Sera auf der Klassenfahrt massiv belästigt, hilft Niko ihr aus der brenzligen Situation. Sera hat nun wie Niko unter den Anfeindungen ihrer Klasse zu leiden.

1 Lies den Jugendbuchausschnitt mit dem Lese-Profi.

Im Partyraum der Jugendherberge *Stefanie Höfler*

In dem Moment seh ich also zwölf ineinander verknotete Pärchen, Frau Mast und Herrn Müller, die zusammen lachen, und dann noch die zwei übrig gebliebenen Jungs, die blöd zu mir rüberglotzen, als hätten sie irgendwie Angst vor mir. Und eben Niko, der am Rand rumwippt. Und ich allein in der Ecke neben der Tür. Mein persönlicher Außenseitertraum, hurra. Und da merk ich, dass mein Gesicht heiß wird. Irgendwas zerknallt plötzlich wie eine riesige Kaugummiblase. Ich habe aufgehört zu denken, ich mach das jetzt einfach. Ich geh zu Niko rüber. Tipp ihm auf die Schulter. Ist vielleicht so was wie Trotz, so ähnlich wie auf dem Schulhof, als ich ihm Tschüs zugerufen hab. Nur, dass jetzt hier alle, aber wirklich alle zuschauen. Tanzen wir?, frag ich gegen die Musik. Der Moment, als ich auf Nikos Antwort warte, ist wie ein Aussetzer in der Musik oder wie eine Art Freeze in einem Film. Alle bleiben kurz stehen und starren in eine Richtung: in meine Richtung nämlich, in unsere. Fast wär ich auch mit eingefroren. Aber ich kann mich ja schlecht selber anstarren. [...] Klar, dass der eine Schrecksekunde Reaktionszeit braucht. Der hat nicht damit gerechnet, dass ihn jemand zum Tanzen auffordern wird. Dass ihn jemals jemand zum Tanzen auffordern wird. Dass ich ihn zum Tanzen auffordere. Sagt dann aber auch nicht Nein. Ich leg also die Arme mehr locker auf seine Schultern und spür, wie er ganz vorsichtig seine Hände an meine Taille legt, mit so einem winzigen Zögern, kurz bevor er mich echt berührt. [....] Und dann weiß ich kurz nicht, wie es weitergehen soll. Aber Niko, der tanzt einfach los. Und, was soll ich sagen, der tanzt exakt im Takt.

2 Beschreibe mit eigenen Worten die Situation im Partykeller.

Im Text erfährst du etwas über die Situation der beiden Hauptfiguren Sera und Niko.

3 Warum fordert Sera Niko zum Tanzen auf? Nenne drei Möglichkeiten und notiere sie.

Sera fordert Niko zum Tanzen auf, …

weil ______

weil ______

weil ______

4 Niko ist sehr überrascht, als Sera ihn zum Tanzen auffordert.
Was könnte in dem Moment in ihm vorgehen? Notiere seine Gedanken, Wünsche und mögliche Hindernisse.

Gedanken	Wünsche	Hindernisse
Spricht sie mich wirklich an?		

5 Erkläre, wie Sera auf Nikos Verhalten reagiert.

6 Wie wirkt die Entscheidung auf dich, dass Sera Niko vor aller Augen zum Tanzen aufgefordert hat? Entscheide dich und begründe deine Wahl.

A Sie will allen zeigen, dass es ihr egal ist, was die anderen denken.
B Sie hat Mitleid mit Niko.

Ich entscheide mich für ______ *, weil* ______

Das ungewöhnliche Tanzpaar sorgt bei den Mitschülerinnen und Mitschülern für Aufsehen.

7 Welche Reaktionen und Äußerungen sind wohl nach dem Tanz von den Mitschülerinnen und Mitschülern zu erwarten?
Trage deine Vermutungen in die Tabelle ein.

mögliche Reaktionen	mögliche Äußerungen
machen sich lustig	

Nach dem Tanz verlassen beide, Sera und Niko, den Partyraum. Sera überredet Niko, gemeinsam mit ihr fortzugehen. Sie verbringen nachfolgend viel Zeit miteinander. Sera ist sich ihrer Gefühle zu Niko jedoch nicht sicher und vertraut sich Nikos Freund Little an. Sie führen ein Gespräch.

8 Lies den zweiten Jugendbuchausschnitt mit dem Lese-Profi.

Gespräch mit Little *Stefanie Höfler*

Egal. Viel wichtiger ist ja, was willst du von Niko?, fragt Little jetzt. Seine Stimme ist irgendwie piepsig, nicht so schön wie Nikos. [...] Ignorier jetzt mal alle Probleme und zähl auf, was du an Niko gut findest. [....] Fang mit dem Erscheinungsbild an. [...]

Seine Augen, sag ich aber, ohne lang zu überlegen. Immerhin geht es hier um Niko, und ich weiß leider, dass ich ihm was schuldig bin. [....] Seine Wimpern, mach ich also weiter. Schöne Hände hat er auch. Und das Grübchen, fällt mir noch ein. Immerhin: Ist alles nicht gelogen. Und tausendmal leichter, als wenn ich's Niko direkt sagen müsste. [...]

Er ist manchmal so witzig, dass ich mir fast in die Hose mache. Die ganze Traurigkeit, die er mit sich rumträgt, kann er wirklich gut verbergen.[...] Little und ich, wir reden über Sachen, über die eigentlich Niko und ich reden müssten.

Ich kann dir nicht helfen, du musst schon selber wissen, was du willst. [...] Aber eins sage ich dir: Wenn du mit Niko zusammen sein willst, dann mach es richtig, nicht so mit Ignorieren in der Schule und nachmittags dann geheime Treffen wie Romeo und Julia, keiner darf es wissen und solche Sachen. Das packt er nicht. Und außerdem ist er dafür echt zu schade.

Sera befindet sich in einer schwierigen Situation. Plötzlich sind die Dinge nicht mehr so, wie sie mal waren.

9 Was könnte in der Zwischenzeit zwischen Sera und Niko passiert sein? Notiere in Stichworten.

10 Untersuche den Textausschnitt auf der Seite 47.

a. Was findet Sera an Niko gut? Unterstreiche im Text grün.

b. Was fordert Little von Sera? Unterstreiche im Text blau.

11 Beschreibe Seras Situation mit eigenen Worten.

a. Starte mit Seras Grundüberzeugung (vgl. den Einleitungstext auf der Seite 45).

Am Anfang

b. Erkläre dann ihre Veränderung.

Aber dann

12 Schreibe Seras Gedanken und Gefühle in einem inneren Monolog mithilfe des Wissen kompakt auf der Seite 44 auf. Schreibe in dein Heft.

Ich habe Niko sehr gerne. Klar sieht er nicht so gut aus … Aber …

Wie wird die Beziehung zwischen Sera und Nico weitergehen? Wie werden die Mitschülerinnen und Mitschüler reagieren?

13 Plane deine Fortsetzung mit einem Schreibplan oder einer Mind-Map.

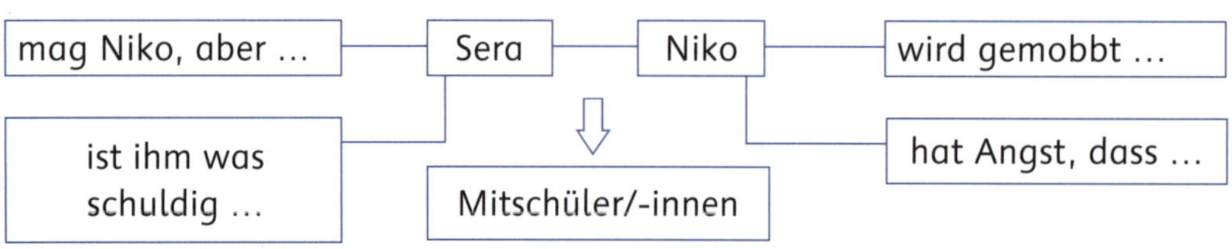

14 Schreibe deine Fortsetzung aus der Sicht von Sera. Berücksichtige dabei die Arbeitstechnik: Einen literarischen Text weiterschreiben im Wissen kompakt auf der Seite 44.

- Erzähle lebendig mithilfe von wörtlicher Rede.
- Verwende abwechslungsreiche Verben und anschauliche Adjektive.

Ich hab Niko gern. Sogar richtig gern. Klar, der sieht nicht so gut aus, aber …

Der Gänsestein – einen Jugendbuchauszug erschließen und weiterschreiben

Die 16-jährige Samantha Kingston erzählt von den wichtigsten Eindrücken ihres Lebens. Dazu gehört die Erinnerung an einen ganz besonderen Tag ihrer Kindheit.

1 Lies den Text.

Der Gänsestein

Lauren Oliver

Komisch, wie man sich verändert. Als ich klein war, liebte ich zum Beispiel all das. Pferde, das Schlemmermenü und den Gänsestein. Und mit der Zeit fielen diese Sachen einfach weg, eine nach der anderen, und wurden ersetzt durch Freundinnen und Instant Messaging und Handys und Jungs und Klamotten. Eigentlich schade, wenn man darüber nachdenkt: Als gäbe es bei den Menschen keine Kontinuität[1]. Als würde irgendetwas abreißen, sobald man zwölf oder dreizehn wird oder ab wann auch immer man kein Kind mehr, sondern ein „junger Erwachsener" ist, und danach ist man ein völlig anderer Mensch. Vielleicht sogar ein unglücklicherer Mensch. Vielleicht sogar ein schlechterer.

So habe ich den Gänsestein entdeckt: Einmal, als Izzy[2] noch nicht geboren war, weigerten sich meine Eltern, mir dieses kleine lila Fahrrad mit einem rosa geblümten Korb und einer Klingel zu kaufen. Ich weiß nicht mehr, warum – vielleicht hatte ich schon ein Fahrrad –, aber ich bin ausgerastet und beschloss, abzuhauen. Dies sind die beiden Grundregeln, um erfolgreich abzuhauen:

1. Geh an irgendeinen Ort, den du kennst.
2. Geh an irgendeinen Ort, den sonst niemand kennt.

Damals kannte ich diese beiden Regeln natürlich noch nicht und ich glaube, ich hatte es eigentlich genau auf das Gegenteil abgesehen: an irgendeinen Ort zu gehen, den ich noch nicht kannte, um dann von meinen Eltern gefunden zu werden, die so ein schlechtes Gewissen hatten, dass sie mir kaufen würden, was ich wollte, sogar das Fahrrad (und vielleicht ein Pony).

Es war Mai und warm. Jeden Tag war es ein bisschen länger hell. Eines Nachmittags packte ich meine Lieblingstasche und stahl mich zur Hintertür hinaus. (Ich weiß noch, dass ich mir superschlau vorkam, weil ich den Vorgarten vermied, wo mein Vater gerade mit Gartenarbeit beschäftigt war.) Ich weiß auch noch genau, was ich eingepackt habe: eine Taschenlampe, ein Sweatshirt, einen Badeanzug, eine ganze Packung Oreos, mein Lieblingsbuch, Matilda[3], und eine riesige, falsche Perlen-Goldkette, die mir meine Mutter im Jahr davor für Halloween geschenkt hatte. Ich wusste nicht, wo ich hinsollte, also ging ich einfach geradeaus, über die Terrasse, die Treppe runter, durch den Garten, in den Wald, der unser Grundstück von dem der Nachbarn trennt. Ich ging eine Weile durch den Wald, tat mir selber leid und hoffte halb, dass irgendjemand wahnsinnig Reiches mich entdecken, Mitleid mit mir bekommen, mich adoptieren und mir eine ganze Garage voller lila Fahrräder kaufen würde.

Aber nach einer Weile begann mir die Sache irgendwie Spaß zu machen, wie das bei Kindern so ist. Die Sonne war leicht verhangen und golden. Die Blätter sahen alle aus, als hätten sie einen Lichterkranz; überall sausten kleine Vögel herum und unter meinen Füßen hatte ich dicke Lagen samtgrünes Moos. Die Häuser blieben alle zurück. Ich war ganz tief im Wald und stellte mir vor, ich sei die Einzige, die je so weit gegangen war. Ich stellte mir vor, dass ich für immer hier wohnen würde, ich würde auf einem Bett aus Moos schlafen, Blumen im Haar tragen und in Eintracht mit Bären, Füchsen und Einhörnern leben. Ich kam an einen Fluss, den ich überqueren musste. Ich kletterte auf einen riesig hohen Hügel, der so hoch war wie ein richtiger Berg. Oben auf dem Hügel war der größte Felsen, den ich je gesehen hatte. Er ragte seitlich aus dem Hügel heraus wie der dickbäuchige Rumpf eines Schiffes, aber obendrauf war er flach wie ein Tisch. Ich kann mich im Zusammenhang mit diesem ersten Ausflug an nicht viel mehr erinnern, als dass ich alle Oreos einen nach dem anderen aufgegessen habe und mich fühlte, als gehörte mir das ganze Waldstück. Ich erinnere mich auch noch, dass ich, als ich mit Bauchschmerzen von den ganzen Keksen nach Hause kam, enttäuscht war, weil meine Eltern sich nicht größere Sorgen um mich gemacht hatten. Ich war mir sicher, dass ich stundenlang weg gewesen war, aber die Uhr zeigte, dass es noch nicht mal vierzig Minuten gewesen waren. Da beschloss ich, dass der Felsen etwas Besonderes war, dass die Zeit doch stehen blieb.

In jenem Sommer ging ich oft dahin, immer wenn ich mal raus musste, und im Sommer danach ebenfalls. Einmal lag ich ausgestreckt oben auf dem Felsen und sah in den Himmel hinauf, der ganz rosa war wie Zuckerwatte auf der Kirmes, da entdeckte ich Hunderte von Gänsen, die in einem perfekten V Richtung Süden flogen. Eine einzelne Feder segelte durch die Luft herab und landete direkt neben meiner Hand. Ich taufte den Felsen Gänsestein und bewahrte die Feder jahrelang in einer kleinen hübschen Schachtel auf, die ich in eine der Felsspalten auf der Unterseite des Steins gezwängt hatte. Eines Tages war die Schachtel weg. Ich nahm an, dass sie vom Sturm davongeweht worden war, und suchte stundenlang zwischen den Blättern und im Dickicht danach. Als ich sie nicht fand, weinte ich. Sogar nachdem ich mit dem Reiten aufgehört hatte, kletterte ich manchmal noch auf den Gänsestein, auch wenn ich immer seltener hinging. Ich ging hin, als einmal in der sechsten Klasse alle Jungen im Sport meinen Hintern als „zu eckig" bezeichnet hatten. Ich ging hin, als ich nicht zu Lexa Hills Geburtstagsübernachtungsparty eingeladen war, obwohl wir in Bio nebeneinandergesessen und vier Monate lang darüber gekichert hatten, wie süß Jon Lippincott war. Jedes Mal, wenn ich nach Hause kam, war weniger Zeit vergangen, als ich dachte. Jedes Mal sagte ich mir immer noch, dass der Gänsestein etwas Besonderes an sich hatte, obwohl ich wusste, dass das blöd war.

1 Kontinuität = der gleichmäßige Fortgang von etwas
2 Izzy = Samanthas kleine Schwester
3 Matilda = gleichnamiger Roman, hat besondere Kräfte

Samantha spricht über ihre Veränderungen, wenn sie an ihre Kindheit zurückdenkt.

2 Was hat sich für Samantha seit ihrer Kindheit verändert?
Unterstreiche in den Zeilen 1 bis 21 Textstellen, die dir zeigen,
a. was damals für sie von Bedeutung war, grün,
b. welche Dinge heute für sie wichtig sind, blau,

3 In welcher Situation sieht sich Samantha heute? Erkläre, was sie damit meinen könnte, wenn sie sagt, dass man „ein völlig anderer Mensch" (Z. 8 f.) wird, vielleicht sogar „ein schlechterer" ist?
Schreibe deine Gedanken dazu in Stichworten auf.

Der besondere Tag, an den sie zurückdenkt, beginnt mit einem Konflikt.

4 Fasse den Konflikt von Samantha mithilfe der Handlungsbausteine zusammen.

Sie ist unzufrieden, weil ihr etwas fehlt, nämlich

Ihr Wunsch ist es,

Das Hindernis sind

Samanthas Reaktion auf diesen Konflikt ist es abzuhauen.

5 Schaue dir die Vorbereitungen an, die sie dazu trifft.
a. Unterstreiche die Dinge, die sie in ihre Tasche packt.
b. Schreibe dann zu drei Gegenständen auf, warum sie sie wohl mitnimmt.

Sie nimmt *mit, weil*

Außerdem

Weiterhin

Im Wald erfasst Samantha eine ganz besondere Stimmung.

6 Untersuche genauer, wie sie ihre Gefühle beschreibt. Schreibe in dein Heft und arbeite mit Textbelegen.
   a. Gib mit eigenen Worten wieder, welche Gefühle das sind.
   b. Samantha beginnt, die Umgebung wahrzunehmen, und ihre Stimmung ändert sich. Fasse nun mit eigenen Worten zusammen, wie die Umgebung auf sie wirkt und welche Stimmung dadurch in ihr ausgelöst wird. Beachte vor allem die Vergleiche, die die Erzählerin nutzt.

Vor allem der Gänsestein wird zum besonderen Ort für Samantha.

7 Untersuche genauer, was es mit diesem Ort auf sich hat. Schreibe in dein Heft.
   a. Erkläre, wie er zu seinem Namen kommt.
   b. Erkläre, welche besondere Eigenschaft der Felsen für Samantha hat.
   c. Warum könnte diese Eigenschaft so wichtig für sie sein? Schreibe deine Gedanken dazu auf.

8 Der Gänsestein bleibt für Samantha noch länger ein besonderer Ort.
   a. Unterstreiche im Text die Erlebnisse, die dazu geführt haben, dass Samantha wieder zum Gänsestein geht.
   b. Schreibe mit eigenen Worten in deinem Heft auf, weshalb dieser Ort in diesen Momenten für sie wichtig ist.

9 Samantha hört schließlich auf, den Gänsestein zu besuchen. Glaubst du, dass sie den Gänsestein vermisst? Schreibe deine Vermutung auf und begründe sie.

Samantha hat sich verändert. Vielleicht ist sie, wie sie sagt, nicht nur „ein völlig anderer", sondern „ein unglücklicherer Mensch"?

10 Überlege, was Samanthas Konflikt jetzt, als junge Erwachsene, sein könnte, und fasse ihn mithilfe der Handlungsbausteine zusammen. Was fehlt ihr im Vergleich zu früher? Was vermisst sie vielleicht? Ergänze die Sätze in deinem Heft.

Sie ist mit ihrer Situation möglicherweise nicht zufrieden, weil … Sie wünscht sich vielleicht … Aber so einfach geht das nicht, denn …

Du schreibst die Geschichte von Samantha weiter. Eines Tages kommt Samanthas kleine Schwester Izzy traurig nach Hause. Sie erzählt Samantha, dass ein paar Kinder aus ihrer Klasse sie ausgelacht haben. Samantha verspricht ihr, ihr etwas zu zeigen, damit Izzy sich wieder besser fühlt, und nimmt sie mit in den Wald.

11 Schreibe in deinem Heft auf, was die beiden Schwestern auf ihrem Weg zum Gänsestein erleben, was Samantha Izzy zeigt und was sie ihr erzählt, damit es Izzy wieder gut geht.
   a. Plane die Fortsetzung mithilfe eines Schreibplans, zum Beispiel in Form einer Mind-Map. Verwende deine Arbeitsergebnisse aus den Aufgaben 2 bis 8.
   b. Schreibe die Fortsetzung. Berücksichtige dabei die Arbeitstechnik: Einen literarischen Text weiterschreiben im Wissen kompakt auf der Seite 44.

Eisvogelsommer – einen Jugendbuchauszug erschließen und weiterschreiben

Thomas, die Hauptfigur in dem Roman, beschreibt einen der Mittwochabende, an denen er sich immer mit Orphee, seiner ersten großen Liebe, getroffen hat – heimlich, weil Orphees Eltern nicht wollten, dass sie sich mit einem Jungen trifft. Ihr Treffpunkt ist eine Lichtung im Wald.

1 Lies den Text.

Eisvogelsommer *Jan de Leeuw*

Hierauf hat sie gewartet, auf das Licht, das sich ändert, beinahe greifbar wird. Leckbar. Der Himmel, der sich nicht sofort von Hell- nach Dunkelblau verfärbt, sondern erst einen rosa Schein bekommt. Und wenn es dann doch noch dunkler wird, geschieht etwas Eigenartiges mit dem Licht, es verschwindet nicht, sondern schmiegt sich an die wenigen hellen Elemente im Wald. Die weißen Köpfchen der Maßliebchen und die Blütenkerzen der Sträucher saugen das Licht auf, beginnen in dem wachsenden Dunkel zu glühen, und die Welt, wie sie einem vertraut ist, kippt, die schwarzen Schatten unter den Bäumen werden Türen, aus denen Wesen aus einer fernen Vergangenheit oder einer Traumwelt jederzeit hereinspazieren können. [...]

Ich selbst mochte diese Momente nicht. Sie bedeuteten das Ende des Tages. Es bedeutete, dass ich mindestens eine Woche warten musste, bevor ich sie wiedersah, und oft war es sogar länger [...]. Die Dämmerung bedeutete das Ende, sicher die letzten Male. Denn es wurde schon frischer, wenn die Sonne unterging, und wie lange konnten wir uns noch im Wald verabreden? Wie lange würden wir es in Regen und Schnee aushalten? Wir würden uns etwas anderes ausdenken müssen und ich wollte nichts anderes. Ich wollte keine normalen Verabredungen. Ich wollte nicht bei ihren Eltern vorstellig werden, „der Freund von“ sein. Ich wusste instinktiv, dass sich dann etwas zwischen uns ändern würde. Wir hatten etwas Besonderes und das wollte ich nicht aus der Hand geben. Aber die Dämmerung drückte mich mit der Nase auf die Tatsachen. Der Sommer dauert nicht ewig.

„Schau“, sagte sie.

Das Licht veränderte, verdickte sich. Es ging so schnell. Das Unkraut und die Blumen merkten es auch und pumpten noch schnell ihre letzten Düfte in die Luft. Die Bäume verloren ihre Konturen. Wir hörten etwas knacken und erschraken auf unserer Decke, die ich immer zu diesen wunderbaren Mittwochen mitbrachte. Ja, wir hatten es beide gehört. Da, in dem Ring aus Dunkelheit um uns, bewegte sich etwas. Ein Kaninchen vielleicht?

„Das ist der Mörder von Repelgem“, sagte ich. „Wir haben noch eine Viertelstunde zu leben. Wie können wir die am besten gestalten?“ Ich zog sie auf die Decke zurück.

„Vielleicht ist es ein Spanner“, flüsterte sie.

„Dann können wir den doch nicht enttäuschen!“

Sie schob meine Hand weg. Wir lauschten. Etwas bewegte sich in der Dämmerung.

„Was, glaubst du, ist das?“

Ich wusste es nicht. Ich hatte keine Angst. Es war nicht der Moment, Angst zu haben. Die Lichtung glühte. Wir lagen in einem magischen Ring. Nichts konnte uns etwas anhaben.

„Es ist der Geist des Waldes", sagte ich, „der uns für immer bei sich behalten will."

„Hör doch mal auf!", sagte sie und ich wusste nicht, ob sie meinen Unsinn oder meine greifenden Hände meinte.

„Möchtest du, dass ich nachsehe?"

„Wir gehen zusammen", sagte sie.

Wir standen wieder auf und ich sah einen roten Schimmer in dem hohen Gras zwischen den Bäumen verschwinden.

„Es ist ein Fuchs."

„Vielleicht derselbe, den wir auf dem Hügel gesehen haben."

„Er ist unser Schutzgeist. Er wacht über uns."

„Ja, sicher."

„Wir werden ihn aus einem Fangeisen retten und aus Dankbarkeit hätten wir drei Wünsche frei."

„Natürlich", sagte sie.

Aber sie ließ sich wieder nach unten ziehen. [...]

„Was würdest du dir wünschen?", fragte sie.

„Was?"

„Wenn du einen Wunsch frei hättest, was würdest du dir wünschen?"

„Ganz egal was?"

„Ganz egal was."

„Das ist schwierig", sagte ich.

„Nein, es ist leicht", sagte sie. „Sag das Erste, was dir in den Sinn kommt."

„So funktioniert es nicht", sagte ich. „Wünsche sind gefährlich, sie haben immer eine Midas[1]-Seite. Du kennst die Geschichten doch. Du wünschst dir, dass alles, was du berührst, zu Gold wird, und zwei Wochen später bist du verhungert, weil goldenes Brot und goldene Steaks nicht gut verdaulich sind."

„Das habe ich nie verstanden", sagte sie. „Wenn man so viel Gold hat, da lässt man sich doch von jemandem füttern! Und was, wenn du die Erde berührst, wird dann die ganze Erde zu Gold? Und man berührt doch auch die Luft und die Moleküle ..."

„Pst!" Ich drückte meinen Finger auf ihre Lippen. „Reg dich nicht auf. Du wünschst dir doch kein Gold."

„Ach nein? Was wünsche ich mir dann?"

„Auch kein ewiges Leben[2]. Das ist zu gefährlich. Meistens vergisst man die ewige Jugend und dann wird man steinalt, ohne die Möglichkeit zu sterben. Die Götter haben einen grausamen Sinn für Humor."

„Ewige Jugend also?"

„Auch nicht gut. Jeder, den du kennst, wird sterben, nur du lebst immer weiter. Dein Leben ist ein einziger lang gezogener Abschied."

„Weltfrieden?"

„Wenn du zehn Wünsche hättest, vielleicht."

„Los, erzähl: Was meinst du, was ist mein Wunsch?"

„Ganz einfach. Dass du eine gute Fotografin wirst."

„Wirst? Willst du damit sagen, dass ich das nicht schon bin?"

Sie knuffte mich nicht allzu spielerisch. „Gut in der Bedeutung von unglaublich gut, maulaffenfeilmäßig gut."

„Okay, du hast es erraten. So schwer war das nicht. Du willst übrigens genau das Gleiche. Du willst ein guter Schriftsteller werden."

„Ich weiß nicht, ob ich mich für ‚gut' entscheiden würde. Ist es nicht besser, erfolgreich zu sein? Gut und dabei nicht anerkannt zu sein, das macht einen Menschen nur bitter."

„Versuch erst einmal, etwas Gescheites zu Papier zu bringen. Dann kannst du immer noch sehen, was für ein Schriftsteller du werden wirst."

Ich zwickte sie fest in den Hintern.

„Au, du Arsch. Das tat weh! Vielleicht verwende ich meinen Wunsch ja dafür, dich zu verwandeln. In einen blauen Plüschaffen beispielsweise."

„Das würdest du nie tun. Bäckerstöchter sind viel zu berechnend."

„Das heißt, wir wünschen uns nur dasjenige, was wir schon so gut wie in der Hand haben? Wir sind nüchterne Romantiker?"

„Ich nicht."

„Nein? Was willst du dann?"

Ich traute mich nicht zu sagen, was ich wirklich wollte: auf den Pausenknopf drücken, sodass dieser Tag endlos dauerte. Ich wollte, dass unsere Begegnungen im Wald nicht aufhörten, dass es nicht kälter wurde, ich wollte, [...] dass wir blieben, wie wir waren, ewig gleich, wie eingefroren. [...]

Aber ich wusste, es war ein unvernünftiger, ein unmöglicher Wunsch. Ich konnte die Zeit nicht anhalten. Die Welt drehte sich immer weiter, immer schneller, wir würden, wenn wir nicht aufpassten, auseinandergleiten, uns gegenseitig aus den Händen gleiten, in andere Richtungen wegschießen, unwiderruflich, unüberbrückbar. Ich musste etwas tun, um uns festzuketten.

1 Midas = König der griechischen Sage, der einem Gott hilft und dem dafür ein Wunsch gewährt wird. Er wünscht sich, dass alles, was er berührt, zu Gold wird. Das geschieht, aber auch sein Haus, sein Essen, Wasser, alles wird zu Gold, und er kann nichts mehr essen und trinken. Midas sieht ein, wie töricht sein Wunsch war und wie unwichtig Gold ist, und er wird von dem Gott Dionysos erlöst.

2 ewiges Leben = Eos, die griechische Göttin der Morgenröte, liebt den Menschen Tithonos und wünscht sich vom Göttervater Zeus ewiges Leben für ihren Geliebten. Da sie aber nicht gleichzeitig um ewige Jugend für ihn gebeten hat, wird er immer älter und schrumpft zum Schluss zusammen, bis nur noch seine Stimme übrig ist und er zu einer Zikade wird.

Die Umgebung, in der sich Thomas befindet, hat auf ihn eine ganz besondere Wirkung.

2 Untersuche genauer, wie Thomas die Umgebung beschreibt.

a. Unterstreiche Textstellen, an denen deutlich wird, dass die Waldlichtung für Thomas ein besonderer Ort ist. Achte vor allem auf die Beschreibung der Farben.
Tipp: Achte vor allem auf die Zeilen 1 bis 33.

b. Umkreise ein bis zwei Begriffe, die zur Atmosphäre dieses Ortes passen.

unwirklich | magisch | bedrohlich | unheimlich | gefährlich | schön

c. Fasse mit eigenen Worten zusammen, wie Thomas sich im Wald fühlt.

Thomas fürchtet, dass die besonderen Momente mit Orphee ein „Ende" haben werden.

3 a. Unterstreiche Stellen in den Zeilen 10 bis 24, die deutlich machen, welche Veränderungen Thomas auf sich und Orphee zukommen sieht.
b. Fasse mit eigenen Worten zusammen, wie das Ende aussieht, das Thomas fürchtet.

Dass Thomas und Orphee unterschiedlich sind, kannst du an ihren Reaktionen erkennen.

4 Untersuche, wie sie auf das Geräusch im Wald reagieren.
a. Unterstreiche dazu zunächst in den Zeilen 26 bis 53, wie sie jeweils erklären, was das Geräusch verursacht.
b. Umkreise jeweils zwei Adjektive, die auf Thomas und auf Orphee passen, und erkläre dann mit eigenen Worten, warum du sie so siehst.

realistisch | sachlich | träumerisch | kindisch | leichtgläubig | ängstlich | unrealistisch | pragmatisch | abergläubisch | optimistisch | hoffnungsvoll

Ich sehe Thomas

Orphee ist

c. Suche eine weitere Stelle im Text, an der die unterschiedliche Sichtweise von Thomas und Orphee deutlich wird. Benenne die Textstelle und erkläre, warum du diese gewählt hast.

Textstelle:

5 Thomas und Orphee haben beide einen großen Wunsch.
a. Schreibe in deinem Heft auf, was die beiden sich für ihr Leben wünschen.
b. Ergänze dazu deine Gedanken: Was verraten dir die Wünsche über Thomas und Orphee? Passt es zu dem Bild, das du bisher von ihnen hast? Glaubst du, dass Thomas mit seinen Befürchtungen recht hat, dass sie sich auseinanderleben werden? Wie gefallen dir ihre Wünsche?

Du schreibst die Geschichte von Thomas und Orphee weiter.

6 Orphee macht sich Gedanken über ihre heimliche Beziehung zu Thomas. Wie kann es weitergehen? Ihrer besten Freundin erzählt sie, was ihr durch den Kopf geht.
Schreibe eine Fortsetzung mit dem Gespräch zwischen Orphee und ihrer Freundin.
a. Plane die Fortsetzung mithilfe eines Schreibplans, zum Beispiel in Form einer Mind-Map. Verwende deine Arbeitsergebnisse aus den Aufgaben 2 bis 5.
b. Schreibe die Fortsetzung. Berücksichtige dabei die Arbeitstechnik: Einen literarischen Text weiterschreiben im Wissen kompakt auf der Seite 44.

Unerwartete Wendungen – *Kurzgeschichten zusammenfassen und deuten*

Die Handlungsbausteine helfen mir dabei, einen literarischen Text zu erschließen und das Wichtigste der Handlung zu erfassen.

Die Handlungsbausteine	Die Fragen
die Hauptfigur und die Situation	– Wer ist die Hauptfigur? – In welcher Situation steckt die Hauptfigur?
der Wunsch	– Welchen Wunsch hat die Hauptfigur?
das Problem / das Hindernis	– Warum erfüllt sich der Wunsch nicht? – Welches Hindernis ist im Weg? – Welche Aufgabe muss gelöst werden?
die Reaktion / der Lösungsweg	– Wie reagiert die Hauptfigur? – Welche Lösung findet sie für das Problem?
das Ende	– Wie endet die Geschichte? – Ist die Hauptfigur erfolgreich?

Mit einer Inhaltsangabe kann ich andere über den Inhalt eines Textes informieren.

Arbeitstechnik

Eine Inhaltsangabe schreiben

In einer Inhaltsangabe kann ich den Inhalt eines Textes zusammenfassen.
Ich schreibe im Präsens.

- **Die Einleitung:** Ich nenne die wichtigen Informationen: die Textsorte, den Titel, die Autorin / den Autor, das Erscheinungsjahr und das Thema.
- **Der Hauptteil:** Ich fasse das Wichtigste der Handlung in wenigen Sätzen zusammen. Dabei schreibe ich sachlich und in eigenen Worten. Ich vermeide wörtliche Rede.
- **Der Schluss:** Ich schreibe meine eigenen Gedanken zum Text auf.

In einer **erweiterten Inhaltsangabe** bearbeite ich zusätzlich eine weiterführende **Aufgabe** und arbeite mit Textbelegen. Mögliche Aufgaben:

- die Untersuchung der Figuren oder ihrer Beziehung zueinander,
- die Untersuchung des Aufbaus und der sprachlichen Gestaltung des Textes.

Ein netter Kerl Seite 58
Augenblicke Seite 63
Vera sitzt auf dem Balkon Seite 68

Ein netter Kerl – eine Kurzgeschichte lesen und zusammenfassen

In der Kurzgeschichte Ein netter Kerl geht es um ein Gespräch in einer Familie.

1 a. Lies den Vorspann und die Überschrift.
Worum könnte es in der Kurzgeschichte gehen?
b. Lies nun die Kurzgeschichte.

Ein netter Kerl (1978) *Gabriele Wohmann*

Ich habe ja so wahnsinnig gelacht, rief Nanni in einer Atempause. Genau wie du ihn beschrieben hast, entsetzlich. Furchtbar fett für sein Alter, sagte die Mutter. Er sollte vielleicht Diät essen. Übrigens, Rita, weißt du, ob er ganz gesund ist? Rita setzte sich gerade und hielt sich mit den Händen am Sitz fest. Sie sagte: Ach, ich glaub schon, dass er gesund ist. Genau wie du es erzählt hast, weich wie ein Molch[1], wie Schlamm, rief Nanni. Und auch die Hand, so weich. Aber er hat dann doch auch wieder was Liebes, sagte Milene, doch, Rita. Ich finde, er hat was Liebes, wirklich. Na ja, sagte die Mutter, beschämt fing auch sie wieder an zu lachen: recht lieb, aber doch grässlich komisch. Du hast nicht zu viel versprochen. Rita, wahrhaftig nicht. Jetzt lachte sie laut heraus. Auch hinten im Nacken hat er schon Wammen[2], wie ein alter Mann, rief Nanni. Er ist ja so fett, so weich, so weich. Sie schnaubte aus der kurzen Nase, ihr kleines Gesicht sah verquollen aus vom Lachen. Rita hielt sich am Sitz fest. Sie drückte die Fingerkuppen fest ans Holz. Er hat so was Insichruhendes, sagte Milene. Ich find ihn so ganz nett. Rita, wirklich, komischerweise. Nanni stieß einen winzigen Schrei aus und warf die Hände auf den Tisch; die Messer und Gabeln auf den Teller klirrten. Ich auch, wirklich, ich find ihn auch nett, rief sie. Könnt ihn immer ansehn und mich ekeln. Der Vater kam zurück, schloss die Esszimmertür, brachte kühle nasse Luft mit herein. Er war ja so ängstlich, dass er seine letzte Bahn noch kriegt, sagte er. So was von ängstlich. Er lebt mit seiner Mutter zusammen, sagte Rita. Sie platzten alle heraus, jetzt auch Milene. Das Holz unter Ritas Fingerkuppen wurde klebrig. Sie sagte: Seine Mutter ist nicht ganz gesund, soviel ich weiß. Das Lachen schwoll an, türmte sich vor ihr auf, wartete und stürzte sich dann herab, es spülte über sie weg und verbarg sie lang genug für einen kleinen schwachen Frieden. Als Erste brachte die Mutter es fertig, sich wieder zu fassen. Nun aber Schluss, sagte sie, ihre Stimme zitterte, sie wischte mit einem Taschentuchklümpchen über die Augen und die Lippen. Wir können ja endlich mal von was anderem reden.

Ach, sagte Nanni. Sie seufzte und rieb sich den kleinen Bauch, ach ich bin erledigt, du liebe Zeit. Wann kommt die große, fette Qualle denn wieder, sag, Rita, wann denn? Sie warteten alle ab. Er kommt von jetzt an oft, sagte Rita. Sie hielt den Kopf aufrecht. Ich habe mich verlobt mit ihm. Am Tisch bewegte sich keiner. Rita lachte versuchsweise und dann konnte sie es mit großer Anstrengung lauter als die anderen, und sie rief: Stellt euch das doch bloß mal vor; mit ihm verlobt! Ist das nicht zum Lachen? Sie saßen gesittet und ernst und bewegten vorsichtig Messer und Gabeln. He, Nanni, bist du mir denn nicht dankbar, mit der Qualle hab ich mich verlobt, stell dir das doch mal vor! Er ist ja ein netter Kerl, sagte der Vater. Also höflich ist er, das muss man ihm lassen. Ich könnte mir denken, sagte die Mutter ernst, dass er menschlich angenehm ist, ich meine, als Hausgenosse oder so, als Familienmitglied. Er hat keinen üblen Eindruck auf mich gemacht, sagte der Vater. Rita sah sie alle behutsam dasitzen, sie sah gezähmte Lippen. Die roten Flecken in den Gesichtern blieben noch eine Weile. Sie senkten die Köpfe und aßen den Nachtisch. [V]

1 Molch = ein wabbeliges Tier, das im/am Wasser lebt
2 Wammen = Fettfalte

2 Beschreibe deinen ersten Eindruck von der Stimmung, die am Tisch herrscht.

3 **a.** Passt die Überschrift deiner Meinung nach zu der Kurzgeschichte? Notiere deine Meinung und begründe sie kurz.

b. Gib der Kurzgeschichte einen anderen möglichen Titel.

Du kannst die Kurzgeschichte noch besser verstehen, wenn du die Handlung und das Verhalten der Figuren genauer untersuchst.

4 Wer ist die Hauptfigur? Über wen wird hauptsächlich gesprochen? Vervollständige den Satz.

die Handlungsbausteine:
- die Hauptfigur und die Situation

Die Hauptfigur ist ______ *und über* ______ *wird hauptsächlich gesprochen.*

5 In welcher Situation ist Rita? Notiere zwei Sätze, die ihre Situation beschreiben.

6 Wie reagiert die Familie vor und nach der Bekanntgabe der Verlobung auf den Besucher? Schreibe Stichworte in die Tabelle und belege sie am Text.

die Handlungsbausteine:
- das Problem

Figuren	die Reaktion vor der Bekanntgabe	die Reaktion nach der Bekanntgabe
die Mutter	*findet ihn „entsetzlich" (Z. 2)*	
Milene	*entdeckt etwas Liebenswertes an ihm (Z. 7)*	
Nanni		
der Vater		

7 Beschreibe nun Ritas Verhalten genauer.

a. Vergleiche ihr Verhalten zu Beginn und am Ende. Ergänze die Sätze.

die Handlungsbausteine:
- die Reaktion
- das Ende

Zunächst erträgt Rita den Spott ihrer Familie, zeigt sich dabei ______

aber ______

Dann gibt sie die Verlobung bekannt und ist dabei ______

______

b. Finde für den ersten und für den zweiten Teil der Kurzgeschichte aus Ritas Perspektive einen passenden Titel.

1. Teil: ______ 2. Teil: ______

8 Die Kurzgeschichte hat zwei Teile: vor und nach der Bekanntgabe der Verlobung. Wie nennt man dieses Merkmal einer Kurzgeschichte? Kreuze es an.

☐ keine Einleitung ☐ offenes Ende ☐ Wendepunkt ☐ Alltagsthema

Die Autorin nutzt sprachliche Mittel, um eine bestimmte Wirkung zu erzielen.

9 Was denkst du bei dem **Vergleich** „weich wie ein Molch, wie Schlamm" (Z. 6)?

a. Ist das eher positiv oder eher negativ gemeint? Notiere deine Meinung.

Ich denke, ______________________________

____

b. Finde eine passende Begründung für deine Meinung und notiere sie ebenfalls.

weil ______________________________

____

10 „Das Lachen schwoll an, türmte sich vor ihr auf, wartete und stürzte sich dann herab, es spülte sie weg und verbarg sie lang genug für einen kleinen schwachen Frieden." (Z. 23 f.) Was möchte die Autorin mit dieser **Personifikation** deutlich machen? Kreuze die passende Aussage an.

- ☐ Rita genießt einen Moment der Ruhe in der ausgelassenen Stimmung in der Familie.
- ☐ Die Familienmitglieder bestärken sich immer mehr in ihren Lästereien. Diese gehen auf Rita wie Wellen nieder.
- ☐ Rita möchte nicht hören, was ihre Familie zu dem Besucher sagt, und versteckt sich hinter ihren eigenen Gedanken.

Du schreibst nun eine erweiterte Inhaltsangabe. Dazu fasst du zunächst den Inhalt der Kurzgeschichte zusammen. Anschließend wählst du eine weiterführende Aufgabe. Wähle Aufgabe 13 1 oder 13 2 und schreibe in dein Heft.

11 Schreibe die Einleitung deiner Inhaltsangabe. Ergänze den Satz in deinem Heft.
In der Kurzgeschichte mit dem Titel „ …" von … geht es um …

12 Fasse den Inhalt der Kurzgeschichte im Hauptteil knapp zusammen.
- Verwende deine Stichworte zu den Handlungsbausteinen aus den Aufgaben 3 bis 7.
- Schreibe in eigenen Worten und formuliere sachlich.
- Vermeide wörtliche Rede und gib sie bei Bedarf in indirekter Rede wieder.

13 1 „Doch Rita. Ich finde, er hat was Liebes, wirklich." (Z. 8) „Ich find ihn so ganz nett. Rita, wirklich" (Z. 14) „Ich auch, wirklich, ich finde ihn auch nett" (Z. 17) Erläutere, was die Autorin mit der Wiederholung des Wortes *wirklich* zum Ausdruck bringen will.

13 2 Erkläre, was mit „gezähmte Lippen" (Z. 41) am Ende der Kurzgeschichte gemeint ist. Belege deine Aussagen am Text und verwende passende Zitate.

14 Fasse zum Schluss deinen Gesamteindruck zusammen und schreibe deine persönlichen Gedanken zur Kurzgeschichte auf.

15 Überarbeite deinen Text mithilfe des Wissen kompakt auf der Seite 57. Überprüfe dabei auch die Rechtschreibung, Zeichensetzung und Grammatik.

Erzählende Texte haben eine bestimmt Erzählform und Erzählperspektive.

Info

Die Erzählform und die Erzählperspektive

Der Erzähler präsentiert uns die Geschichte und ist nicht mit der Autorin / dem Autor zu verwechseln. Der Autor / die Autorin wählt eine Erzählform und Erzählperspektive aus, die zur Geschichte passt.

- Der Ich-Erzähler ist als Figur am Geschehen beteiligt und erzählt das Geschehen aus seiner Sicht in der **Ich-Form.**
- Der Er/Sie-Erzähler taucht in der Geschichte nicht als Figur auf und erzählt das Geschehen in der **Er/Sie-Form.**

Der Erzähler kann dabei unterschiedliche Perspektiven einnehmen:

- **personale Erzählperspektive:** Der Erzähler betrachtet das Geschehen aus der begrenzten Sicht einer Figur und weiß nur, was sie erlebt.
- **auktoriale Erzählperspektive:** Der Erzähler kennt die Gedanken und Gefühle mehrerer Figuren. Oft ist er sogar allwissend.

In einer Textanalyse kann ich einen Text zusammenfassen und interpretieren.

Arbeitstechnik

Einen literarischen Text interpretieren

In einer Textanalyse kann ich einen Text zusammenfassen und interpretieren. Ich schreibe im Präsens und belege meine Aussagen am Text.

- **Die Einleitung:** Ich nenne die wichtigen Informationen: die Textsorte, den Titel, die Autorin / den Autor, das Erscheinungsjahr und das Thema.
- **Der Hauptteil:**
  - Ich fasse das Wichtigste der Handlung in wenigen Sätzen zusammen. Dabei schreibe ich sachlich in eigenen Worten und vermeide wörtliche Rede.
  - Ich untersuche die Figuren und ihre Beziehung zueinander.
  - Ich untersuche die sprachlichen Besonderheiten des Textes und erläutere ihre Bedeutung für den Inhalt.
  - Ich bestimme die Erzählform und die Erzählperspektive und erläutere deren Wirkung.
  - Ich benenne die Merkmale der Textsorte und erläutere ihre Wirkung.
  - Ich schreibe, wie ich den Titel verstehe.
- **Der Schluss:** Ich fasse meinen Gesamteindruck vom Text zusammen und schreibe abschließend, wie ich den Text deute.

Augenblicke – eine Kurzgeschichte erschließen

In der Kurzgeschichte Augenblicke von Walter Helmut Fritz geht es um ein schwieriges Mutter-Tochter-Verhältnis.

1 Lies die Kurzgeschichte mit dem Lese-Profi.

Augenblicke (1964) *Walter Helmut Fritz*

Kaum stand sie vor dem Spiegel im Badezimmer, um sich herzurichten, als ihre Mutter aus dem Zimmer nebenan zu ihr hereinkam, unter dem Vorwand, sie wolle sich nur die Hände waschen.

Also doch! Wie immer, wie fast immer. Elsas Mund krampfte sich zusammen. Ihre Finger spannten sich. Ihre Augen wurden schmal. Ruhig bleiben!

Sie hatte darauf gewartet, dass ihre Mutter auch dieses Mal hereinkommen würde, voller Behutsamkeit, mit jener scheinbaren Zurückhaltung, die durch ihre Aufdringlichkeit die Nerven freilegt. Sie hatte – behext, entsetzt, gepeinigt – darauf gewartet, weil sie sich davor fürchtete.

„Komm, ich mach' dir Platz", sagte sie zu ihrer Mutter und lächelte ihr zu.

„Nein, bleib nur hier, ich bin gleich so weit", antwortete die Mutter und lächelte.

„Aber es ist doch so eng", sagte Elsa und ging rasch hinaus, über den Flur, in ihr Zimmer. Sie behielt einige Augenblicke länger als nötig die Klinke in der Hand, wie um die Tür mit Gewalt zuzuhalten. Sie ging auf und ab, von der Tür zum Fenster, vom Fenster zur Tür. Vorsichtig öffnete ihre Mutter.

„Ich bin schon fertig", sagte sie. Elsa tat, als ob ihr inzwischen etwas anderes eingefallen wäre, und machte sich an ihrem Tisch zu schaffen. „Du kannst weitermachen", sagte die Mutter.

„Ja, gleich."

Die Mutter nahm die Verzweiflung ihrer Tochter nicht einmal als Ungeduld wahr.

Wenig später verließ Elsa das Haus, ohne ihrer Mutter Adieu zu sagen.

Mit der Tram[1] fuhr sie in die Stadt, in die Gegend der Post. Dort sollte es eine Wohnungsvermittlung geben, hatte sie einmal gehört. Sie hätte zu Hause im Telefonbuch eine Adresse nachsehen können. Sie hatte nicht daran gedacht, als sie die Treppen hinuntergeeilt war.

In einem Geschäft für Haushaltsgegenstände fragte sie, ob es in der Nähe nicht eine Wohnungsvermittlung gäbe. Man bedauerte. Sie fragte in der Apotheke, bekam eine ungenaue Auskunft. Vielleicht im nächsten Haus. Dort läutete sie. Schilder einer Abendzeitung, einer Reisegesellschaft, einer Kohlenfirma. Sie läutete umsonst.

Es war später Nachmittag. Samstag, zweiundzwanzigster Dezember. Sie sah in eine Bar hinein. Sie sah den Menschen nach, die vorbeigingen. Sie trieb mit. Sie betrachtete Kinoreklamen.

Sie ging Stunden umher. Sie würde erst spät zurückkehren. Ihre Mutter würde zu Bett gegangen sein. Sie würde ihr nicht mehr gute Nacht zu sagen brauchen. Sie würde sich, gleich nach Weihnachten, eine Wohnung nehmen. Sie war zwanzig Jahre alt und verdiente. Kein einziges Mal würde sie sich mehr beherrschen können, wenn ihre Mutter zu ihr ins Bad kommen würde, wenn sie sich schminkte. Kein einziges Mal.

Ihre Mutter lebte seit dem Tod ihres Mannes allein. Oft empfand sie Langeweile. Sie wollte mit ihrer Tochter sprechen. Weil sich die Gelegenheit selten ergab (Elsa schützte Arbeit vor), suchte sie sie auf dem Flur zu erreichen oder wenn sie im Bad zu tun hatte. Sie liebte Elsa. Sie verwöhnte sie. Aber sie, Elsa, würde kein einziges Mal mehr ruhig bleiben können, wenn sie wieder zu ihr ins Bad käme.

Elsa floh. Über der Straße künstliche, blau, rot, gelb erleuchtete Sterne. Sie spürte Zuneigung zu den vielen Leuten, zwischen denen sie ging.

Als sie kurz vor Mitternacht zurückkehrte, war es still in der Wohnung. Sie ging in ihr Zimmer und es blieb still. Sie dachte daran, dass ihre Mutter alt und oft krank war. Sie kauerte sich in ihren Sessel und sie hätte unartikuliert schreien mögen, in die Nacht mit ihrer entsetzlichen Gelassenheit.

1 Tram = Straßenbahn

Du erschließt dir den Inhalt der Kurzgeschichte mit den Handlungsbausteinen.

2 Wovon handelt die Kurzgeschichte? Notiere Stichworte zu den Handlungsbausteinen in deinem Heft.

Du kannst dich den Figuren nähern, wenn du untersuchst, wie sie zueinander stehen und aufeinander reagieren.

3 **a.** Markiere alle Informationen über die Tochter rot und über die Mutter blau.
b. Trage die Gefühle, die Mutter und Tochter füreinander empfinden, und dazu passende Textbelege in die folgende Tabelle ein.

Was empfindet die Tochter für die Mutter?		**Was empfindet die Mutter für die Tochter?**	
das Gefühl	die Fundstelle	das Gefühl	die Fundstelle
______	______	______	______
______	______	______	______
______	______	______	______

c. Formuliere jeweils einen Satz, was Mutter und Tochter füreinander empfinden.

Die Tochter empfindet ______________________

Die Mutter empfindet ______________________

Elsas Gefühle für ihre Mutter sind nicht eindeutig. Sie befindet sich in einem Zwiespalt.

4 Markiere in der Tabelle (Aufgabe 3b) zwei Textbelege, die die zwiespältigen Gefühle der Tochter gegenüber der Mutter deutlich machen.

5 In den Zeilen 5 ff. betritt die Mutter das Badezimmer, obwohl Elsa sich gerade fertig macht.

a. Überlege und notiere Stichworte, warum die Mutter gerade jetzt das Badezimmer betritt.

____

____

b. Erläutere, warum Elsa vielleicht anders reagieren müsste.

____

____

c. Suche nach weiteren Textstellen, in der Elsa und ihre Mutter offener miteinander kommunizieren müssten. Markiere sie im Text und untersuche sie.

Du untersuchst die Kurzgeschichte im Hinblick auf die Erzählperspektive und die Kurzgeschichtenmerkmale.

6 **a.** Bestimme die Erzählperspektive mithilfe des Wissen kompakt auf der Seite 62. Belege deine Antwort mit mindestens einer Textstelle.

____

____

b. Erläutere in einem Satz, warum sich der Autor vermutlich für diese Erzählperspektive entschieden hat.

____

____

7 **a.** Notiere Kurzgeschichtenmerkmale, die hier zutreffen, und belege sie am Text.

offener Anfang: ____

wenige Personen: ____

____

____

b. Welche Wirkung haben die einzelnen Merkmale in dieser Kurzgeschichte? Schreibe dazu in deinem Heft mindestens zwei Sätze auf.

Die Aussage der Kurzgeschichte wird durch sprachliche Mittel unterstützt.

8 An verschiedenen Stellen im Text verwendet der Autor **Anaphern** (Wiederholung von Wörtern jeweils am Satzanfang): „*Sie* sah in eine Bar hinein. *Sie* sah den Menschen nach, die vorbeigingen. *Sie* trieb mit. *Sie* betrachtete …" (Zeile 32 f.)

a. Welche Wirkung wird hier durch die Anaphern erzielt? Notiere dazu einen Satz.

____

____

b. Finde weitere Anaphern im Text und markiere sie. Überprüfe, ob sie eine ähnliche Wirkung erzielen wie in Zeile 32 f.

9 In der Kurzgeschichte kommen außerdem **Ellipsen** (unvollständige Sätze, in denen Wörter oder Satzteile fehlen) vor.

a. Beschreibe die Funktion der Ellipsen in den beiden Textstellen in der Tabelle.

b. Trage ein weiteres Beispiel in die Tabelle ein und beschreibe die Funktion.

der Textbeleg	die Funktion der Ellipse im Text
„Wie immer, wie *fast* immer." (Zeile 4)	
„Über der Straße künstliche, blau, rot gelb erleuchtete Sterne." (Zeile 36)	

10 Das Ende der Kurzgeschichte enthält zwei ungewöhnliche Formulierungen.

a. Beschreibe, was jeweils gemeint sein könnte.

b. Stelle Vermutungen an, warum der Autor diese Wortkombinationen gewählt hat.

„unartikuliert schreien" (Z. 50): ______________________________

____

„entsetzlichen Gelassenheit" (Z. 51): ______________________________

____

11 Begründe, wie du den Titel Augenblicke verstehst.

____

____

Für deine Textanalyse solltest du Zitate wählen, die wesentliche Aussagen deiner Analyse unterstützen. Du kannst Textbelege (vgl. Z. xy) oder wörtliche Zitate („ …", Z. xy) verwenden.

12 Wandle das wörtliche Zitat so um, dass du mit eigenen Worten zitierst.

Elsa wartet schon darauf, dass ihre Mutter ins Badezimmer kommt: „Also doch! Wie immer, wie fast immer." (Z. 4)

13 Schreibe Zitate, die du für deine Textanalyse verwenden willst, in dein Heft und notiere dahinter, für welchen Aspekt des Hauptteils du sie verwenden möchtest.

Der wichtigste Teil deiner Textanalyse ist der Hauptteil. Deshalb solltest du diesen besonders gut planen, bevor du mit dem Schreiben beginnst.

14 Übertrage die folgende Gliederung für den Hauptteil einer Textanalyse in dein Heft und ergänze deine Arbeitsergebnisse aus den Aufgaben 2 bis 11.

der Hauptteil:
- *der Inhalt der Kurzgeschichte: …*
- *die Figuren und ihre Beziehung zueinander: …*
- *die sprachlichen Mittel und ihre Wirkung: …*
- *die Erzählform und die Erzählperspektive: …*
- *die Kurzgeschichtenmerkmale: …*
- *die Deutung des Titels: …*

Du analysierst die Kurzgeschichte „Augenblicke" in einem zusammenhängenden Text.

15 Schreibe die Einleitung deiner Textanalyse. Nenne die Textsorte, den Titel, den Autor, das Erscheinungsjahr und das Thema der Kurzgeschichte.

16 Schreibe den Hauptteil deiner Textanalyse mithilfe deiner Gliederung (Aufgabe 14).
- Fasse den Inhalt der Kurzgeschichte kurz zusammen.
- Beschreibe, welches Verhältnis Mutter und Tochter haben und in welchem Zwiespalt sich Elsa befindet.
- Erläutere, welche sprachlichen Mittel der Autor verwendet und was sie für den Inhalt bedeuten.
- Benenne die Erzählperspektive, die der Autor gewählt hat. Begründe, warum sich der Autor deiner Meinung nach so entschieden hat.
- Erläutere, welche Merkmale der Kurzgeschichte zu erkennen sind.
- Erkläre, warum die Kurzgeschichte deiner Meinung nach Augenblicke heißt.

17 Schreibe den Schluss deiner Textanalyse. Fasse die Ergebnisse deiner Analyse zusammen. Schreibe deine persönliche Meinung zu dieser Kurzgeschichte auf.

18 Überarbeite deine Textanalyse mithilfe des Wissen kompakt auf der Seite 62.

Vera sitzt auf dem Balkon – eine Kurzgeschichte erschließen

In der Kurzgeschichte Vera sitzt auf dem Balkon von Sibylle Berg geht es um ein Ehepaar.

1 Lies die Kurzgeschichte mit dem Lese-Profi.

Vera sitzt auf dem Balkon (1997) *Sibylle Berg*

Vera und Helge sind verheiratet. Schon lange. Wissen sie eigentlich gar nicht, warum. Sie sitzen draußen auf dem Balkon. Es ist ein Sommerabend. Die Luft fleischwarm und macht im Menschen das Gefühl, dass er etwas unternehmen müsste, in dieser Nacht, das ihr gerecht wird, in der Aufregung, die sie verursacht. Was kann ich machen, mit so einer schönen Nacht, denkt sich Vera und weiß keine Antwort. Und eigentlich auch keine Frage. So eine Nacht ist eben eine Nacht. Die will gar nichts gemacht kriegen. Vera sieht Helge an. Der sitzt neben ihr und ist tausend Gedanken entfernt.

Sie würde gerne rübergehen zu ihm. Aber sie weiß nicht wie. Sie schaut in den Himmel und sucht dort den Satz. Der alles ändert. Ein Satz nur. Himmel, schenk mir einen. Der Himmel bleibt stumm und schön, und Wunder gibt es eben nicht. Wunder muss es aber geben, denkt Vera und guckt stur in den Himmel. Und dann guckt sie zu Helge rüber und der guckt geradeaus. Helge trinkt Bier. „Helge …" Helge trinkt Bier. „Ein schöner Abend." Helge bleibt stumm, und Vera könnte tot umfallen. So leer fühlt sie sich an und weiß gar nicht, warum sie noch hier sitzen soll, oder aufstehen, oder weiterleben. Der Himmel ist ein Verräter, und einen Gott gibt es nicht. Vera nimmt ihre Hand und legt sie auf die von Helge. Da liegt sie dann so. Helges Hand bewegt sich nicht.

Sie fühlt, dass ihre Hand weglaufen möchte. Sie mag das schwitzige Ding nicht anfassen müssen. Nichts ist peinlicher als eine Hand, die man anfasst und die sich nicht bewegt, denkt Veras Hand, sondern nur atmet. Vor lauter Widerwillen laut atmet. Das denkt sich Veras Hand so, und Vera selbst schämt sich und nimmt ihre Hand weg, um sich eine Strähne aus dem Gesicht zu wischen. Sie steht auf und geht in die Küche. Der Abwasch steht noch da. Vera bindet sich die Schürze um. Sie wäscht ab und überlegt sich, was sie morgen im Büro anziehen soll. Dann fällt ihr ein, dass Nora bald Geburtstag hat, und sie schüttelt den Kopf. Es gibt doch wirklich wichtigere Sachen als so einen blöden warmen Abend und eine Hand, die nicht von ihr angefasst werden will.

2 Fasse den Inhalt der Kurzgeschichte in deinem Heft knapp zusammen. Vermeide wörtliche Rede und gib sie bei Bedarf in indirekter Rede wieder. Schreibe im Präsens.

3 Benenne das Thema der Kurzgeschichte in einem Satz.

____

4 **a.** Erläutere in deinem Heft, wie du den Titel der Kurzgeschichte verstehst.
b. Überlege, warum Sibylle Berg nicht den Titel „Vera und Helge sitzen auf dem Balkon" gewählt hat.

5 Benenne Kurzgeschichtenmerkmale, die auf Vera sitzt auf dem Balkon zutreffen.
a. Benenne das Merkmal und belege es mit einer Fundstelle.
b. Erläutere, warum das Merkmal zutrifft und welche Wirkung es für die Kurzgeschichte hat.

Du untersuchst den Inhalt, die Form und die Sprache der Kurzgeschichte genauer.

6 Untersuche Gedanken und Gefühle der Hauptfigur Vera. Beantworte dazu die folgenden Fragen in deinem Heft und belege deine Antworten mit Textstellen.
- Warum sind Vera und Helge verheiratet?
- Was fühlt Vera, als sie Helge ansieht?
- Warum weiß Vera nicht, wie sie zu Helge rübergehen kann?
- Warum legt Vera ihre Hand auf Helges Hand? Was fühlt sie dabei?
- Warum schämt sich Vera?
- Warum verlässt Vera den Balkon und geht in die Küche?
- Warum ist der „warme Abend" blöde (Z. 25 f.)?

7 Beschreibe Veras Gefühlswelt mit deinen eigenen Worten. Untersuche dafür die beiden Textzitate und notiere dazu deine Gedanken in deinem Heft.

a. *„Sie schaut in den Himmel und sucht dort den Satz. Der alles ändert. Ein Satz nur. Himmel, schenk mir einen." (Z. 9 f.)*

b. *„Sie wäscht ab und überlegt sich, was sie morgen im Büro anziehen soll. Dann fällt ihr ein, dass Nora bald Geburtstag hat und sie schüttelt den Kopf." (Z. 23 ff.)*

8 Markiere im Text, was Helge tut und wie er auf Vera reagiert.
Schreibe zu seinem Verhalten einen Satz auf.

____

In der Kurzgeschichte Vera sitzt auf dem Balkon wechselt die Erzählperspektive.

9 **a.** Trage mithilfe des Wissen kompakt auf der Seite 62 als Überschriften die in der Kurzgeschichte vorkommenden Erzählperspektiven in die Tabelle ein.

b. Untersuche die folgenden Textstellen im Hinblick auf die Erzählperspektive. Ordne sie jeweils einer Perspektive zu.

I. *„Vera und Helge sind verheiratet. Schon lange. Wissen sie eigentlich gar nicht, warum." (Z. 1 f.)*

II. *„Sie würde gerne rübergehen zu ihm. Aber sie weiß nicht wie. Sie schaut in den Himmel und sucht dort den Satz. Der alles ändert. Ein Satz nur. Himmel, schenk mir einen." (Z. 9 f.)*

c. Untersuche eine weitere Textstellen und ordne sie zu.

Erzählperspektive	____________	____________
Textstelle I	____________	____________
Textstelle II	____________	____________
Textstelle III	____________	____________

d. Überfliege noch einmal die ganze Kurzgeschichte. Welche Erzählperspektive nimmt den größeren Raum ein? Wo wechselt die Erzählperspektive? (Zeile ?)

Erzählperspektive überwiegt: ____________ *Wechsel:* ____________

e. Überlege, warum sich Sibylle Berg für verschiedene Erzählperspektiven entschieden haben könnte. Notiere deine Gedanken in deinem Heft.

Sprachliche Mittel unterstützen die Aussage der Kurzgeschichte und veranschaulichen die Beziehung zwischen Vera und Helge.

10 **a.** Finde für die unten aufgeführten sprachlichen Mittel jeweils ein Beispiel im Text. Gib dazu jeweils die Fundstelle an.

Neologismus: ______________________________

____

____

Neologismus = Wortneuschöpfung *„Ostalgie = Sehnsucht nach dem Leben in der DDR"*

Hyperbel: ______________________________

____

____

Hyperbel = Übertreibung „Schneckentempo"

Ellipse: ______________________________

____

____

Ellipse = Satzteile fehlen „Ende gut, alles gut"

Personifikation: ______________________________

____

____

Wiederholung: ______________________________

____

____

b. Suche nach weiteren sprachlichen Besonderheiten in der Kurzgeschichte.

In deiner Textanalyse sollten die sprachlichen Besonderheiten nicht nur erkannt, sondern auch auf ihre Wirkung auf die Leserin oder den Leser untersucht werden.

11 **a.** Wähle drei Textzitate aus, die sprachliche Mittel enthalten, und untersuche ihre Wirkung in deinem Heft.
b. Verwende dabei Vermutungswörter (siehe Kasten), um sprachlich zu kennzeichnen, dass es sich um deine eigenen Überlegungen handelt.

Vermutungswörter: *scheinbar* | *offenbar – vielleicht* | *vermutlich* | *möglicherweise* | *wahrscheinlich* | *offensichtlich* | *sicherlich*

Mit der Personifikation „Das denkt sich Veras Hand so, …" möchte die Autorin vermutlich Veras inneren Konflikt darstellen. Einerseits möchte Vera körperlichen Kontakt zu Helge aufnehmen, andererseits wehrt sie sich dagegen.

Mithilfe von Zitaten bekräftigst du deine Aussagen in der Textanalyse. Du kannst dabei die Textstelle unverändert übernehmen (wörtliches, direktes Zitieren) oder mit eigenen Worten formulieren (indirektes Zitieren).

12 **a.** In der Textanalyse einer Schülerin finden sich folgende Sätze.
Wandle das direkte Zitat in ein indirektes um und umgekehrt.

Die Beziehung von Vera und Helge ist alles andere als intakt: „Vera sieht Helge an. Der sitzt neben ihr und ist tausend Gedanken entfernt" (Z. 7 f.).

____

____

Da von Helge keine Reaktion kommt, gibt Vera auf und verlässt den Balkon (vgl. Z. 22).

____

____

b. Notiere dir zu den folgenden Aussagen passende Textstellen und verbinde Aussage und Zitat. Verwende direkte und indirekte Zitate. Schreibe in dein Heft.

- *Helge zeigt keine Reaktion.*
- *Vera ist sich über ihre Gefühle nicht im Klaren.*

Du fasst deine Untersuchungsergebnisse zur Kurzgeschichte in einer Textanalyse zusammen. Eine Gliederung vor dem Schreiben hilft dir, die Übersicht zu behalten.

13 Plane deine Textanalyse mithilfe einer tabellarischen Gliederung.
Übertrage die Tabelle in dein Heft und verwende deine Ergebnisse der Aufgaben 3 bis 11.

die Einleitung	*– der Titel: …* *– die Autorin: …* *– …*
der Hauptteil	*– der Inhalt der Kurzgeschichte: …* *– die Figuren und ihre Beziehung zueinander: …* *– die sprachlichen Mittel und ihre Wirkung: …* *– die Erzähltechnik: …* *– die Merkmale der Textsorte: …* *– die Deutung des Titels: …*
der Schluss	*– die abschließende Deutung: …* *– die eigenen Gedanken zur Kurzgeschichte: …*

14 Verfasse mithilfe deiner Gliederung eine vollständige Textanalyse zur Kurzgeschichte.
Dein Text sollte mindestens 300 Wörter umfassen.
- Schreibe sachlich und im Präsens.
- Füge nach jedem Abschnitt einen Absatz ein und achte auf geeignete Überleitungen.
- Belege deine Aussagen am Text. Achte auf eine Ausgewogenheit zwischen Textbelegen und Zitaten.
- Kennzeichne eigene Deutungen sprachlich.

15 Überarbeite deine Textanalyse mithilfe des Wissen kompakt auf der Seite 62.

Aus Liebe zur Lyrik – *Gedichte erschließen, zu Gedichten schreiben*

Um ein Gedicht zu verstehen, untersuche ich den Inhalt, die Form und die Sprache genauer. Ich kann meine Untersuchungsergebnisse dazu nutzen, zu einem Gedicht eigene Texte zu schreiben.

Ich untersuche den Inhalt.	– Worum geht es? – Gibt es einen Sprecher oder eine Sprecherin (ein lyrisches Ich)? – Welche Stimmung vermittelt das Gedicht?
Ich untersuche die Form des Gedichts.	– Hat das Gedicht eine besondere äußere Form? – Wie viele Strophen (Abschnitte) hat das Gedicht? – Aus wie vielen Versen (Zeilen) bestehen die Strophen? – Gibt es Verse oder Strophen, die sich wiederholen? – Welche Reimformen erkenne ich? – Welche Wirkung hat die Form auf mich?
Ich untersuche die Sprache des Gedichts.	– Gibt es auffällige Wörter oder Wortgruppen? – Gibt es Besonderheiten im Satzbau / bei der Zeichensetzung? – Welche sprachlichen Mittel erkenne ich? – Welche sprachlichen Bilder fallen auf? – Welche Wirkung hat die Sprache des Gedichts auf mich?

Info

Sprachliche Bilder sind Wörter oder Wortgruppen, die in einer übertragenen Bedeutung verwendet werden. So entstehen Bilder in der Fantasie der Leser.

Der Vergleich: Zwei verschiedene Dinge werden miteinander verknüpft, oft durch das Wort **wie**.	*schön wie eine Rose / so schaurig wie der Sturm*
Die Personifikation: Eine Sache, ein Tier oder eine Naturerscheinung wird als Person dargestellt, mit menschlichen Eigenschaften oder Fähigkeiten.	*ein Auge winkt / die Autos schreien*
Die Metapher: Ein(e) Wort(gruppe) wird aus dem Zusammenhang herausgenommen und auf etwas anderes übertragen.	*Der Nebel drückt die Dächer schwer. – Der Nebel ist sehr dicht.*

Willkommen Goodbye Seite 72
Nie mehr Seite 76
Willkommen und Abschied Seite 79

Willkommen Goodbye – ein Gedicht erschließen, zu einem Gedicht schreiben

Menschen verlieben sich, sind glücklich oder leiden an Liebeskummer, wenn sie verlassen werden. In dem folgenden Lied werden Gefühle in Worte gefasst, die wir selber kennen und die uns berühren.

1 a. Lies den Titel und sieh dir die Bilder an: Worum könnte es in dem Lied gehen? Schreibe deine Vermutung auf.

b. Lies den Liedtext im Ganzen.
Tipp: Du kannst dir das Lied auch anhören und dabei die Augen schließen.

Willkommen Goodbye (2021) *Joris*

Erinnerst du dich
An den Schlag ins Gesicht?
Als sie gesagt hat, dass sie dich gern mag
Doch du weißt, sie liebt dich nicht
Danach der Schmerz
Ein gebrochenes Herz
Was bleibt, ist Sehnsucht, so viel Wehmut
War es das wirklich wert?

Ungewisse Angst, die bleibt
Als könntst du nie mehr glücklich sein
Und was du willst, scheint meilenweit entfernt

Was, wenn das kein Ende ist?
Sag, wie viel Willkomm'n steckt in Goodbye?
Wisch die Trän'n aus dei'm Gesicht
Fühlt sich nicht so an, doch geht vorbei
Denn schon morgen ist heute vergang'n
Hinterm Ende fängt was Neues an, woah-oh-oh-oh
Augen voller Zuversicht, auch wenn alles grad verlor'n scheint
Sag, hörst du das Willkomm'n in Goodbye?

Goldne Zeit
Die dir der Rückspiegel zeigt
Paar Sommer später, du etwas älter
Und du fragst dich, was bleibt
Was läuft verkehrt?
Was mal leicht war, wird schwer

Hast, was du willst, nicht, was du brauchst
Fühlst dich irgendwie leer

Ungewisse Angst, die bleibt …

Refrain: Was, wenn das kein Ende ist? …

Wir können stolpern und fall'n, immer wieder von vorn
Solang wir aufsteh'n und renn'n, ist noch lang nichts verloren
Wir können stolpern und fall'n, immer wieder von vorn
Solang wir aufsteh'n und renn'n, ist noch lang nichts verloren
Wir können stolpern und fallen, immer wieder von vorn
Solang wir aufsteh'n weiß ich, dass das kein Ende ist

Du untersuchst den Liedtext genauer.

2 **a.** Wie könnte man die Gefühle des lyrischen Ichs in dem Liedtext beschreiben? Kreuze alle passenden Adjektive an.

☐ wütend ☐ traurig ☐ wehmütig ☐ gleichgültig
☐ glücklich ☐ zuversichtlich ☐ sehnsuchtsvoll ☐ beleidigt

b. Welche Stimmung wird im Liedtext zum Ausdruck gebracht? Kreise die Wörter oder Verse ein, die diese Stimmung zum Ausdruck bringen.

c. Beschreibe die Stimmung des Liedes in zwei Sätzen.

____

____

3 In dem Lied spricht das lyrische Ich mit einem „Du" und thematisiert das Ende einer Beziehung mit „ihr".

a. Wer könnte mit dem „Du" gemeint sein? Kreuze passende Antworten an.

☐ Das lyrische Ich spricht einen Freund an.
☐ Das lyrische Ich spricht in Gedanken mit sich selbst.
☐ Das lyrische Ich spricht seine Exfreundin an.
☐ Das lyrische Ich vermittelt seine Erfahrung und spricht alle Menschen an.

b. Wer könnte „sie" sein? Schreibe deine Vermutung in Stichworten auf.

____

____

____

c. Was könnte der Grund für das Ende der Beziehung sein? Lies die erste Strophe genau und nenne den Grund in eigenen Worten.

____

____

In dem Lied geht es um das Ende einer Liebe und den darauffolgenden Neubeginn.

4 Du findest in den Strophen des Liedes Wortfelder, die Gegensätze zu den Begriffen „Neuanfang“ und „Abschied“ aufzeigen.
a. Unterstreiche weitere Wörter/Verse, in denen ein Neuanfang beschrieben wird, grün.
b. Unterstreiche weitere Wörter/Verse, die Schmerz und Abschied beschreiben, rot.
c. Übertrage die folgende Mind-Map in dein Heft und vervollständige sie mit Wörtern aus dem Gedicht.
Tipp: Du kannst auch eigene Wörter zum Thema „Neuanfang“ ergänzen.

schon morgen ist heute vergang'n — *Neuanfang* — *Willkommen Goodbye* — *Abschied* — *sie liebt dich nicht*

Neben dem Liedtext findest du Bilder, die die Gefühle des lyrischen Ichs zum Ausdruck bringen.

5 a. Auf dem Bild auf der Seite 73 packt das lyrische Ich etwas in eine Kiste, um davon Abschied zu nehmen. Überlege dir, was alles in dieser Kiste sein könnte.

____

____

b. Schreibe zu einem Gegenstand in Stichworten auf, welche schmerzliche Erinnerung damit verbunden sein könnte.

____

____

Am Ende lässt das lyrische Ich die Kiste auf einem selbst gebauten Floß auf das offene Meer wegtreiben (vgl. das Bild auf der S. 74). Welche Gefühle hat das lyrische Ich in diesem Moment? Wähle Aufgabe 6 1 oder 6 2. Schreibe in dein Heft.

6 1 Das lyrische Ich schreibt am Abend in sein Tagebuch über den Moment, an dem er das Floß mit der Kiste wegtreiben sieht. Verfasse diesen Tagebucheintrag.

Liebes Tagebuch, heute habe ich endlich Abschied genommen …

6 2 Im Refrain heißt es „Hinterm Ende fängt was Neues an“.
Schreibe eine weitere Strophe zum Lied über den Neufang.
- Beziehe deine Mind-Map ein.
- Überlege dir, welche Wörter du für deine Strophe verwenden möchtest.
- Du kannst dich an die Form des Songs anlehnen.
- Du kannst auch folgende Wörter verwenden, mit diesen Wörtern spielen oder negative Wörter ins Positive verkehren.

aus schwer wird leicht | aus Sehnsucht wird Freiheit | ein Anfang allein | glücklich sein | Stolpern wird Rennen | Stärke erkennen | aus Wehmut wird Mut | neue Liebe | neu erleben

Nie mehr – ein Gedicht erschließen, zu einem Gedicht schreiben

In Gedichten geht es häufig um Gefühle, so auch in dem Gedicht Nie mehr der berühmten Dichterin Ulla Hahn.

1 Lies das Gedicht.

Nie mehr (1988) *Ulla Hahn*

Das hab ich nie mehr gewollt
um das Telefon streichen[1] am Fenster stehn
keinen Schritt aus dem Haus gehen Gespenster sehn
Das hab ich nie mehr gewollt

Das hab ich nie mehr gewollt
Briefe die triefen[2] schreiben zerreißen
mich linksseitig quälen[3] bis zu den Nägeln
Das hab ich nie mehr gewollt

Das hab ich nie mehr gewollt
Soll dich der Teufel holen.
Herbringen. Schnell.
Mehr hab ich das nie gewollt.

1 um etwas streichen = um etwas herumschleichen
2 triefen = hier: Briefe, in denen jemand nur von Gefühlen schreibt
3 mich linksseitig quälen = gemeint ist hier, an den Fingernägeln der linken Hand kauen

2 Schreibe deinen ersten Eindruck von dem Gedicht auf.
Wer könnte hier sprechen? In welcher Situation befindet sich das lyrische Ich?

____

____

Um das Gedicht zu verstehen, untersuchst du den Inhalt genauer.

3 Du untersuchst das Verhalten des lyrischen Ichs.

a. Unterstreiche in den Strophen 1 und 2 die Dinge, die das lyrische Ich tut.

b. Was könnte es meinen, wenn es davon spricht, Gespenster zu sehen?
Schreibe deine Vermutung auf:

____

____

c. Was könnte in den Briefen stehen, die es schreibt und dann doch nicht abschickt?
Schreibe auf, was du denkst.

____

____

4 Was ist mit dem lyrischen Ich los?

a. Suche dir eine Erklärung aus, die du für zutreffend hältst, und begründe deine Wahl.

- ☐ Das lyrische Ich wartet auf ein Paket, das es bestellt hat.
- ☐ Das lyrische Ich hofft, dass die Person, die es liebt, zu ihm kommt.
- ☐ Das lyrische Ich hat Freunde zum Essen eingeladen, die sich verspätet haben.

Begründung: ______________________________

____

b. Untersuche die Gefühle des lyrischen Ichs beim Warten genauer. Kreuze die Gefühle an, die du im Gedicht erkennst.

☐ Langeweile	☐ Liebeskummer	☐ Ungeduld	☐ Vorfreude
☐ Verzweiflung	☐ Sehnsucht	☐ Unruhe	☐ Frust

c. Schreibe auf, woran du sie erkennst. Ergänze die Sätze.

Ein Gefühl des lyrischen Ichs ist ______________________________

Das erkennt man daran, dass ______________________________

____

Ein weiteres Gefühl, das deutlich wird, ist ______________________________

____

Man erkennt das ______________________________

Außerdem ______________________________

____

5 Untersuche die Beziehung des lyrischen Ichs zum angesprochenen Du.

a. Fasse mit eigenen Worten zusammen, wie es dem lyrischen Ich zu Beginn geht.

____

____

____

____

____

____

b. Überlege, was passiert sein könnte und warum das Ich so etwas nie mehr gewollt hat. Ergänze deine Notizen.

c. Lies noch einmal die letzte Strophe. Arbeite heraus, in welchem Widerspruch sich das lyrische Ich befindet.

Untersuche die Form und Sprache des Gedichts.

6 Schreibe auf, woran du erkennst, dass es sich bei „Nie mehr" um ein Gedicht handelt.

____

____

7 Die Dichterin nutzt eine Redewendungen und Wörter aus der Alltagssprache.

a. Schreibe zwei bis drei Beispiele auf für Wendungen, die du selbst im Alltag gebrauchen würdest.

____

____

____

b. „Soll dich der Teufel holen" (V. 10), sagt das lyrische Ich in der letzten Strophe. Erkläre mit eigenen Worten, was es mit dieser Redensart ausdrückt.

____

____

____

8 In den ersten beiden Strophen verwendet die Dichterin kaum Satzzeichen, in der letzten dagegen setzt sie mehrere Punkte. Untersuche die Wirkung. Ordne passende Begriffe zu.

Wenn Sätze ohne Punkt und Komma gesprochen werden, wirkt das …

Wenn Sätze kurz und knapp sind, wirkt das …

aufgeregt
hektisch
entschlossen
bestimmt
atemlos
unruhig

Du verfasst nun zwei weitere Strophen, in denen du deine Gefühle und Gedanken ausdrückst, wenn du auf etwas wartest.

9 Verfasse zum Gedicht zwei weitere Strophen. Schreibe in dein Heft.

a. Überlege dir eine Situation, in der du vergeblich wartest.
Auf wen oder was wartest du? Welche Gefühle hast du dabei?

b. Überlege, was du in dieser Situation tust. Mache eine Liste von den Dingen, mit denen du dich beschäftigst, während du wartest.

c. Verfasse nun aus deinem Material zwei Strophen, die ebenfalls mit dem Vers „Das hab ich nie mehr gewollt" beginnen.

- Nutze dabei Wörter aus der Alltagssprache.
- Setze in den beiden Strophen Satzzeichen unterschiedlich, um die Aussage in den Strophen zu stützen.

Willkommen und Abschied – ein Gedicht erschließen, zu einem Gedicht schreiben

In dem Gedicht Willkommen und Abschied erlebt das lyrische Ich eine besondere Situation.

1 Lies dir das folgende Gedicht durch.

Willkommen und Abschied (1789) *Johann Wolfgang von Goethe*

Es schlug mein Herz, geschwind zu Pferde!
Es war getan, fast eh gedacht;
Der Abend wiegte schon die Erde,
Und an den Bergen hing die Nacht:
Schon stand im Nebelkleid die Eiche,
Ein aufgetürmter Riese, da,
Wo Finsternis aus dem Gesträuche
Mit hundert schwarzen Augen sah.

Der Mond von einem Wolkenhügel
Sah kläglich aus dem Duft hervor,
Die Winde schwangen leise Flügel,
Umsausten schauerlich mein Ohr;
Die Nacht schuf tausend Ungeheuer;
Doch frisch und fröhlich war mein Mut:
In meinen Adern welches Feuer!
In meinem Herzen welche Glut!

Dich sah ich, und die milde Freude
Floss von dem süßen Blick auf mich;
Ganz war mein Herz an deiner Seite
Und jeder Atemzug für dich.
Ein rosenfarbnes Frühlingswetter
Umgab das liebliche Gesicht,
Und Zärtlichkeit für mich – ihr Götter!
Ich hofft' es, ich verdient' es nicht!

Doch ach, schon mit der Morgensonne
Versengt der Abschied mir das Herz:
In deinen Küssen welche Wonne!
In deinem Auge welcher Schmerz!
Ich ging, du standst und sahst zur Erden,
Und sahst mir nach mit nassem Blick:
Und doch, welch Glück, geliebt zu werden!
Und lieben, Götter, welch ein Glück!

2 Schreibe zunächst in einem Satz deinen ersten Eindruck auf:
Worum geht es in „Willkommen und Abschied"?

____

____

Du untersuchst den Inhalt des Gedichts genauer.

3 Was macht das lyrische Ich?

a. Unterstreiche in den ersten beiden Strophen alle Wörter, mit denen das lyrische Ich …
- beschreibt, zu welcher Zeit es unterwegs ist,
- beschreibt, was es in seiner Umgebung wahrnimmt.

b. Fasse dann in zwei bis drei Sätzen zusammen, was das lyrische Ich unternimmt beziehungsweise erlebt.

____

____

____

____

____

4 Untersuche die Gefühle des lyrischen Ichs zum angesprochenen Du.

a. Unterstreiche in den beiden letzten Strophen alle Wörter, mit denen das lyrische Ich die Person beschreibt, die es trifft.

b. Fasse mit eigenen Worten zusammen, in welcher Beziehung die beiden zueinander stehen.

____

____

c. Was erfährst du über die Geliebte? Mit welchen Gefühlen empfängt sie ihn und wie verändert sich ihre Stimmung beim Abschied?
Ergänze die folgenden Satzanfänge in deinem Heft und belege mit passenden Textstellen.

Als sie ihn empfängt, …

Das erkennt man daran, …

Als er sie verlässt, …

Das wird daran deutlich, dass …

5 Wie werden die Atmosphäre und die Stimmung des lyrischen Ichs sprachlich ausgedrückt?

a. Trage treffende Adjektive in die Tabelle ein und schreibe passende Verse dazu.

	Die Atmosphäre …	**Die Stimmung des lyrischen Ichs …**
beim Ritt durch die Nacht: (Strophen 1 und 2)	*unheimlich,* ______ ______ passende Verse: ______	______ ______ passende Verse: ______
bei der Ankunft: (Strophe 3)	______ ______ passende Verse: ______	______ ______ passende Verse: ______
beim Abschied: (Strophe 4)	______ ______ passende Verse: ______	______ ______ passende Verse: ______

b. Beschreibe mit eigenen Worten, wie die Gefühle des lyrischen Ichs die Wahrnehmung seiner Umgebung beeinflussen. Arbeite mit Textbelegen.

____

____

____

____

Goethe verwendet in seinem Gedicht zahlreiche Bilder, um die Stimmung anschaulich zu machen.

6 In den Versen 5 und 6 wird die folgende Situation beschrieben: Es ist neblig. Das lyrische Ich kommt an einer Eiche vorbei.

a. Schreibe die sprachlichen Bilder in den beiden Versen heraus und bestimme sie.

b. Untersuche die Wirkung der sprachlichen Bilder in diesen Versen und notiere Stichworte.

7 In den Versen 7 und 8 wird die Finsternis beschrieben.

a. Untersuche, wie sie beschrieben wird, was sie tut und welche Wirkung das jeweils hat. Schreibe deine Beobachtungen auf.

b. Finde in Strophe 2 ein weiteres Beispiel einer Personifikation und beschreibe ihre Wirkung.

8 In Strophe 3 ändert sich die Stimmung. Finde auch dazu ein sprachliches Bild, mit dem diese neue Stimmung ausgedrückt wird. Notiere es und beschreibe die Wirkung.

Heute reiten wir nicht mehr bei Nacht durch einen Wald, wenn wir jemanden besuchen wollen. Die Gefühle, die Goethe in seinem Gedicht beschreibt, kennen wir aber noch gut. Finde eigene Bilder, um Gefühle zu beschreiben, und verfasse ein eigenes Gedicht.

9 Stelle dir eine Situation, wie sie in Willkommen und Abschied beschrieben ist, in der heutigen Zeit vor. Die Gefühle haben sich nicht geändert, aber die äußeren Bedingungen.

a. Überlege dir, was anders ist: Wo befinden sich das lyrische Ich und die andere Person? Wie sieht der Weg aus? Wie beschreibt das lyrische Ich diesen Weg, den Moment der Begegnung, die andere Person, den Abschied?

b. Schreibe die Erlebnisse aus der Sicht des lyrischen Ichs auf. Du kannst die Gedichtform verwenden oder die Form eines Tagebucheintrags.

c. Finde passende sprachliche Bilder (z. B. die Personifikation), um deine Gefühle auszudrücken.

Wortarten wiederholen: Pronomen und Präpositionen

Wissen kompakt

Mit **Personalpronomen** können wir **Nomen ersetzen.** Sie werden im Satz wie die Nomen dekliniert (gebeugt).

ich – du – er/sie/es – wir – ihr – sie
Philipp bekommt ein Mountainbike. Er freut sich. Es gefällt ihm.

Mit **Possessivpronomen** sagen wir, wem etwas gehört. Die **Endungen** der Possessivpronomen richten sich nach dem dazugehörigen **Nomen.**

mein/meine, dein/deine, sein/seine, ihr/ihre, unser/unsere, euer/eure, ihr/ihre
mein Mountainbike, unsere Tour

Mit **Demonstrativpronomen** weisen wir auf etwas hin und **betonen** dies. Sie können ein Nomen begleiten oder ersetzen.

diese – dieses – diese
Dieses Mountainbike gehört mir.

Mit **Anredepronomen** können wir Personen in der Du-Form (vertraulich) und in der Sie-Form (höflich) direkt ansprechen.

du/ihr/dein/dich/euer/euch
Sie/Ihnen/Ihr/Ihre/Ihren/Ihrem/Ihrer

Mithilfe von **Präpositionen** des Ortes können wir ausdrücken, **wo** sich etwas befindet (Dativ) oder **wohin** etwas kommt (Akkusativ). Präpositionen sind nicht veränderbar.

an, auf, unter, neben, in, hinter, vor, über, zwischen
Er springt über die Rampe.

Philipp meldet in einer offiziellen E-Mail einen Unfall mit dem Mountainbike.

An: UnfallversicherungHelp@example.org

Betreff: Unfall mit dem Mountainbike

Sehr geehrter Herr Neumann,
am Montag, dem 15.07.20.. hatte ich einen Unfall. Ich möchte Ihnen von diesem berichten: Meine Freunde und ich fuhren mit unseren Mountainbikes auf dem Flowtrail in Stromberg. Bei einem Gap (das ist eine Lücke im Gelände) auf der Abfahrt „Wild Hog Trail" fuhr ich über die erste Rampe und flog sehr hoch durch die Luft, aber bei der Landung auf der zweiten Rampe kippte ich über das Hinterrad nach hinten. Mein Bike und ich fielen von der Rampe. Ich segelte dann durch die Luft und landete auf meinem rechten Arm.
Meine Freunde leisteten sofort Erste Hilfe, aber ich konnte meinen rechten Arm nicht mehr bewegen und hatte große Schmerzen. Der herbeigeholte Rettungswagen brachte mich ins Krankenhaus. Dort wurde mein Arm geröntgt und eine Fraktur festgestellt.
Falls Sie noch ein ausgefülltes offizielles Formular für die Unfallmeldung benötigen, senden Sie mir dieses bitte zu. Für eine rasche Bearbeitung meines Falles bedanke ich mich bei Ihnen im Voraus.
Mit freundlichen Grüßen
Philipp Müller

1 a. Schreibe in deinem Heft einen Satz auf, wie es zu Philipps Unfall kam.
b. Markiere in deiner Antwort die Präpositionen.

Philipp verwendet in seinem Unfallbericht verschiedene Pronomen.

2 Kennzeichne die Pronomen und ihre Bezugswörter im Text.
a. Unterstreiche die Personalpronomen und die Nomen, die sie ersetzen, rot.
b. Unterstreiche die Possessivpronomen blau.
c. Unterstreiche die drei Anredepronomen grün.
d. Im Text stehen zwei Demonstrativpronomen. Schreibe sie mit dem zugehörigen Nomen auf.

____

Herr Neumann von der Versicherung antwortet Philipp in einer E-Mail.

3 Ergänze in der E-Mail die passenden Pronomen.

An: philipp.mueller@example.org

Betreff: Unfallbericht

Lieber Philipp,

vielen Dank für ______________ E-Mail vom 25.07.20..

Im Anhang sende ich ______________ das offizielle Formular, das ______________ bitte schnellstmöglich an ______________ komplett ausgefüllt und unterschrieben zurücksendest. Da ______________ noch nicht volljährig bist, muss es auch von ______________ Eltern unterschrieben werden.

Für weitere Fragen stehe ich ______________ natürlich zur Verfügung.

Mit freundlichen Grüßen

M. Neumann

4 Wo sind die Jungen noch gefahren? Bilde mit den folgenden Wortgruppen und den passenden Präpositionen sinnvolle Sätze. Schreibe in dein Heft. Du kannst folgende Satzanfänge nutzen.
Die Jungen fuhren … Sie flogen … Philipp machte Kunststücke … Er sprang …

Steine und Wurzeln | überrollbare Sprünge | nicht überrollbare Sprünge | Waldboden | Treppen | kleine Stufen | Rampe

Wortarten: Adverbien

Wissen kompakt

Mit **Adverbien** machen wir genauere Angaben, **wo** (Adverbien des Ortes), **wann** (Adverbien der Zeit), **wie** (Adverbien der Art und Weise) oder **warum** (Adverbien des Grundes) etwas geschieht. Sie **verändern ihre Form nicht.**

Wo? Woher? Wohin? hier, dort, geradeaus, hinten , dahin …
Wann? dann, jetzt, später, sofort …
Wie? sehr, gern, genauso …
Warum? darum, deshalb, daher …

In einem Reiseforum schreiben einige Jugendliche über ihre Reisen und Erfahrungen. Dabei ist es wichtig, anhand genauer Angaben zu informieren.

Ich reise am liebsten mit dem Fahrrad

Von einem Tag auf den anderen kann ich selbst entscheiden, ob die Reise südlich oder nördlich von meiner Heimatstadt starten soll. Ich mag es ganz und gar nicht, auf Züge oder Busse warten zu müssen, deshalb fahre ich lieber unabhängig los, wann es mir passt. Ich informiere mich zwar vorher gründlich, welche Route geeignet ist, entscheide aber häufig spontan, welchen Weg ich einschlage. Demzufolge ist es vorteilhaft, mit dem Fahrrad zu verreisen. Ich bin also ständig an der frischen Luft unterwegs. Es kostet nichts und es ist umweltfreundlich. Aber das Beste daran ist, ich erlebe täglich neue Abenteuer und bin meistens in der Natur. Auf dem Weg treffe ich oft viele nette Menschen. Auf meiner Reise durch Irland habe ich letztes Jahr meinen Freund kennengelernt. Er half mir sofort, meinen Platten zu flicken. Später haben wir unsere Tour gemeinsam fortgesetzt.

1 Lies den Blogeintrag. Finde im Text die Adverbien und markiere sie.

2 Sortiere die Adverbien in die Tabelle ein, je nachdem, ob sie beschreiben, wann, wo, wie oder warum etwas geschieht.

Adverbien der Zeit	Adverbien des Ortes	Adverbien der Art und Weise	Adverbien des Grundes

3 In den Sätzen fehlen noch die Adverbien.

a. Ergänze passende Adverbien.

Ich werde ______________ mit dem Rad nach Island fahren. Zuerst fahre

ich nach Dänemark. Von ______________ geht es weiter mit der Fähre.

Ich reise ______________ mit leichtem Gepäck. Ich möchte auch nicht immer

erreichbar sein. Mein Handy lasse ich ______________ ausgeschaltet.

b. Schreibe auf, welche Wirkung die Adverbien in den Sätzen haben.

____

____

4 Edgar möchte über die Erfahrungen auf seiner Radtour im Forum schreiben. Er hat sich Notizen gemacht. Formuliere seine Notizen durch genauere Angaben aus. Verwende dazu passende Adverbien.

12. Juli Abfahrt | von Bonn nach Trier | es regnet | Mittagspause alles klitschnass | mit anderen Radlern gequatscht | zusammen Lagerfeuer gemacht | Etappenziel nicht erreicht | Zelt aufgebaut | super Abend mit netten Leuten

____

____

____

____

____

____

5 Vielleicht hast du ähnliche Erfahrungen gemacht oder reist lieber auf eine andere Art. Schreibe einen kurzen Kommentar zu dem Blogeintrag. Achte auf genaue Angaben und verwende passende Adverbien.

____

____

____

____

____

____

____

Verben – Zeitformen unterscheiden

Wissen kompakt

Wir verwenden das **Präsens,** um zu sagen, was wir **jetzt** tun oder was wir **regelmäßig** tun.	*Wir gehen jetzt zum Bus.* *Wir fahren jeden Tag mit dem Bus.*
Wir verwenden das **Präteritum,** wenn wir über Vergangenes **schriftlich** berichten.	*Wir fuhren in die Berge.* *Der Ausblick war sensationell.*
Wir verwenden das **Perfekt,** wenn wir über Vergangenes **mündlich** erzählen.	*Wir haben ein Picknick gemacht.* *Wir sind mit dem Rad gefahren.*
Wir verwenden das **Plusquamperfekt,** wenn wir in der **Vergangenheit** ausdrücken wollen, dass etwas **zeitlich noch weiter zurückliegt.**	*Wir hatten unsere Route genau geplant, bevor wir losfuhren.*
Wir verwenden das **Futur I,** wenn wir ausdrücken wollen, was wir in der fernen **Zukunft** planen.	*Wir werden nächstes Jahr wieder in die Berge verreisen.*

Alyssa war auf Abschlussfahrt in Italien und hat einen Bericht für die Homepage ihrer Schule geschrieben.

Meine Abschlussfahrt nach Rimini

Im Mai 2021 fuhr ich mit meiner Klasse auf Abschlussfahrt nach Rimini. Bevor die Fahrt stattfand, hatte unsere Lehrerin sie mit uns zusammen geplant.

Früh morgens ging es los. Als wir am Hotel ankamen, bezogen wir unsere Zimmer. Anschließend erkundeten wir die Umgebung und aßen Mittag in einer Strandbar am Meer. Hier sahen wir das erste Mal das Meer.

Am nächsten Tag besichtigten wir Venedig. Die Lehrer hatten eine Führung gebucht, sodass wir in dieser spannenden Stadt viel sehen und lernen konnten.

Später am Abend waren wir in der Disco und tanzten bis in die Nacht.

Der Besuch eines Tierparks mit vielen verschiedenen Tieren stand am dritten Tag an. Besonders spannend war die Delfinshow, in der die Tiere viele Kunststücke zeigten.

Für den vorletzten Abend hatten die Lehrer eine Strandparty geplant. Animateure machten coole Strandspiele mit uns und es gab leckere Getränke.

Den Tag danach hatten wir zur freien Verfügung und verbrachten die Zeit am Strand, hörten Musik und fuhren mit den Tretbooten auf dem Meer.

Dann stand die Abreise bevor und wir alle waren sehr traurig, wieder nach Hause zu fahren.

Diese Klassenfahrt war ein einmaliges Erlebnis, das ich nie vergessen werde.

1 a. Unterstreiche die Verben im Text unterschiedlich für die jeweiligen Zeitformen.
b. Notiere, welche Zeitform im Bericht hauptsächlich verwendet wird.

c. Im Bericht ist ein Satz markiert. Erläutere, in welchem zeitlichen Verhältnis die beiden Handlungen zueinander stehen.

In dem Bericht verwendet Alyssa auch das Plusquamperfekt, um das Geschehen zeitlich einzuordnen.

2 Was hat Alyssa noch vor ihrer Abschlussfahrt getan? Schreibe drei weitere Sätze mit der Konjunktion bevor auf. Nutze dabei das Präteritum und das Plusquamperfekt. Unterstreiche die Verbformen.

Koffer packen | Sonnencreme einkaufen | die Reise ging los | den Impfpass kontrollieren | losfahren | von den Eltern verabschieden

Bevor wir dem Lehrer die Zimmereinteilung mitteilten, hatten wir uns untereinander abgesprochen.

Das Perfekt verwendet man, wenn man über Vergangenes mündlich erzählt. Alyssa ist wieder zu Hause und erzählt von ihrer Abschlussfahrt.

3 Was könnte Alyssa von ihrer Abschlussfahrt erzählen? Schreibe drei Sätze im Perfekt. Unterstreiche die Verbformen.

nachts mit meinen Freundinnen Chips essen | sehr auf diese Fahrt freuen | einige Andenken kaufen | viele Fotos machen | einen Sonnenbrand haben | sehr wenig schlafen | Jugendliche anderer Schulen kennenlernen

„Ich habe nachts mit meinen Freundinnen gequatscht. Ich bin glücklich, dass wir diese Fahrt gemacht haben. Alles ist so toll gewesen …

4 Was wird Alyssa nach der Klassenfahrt machen? Schreibe drei Sätze im Futur in dein Heft. Unterstreiche die Verbformen.

online ein Fotobuch erstellen und gestalten | meinen Freunden alles von der Fahrt erzählen | Andenken verschenken | Reisetasche auspacken | Wäsche waschen

Verben – Zeitformen unterscheiden

Wissen kompakt

Wir verwenden das **Präsens,** um zu sagen, was wir **jetzt** tun oder was wir **regelmäßig** tun.	*Tina kauft eine Eintrittskarte. Sie besucht regelmäßig Konzerte.*
Wir verwenden das **Präteritum,** wenn wir über Vergangenes **schriftlich** berichten.	*Die Show startete mit einem Knaller. Die Lichtshow war beeindruckend.*
Wir verwenden das **Perfekt,** wenn wir über Vergangenes **mündlich** erzählen.	*Wir haben viel getanzt. Dann bin ich nach Hause gegangen.*
Wir verwenden das **Plusquamperfekt,** wenn wir in der **Vergangenheit** ausdrücken wollen, dass etwas **zeitlich noch weiter zurückliegt.**	*Der Sänger trat der Band bei, nachdem er sein Studium beendet hatte.*
Wir verwenden das **Futur I,** wenn wir ausdrücken wollen, was wir in der fernen **Zukunft** planen.	*Nächstes Jahr wird ein neues Album erscheinen.*

Wenn man eigene Texte verfasst, nutzt man die verschiedenen Zeitformen, um das zeitliche Geschehen einzuordnen.

Das erste Treffen

Heute ist es endlich so weit. Tims Mutter und Sara, seine erste feste Freundin, werden sich gleich das erste Mal begegnen. Die Nervosität spürte er allerdings bereits vor einigen Tagen in seinem Magen. Wird seine Mutter Sara mögen? Tim hofft sehr darauf, dass sie ein gemeinsames Gesprächsthema finden werden und kein peinliches Schweigen am Tisch entstehen wird. Zum Glück gibt es eine Gemeinsamkeit: Beide mögen Berufe, bei denen der Kontakt zu anderen Menschen wichtig ist. Tims Mutter Lea arbeitet momentan im Supermarkt. Sie begann dort zu arbeiten, nachdem sich seine Eltern im Jahr zuvor getrennt hatten und sein Vater nach München gezogen war. Vor der Trennung half Lea in der Bäckerei aus, die der Vater einige Jahre zuvor mit einem Freund in Köln eröffnet hatte.
Sara wird zukünftig im Krankenhaus arbeiten, weil sie schon seit Längerem großes Interesse an Pflegeberufen hat. Dieses entstand, als ihr älterer Bruder durch eine Sportverletzung im Krankenhaus lag. Er hatte sich beim Basketballspiel eine komplizierte Knieverletzung zugezogen, sodass er anschließend ein paar Nächte im Krankenhaus verbrachte und Sara ihn häufig dort besuchte. Er erholte sich aber glücklicherweise und erlangte die volle Beweglichkeit zurück, nachdem er seine Reha beendet hatte.
Tim deckt gedankenversunken den Tisch. Den Lieblingskuchen seiner Mutter hatte er bereits am Vortag besorgt, bevor er für Sara Donuts kaufte. Dann klingelt es auch schon …

1 **a.** Unterstreiche die Verben im Text. Verwende jeweils eine Farbe für die verschiedenen Zeitformen.
b. Ergänze den Text um mindestens drei weitere Sätze. Verwende dabei unterschiedliche Zeitformen. Schreibe in dein Heft.

Auch in dem folgenden Ausschnitt aus einem Tagebuch werden verschiedene Zeitformen genutzt.

Liebes Tagebuch,
ich bin immer noch total begeistert und überwältigt. Das Einschlafen wird mir gleich sehr schwerfallen, denn ich fühle mich immer noch unfassbar aufgeregt und spüre noch so viel Energie in mir. Der Abend war grandios! Ich besuchte ein Konzert der *Dragons,* meiner absoluten Lieblingsband. Sie tourten bereits im letzten Jahr durch Deutschland, da konnte ich mir das Eintrittsticket aber nicht leisten, weil ich mir gerade ein neues Handy gekauft hatte. Doch bis der Verkauf dieser Tickets startete, hatte ich so viel Geld gespart, dass ich mir ein Ticket leisten konnte.

Ob ich so ein wahnsinnig tolles Konzert noch einmal besuchen werde?

2 **a.** Im Text ist ein Satz unterstrichen. Erläutere, welches zeitliche Verhältnis der Ereignisse in dem Satz zum Ausdruck kommt.

b. Ergänze den Tagebucheintrag um zwei weitere Sätze, die dieses zeitliche Verhältnis ebenfalls ausdrücken.

3 Verfasse einen Tagebucheintrag von Sara oder Tim nach dem Treffen mit Tims Mutter. Du kannst auch über ein eigenes Erlebnis schreiben.
a. Lege zunächst einen Schreibplan an, mit dem du deine Ideen und Überlegungen in eine zeitliche Reihenfolge bringen kannst.
Folgende Fragen helfen dir dabei:

- Was ist das Thema deines Tagebucheintrags?
- Was geschah?
- Was ist vorher passiert?
- Wie ist die jetzige Situation?
- Welche Gedanken könnten Sara/Tim jetzt durch den Kopf gehen?
- Was wird noch über einen längeren Zeitraum so bleiben?
- Was könnte oder was wird auf jeden Fall zukünftig geschehen?

b. Schmücke deinen Text lebendig aus und verwende anschauliche Adjektive.

Verben – der Konjunktiv I (indirekte Rede)

Wissen kompakt

Mit dem **Konjunktiv I** können wir wiedergeben, was jemand anderes gesagt hat (indirekte Rede). Auch mithilfe eines dass-Satzes können wir wiedergeben, was jemand anders gesagt hat.	*Sinje: „Ich bin mutig im Wald."* *Sinje sagt, sie sei mutig im Wald.* *Sinje sagt, dass sie mutig im Wald sei.*

Elly hat eine Inhaltsangabe der Kurzgeschichte Gruselige Nachtwanderung geschrieben. Du überarbeitest die Inhaltsangabe für Elly.

Die Kurzgeschichte „Gruselige Nachtwanderung" von Mika Kraus handelt von zwei Jugendlichen, Sinje und Jona, die im Winter ihre erste Nachtwanderung ohne Eltern machen. Sie haben eine Menge Spaß, als sie mit ihren Taschenlampen durch die Felder und den Wald spazieren, bis sie etwas hören und sich erschrecken.

„Ich höre ein komisches Geräusch", sagt Sinje und fragt, was das sei. „Ich weiß es nicht", antwortet Jona. „Das ist gruselig!", sagt Sinje, als die Geräusche lauter werden. Jona meint, dass er besser mal auf den Hochsitz klettere. Sinje macht es ihm nach. Als sie auf den Hochsitz klettern und oben sind, rennt unten eine Horde Wildschweine vorbei. Jona sagt, dass es ein Glück sei, dass ihnen nichts passiert sei. „Jetzt will ich zurück nach Hause gehen!", sagt Sinje.

Elly gibt indirekt wieder, was die Figuren in der Geschichte sagen.

1 Markiere die Sätze, die Elly indirekt wiedergibt.

2 Elly verwendet dass-Sätze, um wiederzugeben, was Jona sagt.
Schreibe die folgenden Aussagen von Jona in der indirekten Rede als dass-Satz auf.

Jona meint: „Sinje hat zu viel Angst!"

Jona meint, dass Sinje ______________________

Jona erklärt: „Es gibt eben Tiere im Wald."

Jona erklärt, ______________________

Jona ergänzt: „Im Wald ist es spannend."

____

3 Elly hat wörtliche Rede aus der Kurzgeschichte übernommen.
a. Unterstreiche die wörtliche Rede.
b. Markiere darin die Verben und die Personalpronomen.
c. Trage die Sprecherin / den Sprecher und die Wortpaare in die Tabelle ein und ergänze die passende Form im Konjunktiv I. Nutze auch die nebenstehenden Wortpaare.

er wisse | *sie wolle*

Sprecher/-in	Wörtliche Rede	Konjunktiv I
Sinje	*ich höre*	*sie*

4 Schreibe die Sätze der wörtlichen Rede in der indirekten Rede auf.

Sinje sagt, sie ______

______

______

______

5 Setze die folgenden Sätze aus dem Originaltext in die indirekte Rede.
a. Markiere die Verben und die Personalpronomen.
b. Schreibe die Sätze in der indirekten Rede auf.

Sinje sagt: „Ich habe Angst."

Sinje sagt, sie ______

Jona erwidert: „Ich bin tapfer."

______

Sinje meint: „Mir hat die Nachtwanderung trotzdem gut gefallen!"

______

Sinjes Mutter erwidert: „Ich bin froh, dass du wieder da bist."

______

Verben – der Konjunktiv I und II

Wissen kompakt

Mit dem **Konjunktiv I** können wir wiedergeben, was eine andere Person gesagt hat (indirekte Rede). Der Konjunktiv I wird durch den Stamm des Verbs (ohne -[e]n) und durch die Personalendung im Konjunktiv gebildet.	*Die Mutter sagt: „Elsa wünscht sich eine eigene Wohnung." Die Mutter sagt, Elsa wünsche sich eine eigene Wohnung.*
Ausnahme: Beim Hilfsverb „sein" wird in der ersten und dritten Person Singular kein „e" angehängt.	*Sie sagte: „Ich bin schon fertig." Sie sagte, sie sei schon fertig.*
Wir verwenden den **Konjunktiv II,** wenn wir etwas Unwahrscheinliches, Träume oder Wünsche ausdrücken wollen. Der Konjunktiv II wird in der Regel vom Indikativ Präteritum abgeleitet und mit der Personalendung im Konjunktiv gebildet.	*Die Mutter sagte: „Ich schrieb ihr einen Brief." Die Mutter sagte, sie schriebe ihr einen Brief.*
Bei **starken Verben** werden **a, o, u** im Wortstamm zu **ä, ö, ü.**	*Die Mutter sagte: „Ich war traurig." Die Mutter sagte, sie wäre traurig.*
Achtung: Sind der **Konjunktiv I und der Indikativ nicht zu unterscheiden,** verwendet man den **Konjunktiv II** oder die **würde-Umschreibung.**	*Sie denkt: „Ich ziehe bald aus". Sie denkt, sie ziehe bald aus. Sie denkt, sie würde bald ausziehen. (würde-Umschreibung)*

Paul schreibt eine Textanalyse zur Kurzgeschichte Augenblicke von Walter Helmut Fritz. Er möchte dabei die wörtliche Rede vermeiden.

Elsa möchte nicht mit ihrer Mutter zusammen im Badezimmer sein. Sie sagt: „Komm, ich mach dir Platz." (Zeile 12) Die Mutter möchte allerdings nicht, dass ihre Tochter wegen ihr das Badezimmer verlässt. Dennoch lässt sich Elsa nicht davon abbringen. Sie fügt hinzu: „Aber es ist doch so eng." (Zeile 14) Die Mutter hingegen möchte zeigen, dass sie die Tochter im Badezimmer eigentlich nicht stören wollte. Sie meint: „Du kannst weitermachen." (Zeilen 19 f.)

1 **a.** Markiere die konjugierten Verben in der wörtlichen Rede.

b. Ergänze den folgenden Satz:

Die Verben stehen im ______________________________.

c. Schreibe die drei Sätze mit wörtlicher Rede in indirekter Rede auf. Unterstreiche die Verben, die jetzt im Konjunktiv stehen. Achte darauf, die Personalpronomen zu ändern, wenn es nötig ist.

Elsa sagt, ______________________________

Sie fügt hinzu, ______________________________

Die Mutter meint, ______________________________

2 Im folgenden Beispiel unterscheiden sich Indikativ und Konjunktiv I nicht voneinander. Setze die indirekte Rede daher in den Konjunktiv II oder verwende die Umschreibung mit „würde".

Elsa sagt: „Ich fahre gleich in die Stadt."

Elsa sagt, ______________________________

Die Mutter antwortet: „Ich warte auf dich."

Die Mutter antwortet, ______________________________

Elsa entgegnet: „Ich komme wahrscheinlich erst sehr spät zurück."

Elsa entgegnet, ______________________________

In seiner Textanalyse möchte Paul auch über Elsas Wünsche schreiben. In der Kurzgeschichte findet er dazu mehrere Sätze mit der „würde"-Umschreibung. Paul möchte aber abwechslungsreicher formulieren.

3 Setze die folgenden Zitate aus der Kurzgeschichte in den Konjunktiv II.
a. Markiere die Umschreibung mit „würde".
b. Schreibe den Satz mit der Konjunktiv II-Form neu auf.

Sie würde erst spät zurückkehren.

____

Ihre Mutter würde zu Bett gegangen sein.

____

Sie würde ihr nicht mehr gute Nacht zu sagen brauchen.

____

____

Sie würde sich, gleich nach Weihnachten, eine Wohnung nehmen.

____

____

Satzglieder erkennen und umstellen

Wissen kompakt

Wir können die Satzglieder (oder Bausteine) eines Satzes mithilfe von Fragen erkennen:
Mit **Wer oder was?** fragen wir nach dem **Subjekt.**
Mit **Was tut?** oder **Was hat getan?** fragen wir nach dem Prädikat.
Mit **Wen oder was?** fragen wir nach dem **Akkusativ-Objekt.**
Mit **Wem?** fragen wir nach dem **Dativ-Objekt.**

Wer oder was spielt eine Rolle?
Der Schauspieler spielt eine Rolle.
Was tun Schauspieler?
Schauspieler spielen eine andere Person.
Wen oder was zeigen die Fernsehsendungen?
Die Fernsehsendungen zeigen erfundene Geschichten.
Wem spielen die Fernsehsendungen Geschichten aus dem Alltag vor?
Die Fernsehsendungen zeigen den Zuschauern erfundene Geschichten.

Die Wörter eines Satzgliedes können wir nur gemeinsam **umstellen.**

Der Schauspieler spielt eine Rolle.
Eine Rolle spielt der Schauspieler.

Wenn wir den Satz in **Felder** einteilen, erkennen wir, wo etwas im Satz steht. Dabei ist das **Prädikat** im Satz besonders wichtig. Manchmal bildet es eine **Klammer.**

Vorfeld	Klammer, Verb (linkes Verbf.)	Mittelfeld	Klammer, Verb (rechtes Verbf.)
Er	trägt	den Text	vor.

Paul schreibt einen informierenden Text über bestimmte Fernsehsendungen. Das Feldermodell hilft Paul, seinen Text abwechslungsreich zu gestalten.

Scripted-Reality-Sendungen

A Scripted-Reality-Sendungen täuschen die Dokumentation wahrer Ereignisse vor.
B Erfundene Geschichten erscheinen den Zuschauern als reale Ereignisse.
C Die Zuschauer sollen den realen Alltag der Menschen nachempfinden.
D Diese Sendungen zeigen unter anderem Gerichtsverhandlungen oder Reportagen über Polizeieinsätze.
E Sendungen wie zum Beispiel *Mitten im Leben* zeigen den scheinbaren Alltag von Freunden und Familien in Krisen, mit ihren Lügen und Betrügereien.
F Die Schauspieler spielen in Wirklichkeit alle Szenen nach einem Drehbuch (Script).

1 a. Übertrage die folgende Tabelle in dein Heft. Nimm die Seite quer.
b. Trage die Sätze in die Felder ein. Beginne mit dem finiten Verb.
c. Stelle vier Sätze um, indem du die Satzglieder vertauschst.
d. Markiere das Satzglied, das durch die Umstellung besonders betont wird.

Vorfeld	*linkes Verbfeld*	*Mittelfeld*	*rechtes Verbfeld*
Scripted-Reality-Sendungen	*täuschen*	*die Dokumentation wahrer Ereignisse*	*vor.*

2 Frage nach …
a. … dem Prädikat in jedem Satz. Markiere es.
b. … dem Subjekt in jedem Satz. Markiere es.
c. … dem Akkusativ-Objekt in den Sätzen A und D. Markiere es.
d. … dem Dativ-Objekt in Satz C. Markiere es.
e. Schreibe alle Fragen und Antworten in dein Heft.

Paul hat für den restlichen Text schon Stichpunkte notiert.

3 a. Verfasse aus den folgenden Stichworten (Satzgliedern) vollständige Sätze und schreibe sie auf. Überlege zunächst, welches Satzglied du besonders betonen möchtest. Stelle dieses Satzglied an den Anfang des Satzes.

A *Handkameras | die Darsteller | setzen ein*
B *den Eindruck | live dabei zu sein | das wackelige Bild | vermittelt*
C *viele Zuschauer | den erfundenen Inhalt der Sendung | erkennen nicht*
D *ergab | dies | eine Befragung aus dem Jahr 2011*
E *gibt | im Abspann | oft | es | den Hinweis „Alle handelnden Personen sind frei erfunden" | mittlerweile*

A ______________________________

B ______________________________

C ______________________________

D ______________________________

E ______________________________

b. Trage die Sätze in die Feldertabelle in deinem Heft ein.

Nebensätze als Satzglieder erkennen und unterscheiden

Wissen kompakt

In **Satzgefügen** können wir mit **Nebensätzen** auch das Subjekt oder das Objekts ausdrücken. In diesem Fall sprechen wir von **Subjekt-** bzw. **Objektsätzen.** Häufig werden sie mit der **Konjunktion dass** eingeleitet.

Mir gefällt, dass Solarschiffe umweltfreundlich fahren.
(Wer oder was gefällt mir? Subjektsatz)
Tarik weiß, dass Solarschiffe im Katamaran-Baustil entstehen.
(Wen oder was weiß Tarik? Objektsatz)

Andere Nebensätze können **die Rolle einer adverbialen Bestimmung** übernehmen. Mit ihnen können wir im Satz Zusatzinformationen liefern:

- zur **Zeit** (temporal),
- zum **Ort** (lokal),
- zum **Grund** (kausal),
- zur **Art und Weise** (modal).

Als das erste Raumschiff Touristen ins All brachte, ... (Zeit)
..., wohin die Reise gehen würde. (Ort)
Weil es Kritik an den Reisen gab, ... (Grund)
..., indem er den Plan konsequent verfolgte. (Art und Weise)

Tarik schreibt einen informierenden Text über Solarschiffe. Um seinen Text abwechslungsreich zu gestalten, verwendet er Subjekt- und Objektsätze.

Es ist erstaunlich dass die ersten Solarschiffe in Berlin und Brandenburg erst vor wenigen Jahren ihren Betrieb aufnahmen. Die Reederei sorgte dafür dass zunächst zwei Solarschiffe eingesetzt wurden. Bei der Planung ging man davon aus dass die Schiffe Platz für etwa 200 Passagiere bieten sollten. Den Touristen gefiel die Idee dass sie mit ihrem Ausflug der Umwelt nicht schadeten. Noch ist es allerdings Utopie dass alle Schiffe im Charter- und Linienverkehr so umweltfreundlich wie Solarschiffe sind.

1 a. Lies den Text.
b. Unterstreiche die Subjektsätze grün und die Objektsätze blau. Stelle jeweils die Fragen **Wer oder was?** bzw. **Wen oder was?**.
c. Setze die fehlenden Kommas.

2 Bilde einen Subjekt- oder einen Objektsatz mit **dass.** Notiere jeweils hinter dem Satzgefüge, ob es sich um einen Subjektsatz (S) oder einen Objektsatz (O) handelt.

A Der Lärmpegel ist sehr gering. | Es spricht außerdem für Solarschiffe.

____

B Es ist sicher. | Den Solarschiffen gehört die Zukunft.

____

C Viele halten es für wahrscheinlich. | Der Bau von Solarschiffen wird billiger.

____

Naomi verfasst einen informierenden Text über „Weltraumreisen".

A Als ich das erste Mal von Weltraumreisen hörte, konnte ich es gar nicht glauben, dass viele Menschen ihren Urlaub einmal im All verbringen möchten. **B** Sie wollen in den Weltraum fliegen, weil sie die Erde einmal von außen betrachten möchten. **C** Es wird einen Ansturm auf diese Reisen geben, wohin sie in Zukunft auch führen werden. **D** Auf der anderen Seite weisen viele Menschen auf die Probleme von Reisen ins All hin, indem sie auf den ökologischen Schaden aufmerksam machen.

3 **a.** Markiere im Text die Konjunktionen.
b. Vervollständige die Tabelle. Trage die Konjunktionen und die Buchstaben der Beispielsätze passend ein.
Tipp: Außer den Nebensätzen, die eine adverbiale Bestimmung ersetzen, findest du einen Objektsatz.

Nebensatz	Konjunktion	Beispielsatz (Buchstabe)
Zeit (Temporalsatz)	________	________
________	________	________
________	________	________
________	________	________

4 Bilde Satzgefüge mit unterschiedlichen Nebensätzen.
a. Verbinde jeweils die beiden Sätze zu einem sinnvollen Satzgefüge.
b. Unterstreiche die Nebensätze und markiere die Konjunktionen.

Die Touristen werden auf die Schwerelosigkeit vorbereitet. Sie absolvieren ein spezielles Höhentraining.

____

____

Die Reise in den Weltraum wird angetreten. Die Touristen werden über mögliche Maßnahmen im Notfall informiert.

____

____

Viele Menschen sehen den Weltraumtourismus kritisch. Sie finden die Lösung anderer Probleme wichtiger.

____

____

Satzreihen und Satzgefüge

Wissen kompakt

Satzreihen bestehen aus **Hauptsätzen.** Diese werden durch ein **Komma getrennt** und oft mit einer **Konjunktion (und, oder, denn, doch, aber** …) verbunden. Vor **und/oder** kann das Komma entfallen. Mit Satzreihen verdeutlichen wir die Zusammengehörigkeit der Sätze.

Ich möchte eine Ausbildung zur Drogistin machen, aber ich habe noch keinen Ausbildungsplatz gefunden.
Ich lese Stellenanzeigen und ich schreibe weitere Bewerbungen.

Satzgefüge bestehen aus **Hauptsatz** und **Nebensatz.** Der Nebensatz wird oft mit einer **Konjunktion (weil, wenn, damit, während** …) eingeleitet. Nebensätze können auch mit einem **Relativpronomen** (**der, das, die** und **die)** eingeleitet werden. Mit Satzgefügen können wir die Aussage des Hauptsatzes unterstreichen oder abschwächen.

Lena meint, dass Influencer/-in ein toller Beruf ist.
Ich versuche es, obwohl ich Angst habe.
Ich komme, wenn ich Zeit habe.

Freundschaften online oder offline? Anna und Tarik diskutieren dieses Thema und haben Argumente gesammelt. Sie nutzen dafür Satzreihen und Satzgefüge.

Anna meint, dass das Internet eine tolle Möglichkeit ist, um Freundschaften auch über weite Entfernungen zu pflegen. Man kann sich in Chats weiterhin austauschen, aber man kann leider keine Dinge mehr gemeinsam erleben. Anna findet auch, dass man immer vorsichtig im Kontakt mit Personen sein sollte, die man nur aus dem Internet kennt. Weil man nicht weiß, wer sich wirklich hinter einem Nutzernamen verbirgt, ist es wichtig, keine Fotos oder sensiblen Daten, wie zum Beispiel. Telefonnummern oder Adressen, zu veröffentlichen.

Anna bevorzugt daher Offline-Freundschaften. Sie kann sich auch nicht vorstellen, mit einer Online-Freundin über ihre Probleme zu sprechen, denn sie kennt diese ja nicht wirklich. Außerdem tut es gut, wenn man gemeinsam lachen oder sich umarmen kann, wenn es einem mal schlecht geht.

1 **a.** Lies den Text.
b. Kreise in den Sätzen die Konjunktion und das Komma ein.
c. Unterstreiche die Satzreihen grün und die Satzgefüge blau.

2 Wie findest du Online-Freundschaften? Schreibe deine Meinung und begründe sie mit einem Argument in Form eines Satzgefüges.

Ich bin für/gegen Online-Freundschaften,

Tarik hat eine andere Meinung und formuliert Argumente.

3 Bilde nach der Vorgabe in Klammern Satzreihen und Satzgefüge. Verbinde dazu die Sätze mit einer passenden Konjunktion. Setze die notwendigen Kommas.
Tipp: Achte auf die Verbstellung im Satz.

da | weil | dass
denn | aber | und

(Satzreihe) Ich habe viele Offline-Freundschaften. Ich spiele online in einer Gruppe Computerspiele.

(Satzgefüge) Ich kenne die anderen Spieler nicht persönlich. Es stört mich nicht.

(Satzgefüge) Ich finde Online-Freundschaften super. Man kann sich per Nachricht schnell und jederzeit austauschen.

(Satzreihe) Ich pflege Online-Freundschaften. Ich habe gleichzeitig auch reale Freunde.

(Satzreihe) Viele Leute sind in persönlichen Begegnungen eher schüchtern. Sie trauen sich nicht andere anzusprechen.

(Satzgefüge) Schreiben ist oft einfacher. Beim Schreiben hat man mehr Zeit, die richtigen Worte zu finden.

Relativsätze

Wissen kompakt

Mit **Relativsätzen** können wir ein vorangehendes Nomen näher beschreiben. Relativsätze haben die Funktion eines Attributs. Sie werden durch ein **Relativpronomen** eingeleitet und durch ein Komma vom Hauptsatz getrennt.	*der, die, das, welcher, welche, welches* *Influencer/-innen, die viele Likes erzielen, sehen eher die Vorteile ihres Jobs.*

Anna schreibt einen argumentativen Text über den „Traumberuf Influencer/-in". Einzelne Aspekte ihres Textes möchte sie möglichst anschaulich darstellen.

Viele junge Menschen machen sich von der Arbeit der Influencerin / des Influencers ein Bild das der Realität nicht standhält. Die Arbeitszeiten die an vielen Tagen acht Stunden überschreiten können nur vage im Voraus geplant werden. So ist es beispielsweise im Bereich Mode üblich, dass die Influencer/-innen bei vielen Modeschauen präsent sein müssen. Das ist ein enormer zeitlicher Aufwand das ein halbwegs normales Familienleben kaum zulässt. Sicherlich können Influencer/-innen die ihre Popularität ausnutzen viel Geld verdienen. Auf der anderen Seite muss man die Hass-Kommentare die einem im Netz begegnen auch verkraften können. So sollte man sich gut überlegen, wie man mit Kommentaren die einen persönlich angreifen umgeht.

1 a. Markiere die Nomen, auf die sich die Relativsätze beziehen, und unterstreiche die Relativsätze.
b. Setze die fehlenden Kommas.
c. Ein Relativpronomen wurde falsch eingesetzt. Markiere es und schreibe das Satzgefüge richtig auf.

____

2 Bilde mit den folgenden Sätzen Satzgefüge, indem du den jeweils zweiten Satz in einen Relativsatz umformulierst. Denke daran, die Kommas zu setzen.

Das Einkommen ist nicht bei allen Influencerinnen/Influencern ausreichend. Es kann auch jahreszeitlich schwanken.

____

____

Für viele ist das Posten zunächst nur ein Hobby. Es kann dann später zu einem richtigen Beruf werden.

____

____

Erfolgreiche Influencer/-innen können auch Unternehmer/-innen werden. Sie vermarkten dann eigene Produktlinien.

Sabrina startete mit einem Foodblog. Vegetarisches Essen war der Schwerpunkt dieses Blogs.

3 Bilde Satzgefüge, indem du das unterstrichene Attribut in den Sätzen zum Relativsatz umformulierst. Setze die Kommas, die den Relativsatz begrenzen.

A Influencer/-innen benötigen eine Gruppe von treuen und aktiven Followerinnen/Followern.

B Weil man im Netz auch mit Hass konfrontiert wird, sollte man über ein extrem gut funktionierendes Nervenkostüm verfügen.

C Selbst ein gut formulierter argumentativer Text sollte vor allem durch seine inhaltlichen Argumente überzeugen.

Das Relativpronomen „das“ und die untergeordnete Konjunktion „dass“ können leicht verwechselt werden.

4 Schreibe die folgenden Tipps in dein Heft und setze das oder dass richtig ein. Setze auch die fehlenden Kommas.

A Das Sanduhrprinzip ? beim Schreiben des argumentativen Textes hilfreich sein kann unterscheidet sich von anderen Möglichkeiten des Strukturierens.
B Besonders wichtig ist der Hinweis ? die einzelnen Argumente gut miteinander verknüpft werden müssen.
C Das Gegenargument ? zunächst einmal erläutert werden sollte muss danach entkräftet werden.
D Bei der Formulierung des Schlusssatzes ist es wichtig ? du deine Position noch einmal bekräftigst.

Komplexe Sätze umformulieren

Wissen kompakt

Manche Texte lassen sich schlecht lesen, wenn die Sätze aus mehreren aneinandergereihten **Satzreihen** und/oder **Satzgefügen** bestehen.
Um den **Text verständlicher** zu machen, können wir diese so genannten „Schachtelsätze" in kürzere Satzreihen und Satzgefüge auflösen.
Schachtelsätze sind Sätze mit mehreren ineinander verschachtelten Sätzen.

Ich möchte eine Ausbildung zur Drogistin machen, aber ich habe für Bewerbungen noch keine Zeit, da ich neben der Schule jobbe und dieser Nebenjob so viel Zeit kostet. (= Schachtelsatz) →
Ich möchte eine Ausbildung zur Drogistin machen. Ich habe noch keine Zeit für Bewerbungen, da ich neben der Schule jobbe. Dieser Nebenjob kostet viel Zeit. (= aufgelöster Satz)

Anne hat ein Bewerbungsschreiben für einen Ausbildungsplatz formuliert.

Sehr geehrte Damen und Herren,

auf der Ausbildungsmesse bin ich auf Ihren Betrieb aufmerksam geworden. Ich möchte mich hiermit um einen Ausbildungsplatz als Fachlageristin bei Ihnen bewerben.

Zurzeit besuche ich die 9. Klasse der Geschwister-Scholl-Schule und ich werde diese voraussichtlich im nächsten Jahr mit dem Mittleren Schulabschluss verlassen.

Durch mein Praktikum im Lager eines Pharmagroßhandels konnte ich bereits einen Einblick in die Aufgaben und Tätigkeiten einer Fachlageristin bekommen.

Dabei habe ich geholfen, gelieferte Waren zu überprüfen und Waren für die Auslieferung bereitzustellen, die ich dann am Computer dokumentiert habe, was ich gerne gemacht habe.

Im Umgang mit den Waren arbeitete ich sorgfältig. Das richtige Ausfüllen der Formulare bereitete mir ebenfalls keine Probleme. Im Praktikum wurde ich für meine Einsatzbereitschaft sowie meine gute und schnelle räumliche Orientierung im Lager gelobt.

Ich freue mich über eine Einladung zu einem persönlichen Gespräch.

Mit freundlichen Grüßen

Anne Berger

1 In Annes Bewerbungsschreiben ist ein Schachtelsatz markiert. Löse den Schachtelsatz auf, indem du kürzere Sätze bildest. Ergänze die Satzanfänge.

Dabei habe ich geholfen, ____________________

____

Am Computer habe ich ____________________

____

Ben hat ebenfalls angefangen, ein Bewerbungsschreiben zu verfassen. Er verwendet zu lange Sätze.

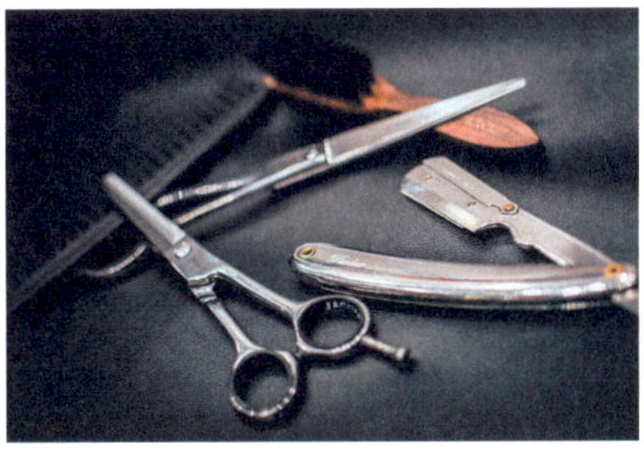

2 Formuliere für Ben kürzere und verständlichere Sätze in Form von Satzreihen und Satzgefügen.

Ich schaue gerne Videos mit Frisiertipps und style mich und meine Freunde danach oder bin selbst kreativ und gestalte eigene Frisuren, die ich dann auch gerne allen präsentiere.

Videos mit Frisiertipps schaue ich gerne

Ich bin auch selbst

Langes Stehen macht mir nichts aus, ich bin körperlich belastbar und auch geschickt im Umgang mit Werkzeugen, da ich in meiner Freizeit auch gerne noch Möbel baue.

Langes Stehen

weil

Im Umgang mit

Außerdem liebe ich es, mit Menschen zu reden, und berate diese gerne bei Haarschnitten, Farbe und Pflege und höre ihnen natürlich auch aufmerksam zu, dazu besitze ich eine gute Merkfähigkeit bei Gesichtern und Namen.

Außerdem liebe ich es,

3 Formuliere zu den folgenden Fragen eigene Sätze in deinem Heft. Achte darauf, unterschiedliche Satzanfänge zu wählen und verständlich zu schreiben.
- Welchen Berufswunsch hast du und welche deiner Stärken passen dazu?
- Welche Erfahrungen hast du bereits gesammelt?

Nominalstil und Verbalstil

Wissen kompakt

Von **Verbalstil** spricht man, wenn in einem Text Sachverhalte und Vorgänge mithilfe von **Verben** ausgedrückt werden. Wir verwenden den Verbalstil, um Texte **lebendiger** und **verständlicher** zu gestalten.

Wegen der Versorgung der Tiere hat sie wenig Freizeit. (= Nominalstil)
Weil sie die Tiere versorgt, hat sie wenig Freizeit. (= Verbalstil)

Von **Nominalstil** spricht man, wenn Sachverhalte/Vorgänge mithilfe von **Nomen** ausgedrückt werden. Wir verwenden den Nominalstil, um einen Sachverhalt möglichst **knapp** und **genau** zu beschreiben, z. B. in offiziellen E-Mails. Beim Nominalstil werden Verben und Adjektive als Nomen gebraucht.

eine Mappe führen – das Führen der Mappe
ein Projekt planen – die Planung eines Projekts

In informierenden Texten von Online-Anbietern findet man unterschiedliche Formulierungen.

Text A	Text B
Sorgfältiges Prüfen des Angebots ist in Ihrem Interesse. Durch Lesen der Geschäftsbedingungen erfahren Sie, welche Rechte Sie haben.	Es ist in Ihrem Interesse, dass Sie das Angebot sorgfältig prüfen. Wenn Sie die Geschäftsbedingungen lesen, erfahren Sie, welche Rechte Sie haben.

1 Trage ein, auf welchen Text die folgenden Aussagen zutreffen.
Tipp: Die Aussagen können sich auch auf beide Texte beziehen.

Die Sachverhalte werden mithilfe von Verben ausgedrückt. ____________

Die Sachverhalte werden mithilfe von Nomen ausgedrückt. ____________

Der Text enthält kurze und genaue Formulierungen. ____________

Es werden Vorgehensweisen oder Abläufe beschrieben. ____________

Der Text wirkt so, als würde es sich um eine Tatsache handeln. ____________

Beim Formulieren eines Betreffs, zum Beispiel für eine offizielle E-Mail, nutzt man häufig den Nominalstil.

2 Formuliere einen Betreff für die folgenden Aussagen. Verwende dafür Nomen wie im Beispiel.

ein Schulbuch bestellen | eine Zahlung bestätigen | eine Bestellung reklamieren | den Verlust einer Lieferung melden | um Erstattung der Kosten bitten

Bestellung eines Schulbuchs

In offiziellen Texten, zum Beispiel in Anschreiben, ist eine Mischung von Verbalstil und Nominalstil je nach persönlichem Anliegen und Sachverhalt sinnvoll.

3 Überarbeite die nominalisierten Sätze. Forme dafür die unterstrichenen Satzglieder in Nebensätze um.

Das von mir Reklamierte möchte ich gerne umtauschen. → Das, was ich reklamiert habe, …

A Das von mir Bestellte konnte nicht innerhalb einer Woche geliefert werden.

B Aufgrund der Verspätung kann ich die Ware nicht mehr nutzen.

Mia hat ein Halloweenkostüm verspätet erhalten und möchte es zurückgeben.

Betreff: Umtausch Halloweenkostüm

Sehr geehrte Damen und Herren,
die verspätete Lieferung meines Halloweenkostüms am 4.11.20.. veranlasst mich zur Rückgabe des in Ihrem Online-Shop bestellten reduzierten Produktes.
Ihre Zusage einer pünktlichen Zustellung bei Expresssendung mit einem Zuschlag von 12,95 Euro haben Sie nicht eingehalten. Aufgrund dieser Verspätung bitte ich Sie, meine zusätzlichen Kosten für den Versandzuschlag zurückzuerstatten. Zudem möchte ich nach der versäumten Halloweenparty auch das Kostüm zurückgeben. Die Rücküberweisung der vollständigen Summe soll sofort auf das von mir verwendete Konto veranlasst werden.
Mit freundlichen Grüßen
Mia Maurer

4 **a.** Unterstreiche in Mias Schreiben alle Formulierungen im Nominalstil.
b. Welche zwei Sätze klingen umständlich? Formuliere sie um.

c. Der letzte Satz klingt eher unpersönlich und unfreundlich. Formuliere ihn um.

Wörter verlängern und ableiten

Wissen kompakt

p oder **b**? **t** oder **d**? **k** oder **g**? Manchmal reichen das deutliche Sprechen und genaue Hinhören nicht aus. Dann kannst du das Wort verlängern. Bilde bei Nomen die Mehrzahl (den Plural). Finde bei Verben die Grundform (den Infinitiv). Verwende Adjektive in Wortgruppen.

p oder b? *gel? – das gelbe Auto*, also: *gelb*
t oder d? *der Aben? – die Abende*, also: *der Abend*
Gibt es keine Pluralform, suche ein verwandtes Wort.
k oder g? *er ma? dich – mögen*, also: *er mag dich*
Trenne Zusammensetzungen und verlängere die einzelnen Wörter.

In vielen Wörtern klingen **ä** und **e** ähnlich, **äu** und **eu** klingen gleich. Leite Wörter mit **ä** und **äu** von verwandten Wörtern mit **a** oder **au** ab.
ä oder e? – *die K?lte*, ein verwandtes Wort = ***kalt***, also: *die Kälte*
äu oder eu? – *aufr?men*, ein verwandtes Wort: *der Raum*, also: *aufräumen*

1 **a.** Markiere in den Wörtern jeweils die Stelle, an der man den Buchstaben verwechseln kann.

das Bild | klug | er blieb | der Sommerurlaub | sie schweigt | neugierig | entzückend | traurig | die Kostbarkeit | der Brand

b. Verlängere die Wörter und schreibe sie mit der Verlängerung auf.

das Bild – die Bilder;

Bubble-Fußball – Fußball trifft Rugby

Umhüllt in riesigen Luftbällen, | die man | um den Körper trägt, | geht es auf das Fußballfeld. | Schubsen, Rammen, Grätschen | – alles ist | auf den Plätzen erlaubt, | außer die Fäuste einzusetzen, | die bleiben im Luftball. | Entstanden ist | das auffällige Spiel | in Skandinavien. | Ziel des Spiels ist es, | den Ball ins gegnerische Tor | zu treffen. | Neben den sportlichen Fähigkeiten | steht bei dieser Sportart | der Spaß im Vordergrund.

2 **a.** Markiere in den Wörtern mit *ä* und *äu* jeweils die Stelle, an der man den Buchstaben verwechseln kann.
b. Leite deine markierten Wörter ab. Schreibe die Wörter auf und ergänze jeweils ein verwandtes Wort. Schreibe in dein Heft. Tipp: Nicht alle Wörter lassen sich ableiten!
trägt – tragen …
c. Welche zwei Wörter mit *ä* lassen sich nicht ableiten? Kreise sie im Text ein.

Wörter verlängern und ableiten

Wissen kompakt

p oder **b**? **t** oder **d**? **k** oder **g**? Manchmal reichen das deutliche Sprechen und genaue Hinhören nicht aus. Dann kannst du das Wort verlängern. Bilde bei Nomen die Mehrzahl (den Plural). Finde bei Verben die Grundform (den Infinitiv). Verwende Adjektive in Wortgruppen.

p oder b? *gel?* – *das gel**b**e Auto*, also: *gel**b***
t oder d? *der Aben?* – *die Aben**d**e*, also: *der Aben**d***
Gibt es keine Pluralform, suche ein verwandtes Wort.
k oder g? *er ma? dich* – *mö**g**en*, also: *er ma**g** dich*
Trenne Zusammensetzungen und verlängere die einzelnen Wörter.

In vielen Wörtern klingen **ä** und **e** ähnlich, **äu** und **eu** klingen gleich.
Leite Wörter mit **ä** und **äu** von verwandten Wörtern mit **a** oder **au** ab.
ä oder e? – *die K?lte*, ein verwandtes Wort = ***kalt***, also: *die K**ä**lte*
äu oder eu? – *aufr?men*, ein verwandtes Wort: *der R**au**m*, also: *aufr**äu**men*

Laufen in der Natur: Trail-Running

Mit Geschwindigkeit und Spaß geht's hier über Stock und Stein. Und dieser Trendsport funktioniert ohne viel Aufwant, man zieht einfach seine Sportschuhe an und kann loslaufen.
Wörtlich übersetzt bedeutet Trail so viel wie Spur oder Pfat – und die findet man eigentlich überall und oft schon in direkter Nehe. Beim Trail-Laufen geht es also in erster Linie um die Bewegung in der freien Natur und an der frischen Luft. Man bewegt sich wendik durch das Gelende. Der Untergrund wechselt dabei heufig, mal leuft man auf Steinen, mal auf Gras, mal über Wurzeln, mal den Berk rauf und mal runter, langweilig wird es hier ganz bestimmt nicht.

Achtung: Fehler!

1 **a.** Verlängern oder ableiten? Schreibe die im Text markierten und falsch geschriebenen Wörter richtig in die Tabelle.
b. Ergänze bei allen Wörtern das Verlängerungswort bzw. das abgeleitete Wort.

Verlängern	Ableiten

2 Wähle vier Wörter aus der Tabelle und formuliere je einen neuen sinnvollen Satz in deinem Heft.

Regelwissen anwenden: Großschreibung

Wissen kompakt

Nomen schreibst du **groß.** Mit diesen Tipps erkennst du sie:
- Prüfe, ob Personen, Lebewesen oder Gegenstände bezeichnet werden.
- Prüfe, ob das Wort von einem Artikel begleitet wird.
- Prüfe, ob das Wort von einem Adjektiv begleitet wird.
- Prüfe, ob das Wort die Nachsilbe **-ung**, **-heit**, **-keit**, **-tum**, **-nis**, **-schaft** hat.
- Prüfe, ob vor dem Wort eine Präposition steht.
- Prüfe, ob vor dem Wort ein Pronomen steht.

Ultimate: der Trendsport für alle Frisbee-Fans

(**1**) Ultimate-Frisbee ist | ein rasantes und sehr energisches Spiel, | das taktisches Verständnis | und großes Wurfgeschick voraussetzt. | Ziel des Spieles ist es, | durch Passspiel die Frisbee | in der gegnerischen Endzone | zu fangen und damit | einen Punkt für die Mannschaft | zu erzielen. Die Frisbee, | auch Flying Disc genannt, | besteht aus rundem, weißem Plastik | und misst | knapp 28 Zentimeter im Durchmesser.

1 **a.** Markiere alle Nomen im Text.
b. Unterstreiche alle Begleitwörter in unterschiedlichen Farben: Artikel, Adjektive, Präpositionen, Pronomen.
c. Unterstreiche die Nachsilben.
d. Wähle vier Nomen und bilde je einen neuen sinnvollen Satz.

(**2**) Ultimate-Frisbee kann in der sporthalle, am strand oder auf einer wiese gespielt werden. Das spiel wird mit zwei mannschaften, die aus drei bis sieben spielern bestehen, gespielt. Das spielfeld ist rechteckig mit je einer endzone. Ausdauer, sprintstärke, taktik und das gespür für den richtigen moment sind wichtige voraussetzungen. Ultimate-Frisbee ist ganz klar ein teamsport, die fairness steht im mittelpunkt. Fast in jeder stadt findet sich eine mannschaft, bei der man das spiel mit der plastikscheibe ausprobieren kann.

Achtung: Fehler!

2 Im zweiten Textabschnitt sind nur die Satzanfänge großgeschrieben.
a. Finde alle 23 Nomen und markiere sie.
b. Schreibe den Text fehlerfrei in dein Heft.

Regelwissen anwenden: Großschreibung

Wissen kompakt

Nomen schreibst du **groß.** Mit diesen Tipps erkennst du sie:
- Prüfe, ob Personen, Lebewesen oder Gegenstände bezeichnet werden.
- Prüfe, ob das Wort von einem Artikel und/oder einem Adjektiv begleitet wird.
- Prüfe, ob das Wort die Nachsilbe **-ung**, **-heit**, **-keit**, **-tum**, **-nis**, **-schaft** hat.
- Prüfe, ob vor dem Wort eine Präposition oder ein Pronomen steht.

Auch **nominalisierte Verben und Adjektive** schreibst du groß.
- Prüfe, ob vor dem Verb ein Artikel, eine Präposition oder ein Adjektiv steht.
- Prüfe, ob vor dem Adjektiv ein Artikel, eine Präposition (mit Artikel) oder eine Mengenangabe steht.

Slacklining: Akrobatik im Park

A Das wort slackline bedeutet übersetzt „schlaffes band". Im gegensatz zur hochseilakrobatik wird hier anstatt eines stahlseils ein elastisches band benutzt und zwischen zwei fixierungspunkten, zum beispiel zwei bäumen, gespannt. *(10)*

B Die slackline ist flach gewebt und hat eine breite zwischen 25 und 50 mm. Das balancieren ist der wohl wichtigste aspekt bei dieser trendsportart. Wer zum ersten mal auf einer gespannten slackline steht, merkt schnell, dass es eine ganz schön wackelige angelegenheit ist. Das anspruchsvolle dabei ist also, das gleichgewicht zu halten. Doch auch hier gilt: übung macht den meister. Mit geduld und ruhe haben auch anfänger sehr schnell erfolgserlebnisse und schaffen mühelos die ersten meter. *(17)*

Achtung: Fehler!

C Slacklining ist gesund für den körper. Das stärken der gesamten muskulatur, das vorbeugen unangenehmer rückenschmerzen und rechtzeitiges vermeiden unnötiger verletzungen stehen dabei im vordergrund. Die slackline ist wie ein transportables fitnessstudio und du kannst damit (fast) immer und (fast) überall trainieren. Probiere diesen spannenden trendsport doch einmal aus! *(12)*

1 Im Text sind nur die Satzanfänge großgeschrieben.
- **a.** Markiere im Text alle Nomen und Nominalisierungen.
  Tipp: Die Klammern geben dir einen Hinweis, wie viele Nomen bzw. Nominalisierungen du in den jeweiligen Textabschnitten findest.
- **b.** Unterstreiche auch alle Begleitwörter in unterschiedlichen Farben: Artikel, Adjektive, Präpositionen, Pronomen, Zahlwörter.
- **c.** Schreibe den Text fehlerfrei in dein Heft.

2
- **a.** Bilde Nominalisierungen aus folgenden Verben und Adjektiven.
- **b.** Schreibe mit den Nominalisierungen sinnvolle Sätze in dein Heft.

Verben: malen | würfeln; Adjektive: schlimm | gut

Regelwissen anwenden: Großschreibung

Wissen kompakt

Nomen schreibst du **groß.** Mit diesen Tipps erkennst du sie:
- Prüfe, ob Personen, Lebewesen oder Gegenstände bezeichnet werden.
- Prüfe, ob das Wort von einem Artikel und/oder einem Adjektiv begleitet wird.
- Prüfe, ob das Wort die Nachsilbe **-ung**, **-heit**, **-keit**, **-tum**, **-nis**, **-schaft** hat.
- Prüfe, ob vor dem Wort eine Präposition oder ein Pronomen steht.

Auch **nominalisierte Verben und Adjektive** schreibst du ebenfalls groß.
- Prüfe, ob vor dem Verb ein Artikel, eine Präposition oder ein Adjektiv steht.
- Prüfe, ob vor dem Adjektiv ein Artikel, eine Präposition (mit Artikel) oder eine Mengenangabe steht.

Roundnet – das trendspiel des sommers

Eine neue dynamische trendsportart erobert strände, parks und festivals – roundnet ist das neue spiel für die gute laune. Zentraler gegenstand des spiels um 360 grad ist ein kleines trampolin, das sogenannte roundnet. Vorteilhaft sind das leichte transportieren des runden netzes mit drei bällen sowie das schnelle auf- und abbauen. Durch lockeres oder straffes spannen des netzes lässt sich der schwierigkeitsgrad verändern.

Beim roundnet stehen zwei teams mit jeweils zwei spielern um das trampolin herum. Die spielidee ist einfach: Die teams versuchen, den ball so auf das netz zu schlagen, dass das gegnerische team ihn nicht erreichen kann. Der spielball muss dabei von den beiden mannschaften abwechselnd darauf- bzw. zurückgeschmettert werden. Pro spielzug ist das berühren des balles höchstens dreimal erlaubt – dabei ist das einsetzen aller körperteile möglich. Kann das gegnerische team den ball nicht annehmen, bekommt das team einen punkt. Hat ein team einen punkt erzielt, hat das team weiterhin die angabe. Nach jedem punkt werden die positionen am netz getauscht. Das behindern gegnerischer mitspielerinnen und mitspieler ist nicht verboten.

Bei dieser sportart werden vor allem die koordination von hand und auge sowie die schnelligkeit trainiert. Dabei stehen klar der spaß und das gruppenerlebnis im vordergrund.

Achtung: Fehler!

1 Im Text sind nur die Satzanfänge großgeschrieben.
- **a.** Markiere im Text alle Nomen und Nominalisierungen.
- **b.** Unterstreiche alle Begleitwörter in unterschiedlichen Farben.
- **c.** Schreibe den Text in der richtigen Groß- und Kleinschreibung in dein Heft.

Beim (a/A)__ussuchen eines neuen Roundnet-Spielnetzes sollte das leichte (t/T) __ransportieren beachtet werden. Es ist auch wichtig, dass das (s/S)__traffen des Netzes mit festen Gummiringen möglich ist, damit es nicht so (s/S)__chnell reißt. Für Spiele im (d/D)__unklen gibt es mittlerweile sogar (b/B) __eleuchtete Netze zu (k/K)__aufen.

Achtung: Fehler!

2 Prüfe, ob die Wörter im Textabschnitt groß- oder klein geschrieben werden müssen. Trage die richtige Schreibweise ein und markiere jeweils das Signalwort der Nominalisierungen.

Den Rechtschreib-Check anwenden: Schreibentscheidungen treffen und begründen

Der Rechtschreib-Check hilft dir nach dem Schreiben, deine Texte zu korrigieren. Beim Schreiben hilft dir der Rechtschreib-Check, dich begründet für die richtige Schreibung zu entscheiden und Fehler zu vermeiden. Du findest den Rechtschreibcheck auf der Innenseite dieses Heftes.

1 Entscheide mithilfe des Rechtschreib-Checks über die Schreibung der hervorgehobenen Wörter. Streiche die falsche Schreibweise durch.

Kite-Landboarding

Kein Wasser in der Nähe/Nehe? Kitesport geht nun auch an Land/Lant. Kite-Landboarding ist eine Extremsportart und eine Kombination aus Kitesurfen und Skateboarden. Gefahren wird mit einem übergrosen/übergroßen Skateboard, auch Allterrainboard genannt. Die großen, luftgefüllten Räder/Reder ermöglichen auch ein fahren/Fahren auf einer Wiese oder auf Schotter. Die Füße werden in einer Bindung festgeschnallt. Außer dem Brett benötikt/benötigt man eine Lenkmatte/lenkmatte.

Achtung: Fehler!

Mit dieser Ausrüstung sind Tempo, Spaß und Abeneuer/Abenteuer garantiert. Bei starkem Wind sind auch Tricks und Freestyle-Sprünge möglich. Erfunden wurde Kite-Landboarding Anfang der 2000er-Jahre in England. Seit vielen Jahren ist nun das Kite-Landboarding auch in Deutschland eine Trendsportart. In vielen deutschen Stedten/Städten gibt es mittlerweile zahlreiche kurse/Kurse. Hier kannst du dir die Ausrüstung ausleihen und erste Fahrtechniken erlernen.

2 Begründe die Schreibung der hervorgehobenen Wörter mithilfe des Rechtschreib-Checks. Sortiere sie den Checkpunkten zu.

Checkpunkt 1 (Sprechen – hören – gliedern): ______

Checkpunkt 2 (Wörter verlängern): ______

Checkpunkt 3 (Wörter ableiten): ______

Checkpunkt 4 (Wortfamilien richtig schreiben): ______

Checkpunkt 5 (Regelwissen anwenden): ______

Den Rechtschreib-Check anwenden: Schreibentscheidungen treffen und begründen

Der Rechtschreib-Check hilft dir nach dem Schreiben, deine Texte zu korrigieren. Beim Schreiben hilft dir der Rechtschreib-Check, dich begründet für die richtige Schreibung zu entscheiden und Fehler zu vermeiden. Du findest den Rechtschreibcheck auf der Innenseite dieses Heftes.

Parkour – der Trendsport der Straße

Der Ursprung des Parkour-Sports liegt in der Methode Naturelle, einem Trainingsprogramm, das der Franzose Georges Hébert Anfang des 20. Jahrhunderts entwickelte. Hierbei werden alle Bewegungsabläufe vereint, die ein Mensch ohne Hilfsmittel ausführen kann: Gehen, Laufen, Springen, Balancieren oder Klettern. Über Mauern springen, an Hauswänden klettern und Handstand-Überschlag über einen Zaun – unabhängig von der Architektur bahnen sich Parkourläufer auf ganz eigene Weise ihren Weg durch die Stadt oder die Landschaft. Parkour trainiert dabei sowohl die Kondition als auch die Koordination. Der Sport erfordert Mut und Vertrauen. Das Überwinden von Hindernissen fördert Selbstvertrauen, Kreativität, Konzentration und Durchhaltevermögen. In zahlreichen Städten gibt es mittlerweile Kursangebote, in denen man Grundtechniken erlernen kann. „Geübt wird immer an öffentlichen Orten, meist irgendwo in der Stadt oder in der freien Natur, damit viele verschiedene Bewegungsmöglichkeiten vorhanden sind", erklärt Luca, Parkourtrainer aus Freiburg, „Einsteigen kann man eigentlich in jedem Alter, eine gewissen Grundfitness und Spaß an der Bewegung sollte vorhanden sein", so Luca weiter.

Achtung: Fehler!

1 Begründe die Schreibung der hervorgehobenen Wörter mithilfe des Rechtschreib-Checks. Sortiere sie den Checkpunkten zu. Schreibe in dein Heft. Tipp: Bei einigen Wörtern kann es mehrere Möglichkeiten geben.

Eine weitere Outdoor-Trendsportart ist das Speed Hiking. Speed Hiking, das ist eine Art „?urbowandern" im Gel?nde. Im ?egensatz zum Trailrunning ist von der kurzen Etappe bis hin zur ausgedehnten Mehrtagestour im Hochgebirge mit aben?licher Hüttenübernachtung jede Etappenl?nge möglich. Der Speedhike ist zwar eine Wanderung mit angezogenem Tempo, lädt aber gleichzeiti? auch zum ?erweilen in der Natur ein.

Achtung: Fehler!

2 **a.** Schreibe den Abschnitt zum Speed Hiking fehlerfrei in dein Heft.
b. Begründe deine Schreibungen mithilfe des Rechtschreib-Checks.

Den Rechtschreib-Check anwenden: Schreibentscheidungen treffen und begründen

Der Rechtschreib-Check hilft dir nach dem Schreiben, deine Texte zu korrigieren. Beim Schreiben hilft dir der Rechtschreib-Check, dich begründet für die richtige Schreibung zu entscheiden und Fehler zu vermeiden. Du findest den Rechtschreib-Check auf der Innenseite dieses Heftes.

Discgolf – ein Sport für jedermann

Bewegung in der freien Natur, **Spielspaß** und das soziale Miteinander machen diesen Sport zu einem schönen Erlebnis für Jung und Alt. Fairness, Respekt, ein höflicher Umgang miteinander und gegenseitige Unterstützung sind bei diesem Sport besonders wichtig. Discgolf ist eine Mischung aus **Golf** und Frisbee. Ziel des Spiels ist es, mit möglichst wenigen Würfen eine Disc (Frisbee) vom Abwurfpunkt in einen **Fangkorb** aus Metall zu werfen. Nach dem **Abwurf** wird stets von dem Punkt aus weitergespielt, an dem die Disc zuletzt gelandet ist. Ähnlich wie beim Minigolf gewinnt derjenige, der die wenigsten **Würfe** benötigt. Die einzelnen Bahnen des Parcours sind **häufig** zwischen 50 und 150 Meter **lang**. Die Schwierigkeit ergibt sich aber nicht nur aus der **Länge**, sondern auch durch Hindernisse auf dem Gelände, die umspielt werden müssen, zum Beispiel Bäume oder die Topografie. Die Discs sind aerodynamische Wurfscheiben aus Kunststoff. Sie haben einen Durchmesser von etwa 22 Zentimetern und wiegen zwischen 130 und 200 Gramm. Für diese **Sportart** benötigt man nur wenig **Material**. Eine **Grundausstattung** mit drei bis vier Frisbees ist bereits für 25 bis 30 Euro zu haben.

In vielen deutschen Parkanlagen und Landschaftsgebieten gibt es mittlerweile fest installierte Discgolf-Parcours. Da sich diese der Natur und dem **Gelände** anpassen und nahezu keine Eingriffe in die **Landschaft** nötig sind, werden höchste Ansprüche an **Landschaftsschutz** erfüllt und ein schonender **Umgang** mit der Natur gewährleistet.

[1] Topografie = Erdoberfläche, Gelände; hier: zum Beispiel kleinere Hügel

1 Begründe die Schreibung der hervorgehobenen Wörter mithilfe des Rechtschreib-Checks. Sortiere sie den Checkpunkten zu. Schreibe in dein Heft.
Tipp: Bei einigen Wörtern kann es mehrere Möglichkeiten geben.

Achtung: Fehler!

Auch Crossboccia ist eine neue Trendsportart und ermöglicht ein kreatives spielen in der freien Natur. Das Spielfelt ist dabei nicht festgelegt. Gespielt wird mit Softbällen, die mit kleinteiligem granulat gefüllt sind und aus zwei stabilen Stoffschichten bestehen. Doch wie funktioniert das Crossboccia? Wie beim normalen Bocciaspiel erhelt jeder Spieler drei Bälle. Nach dem werfen des kleinen Zielballs versuchen alle Spieler der Reihe nach, mit ihren Crossboccia-Bällen so nah wie möglich an den Marker heranzukommen. Wichtig: Der Apwurf erfolgt immer vom gleichen Punkt aus. Ein Punkt erzielt der Spieler, dessen Ball näher zum Marker als alle anderen liegt. Probiert verschiedene varianten aus und ihr werdet das Spiel liebenlernen: Ihr könnt zum Beispiel festlegen, dass die Bälle mit geschlossenen Augen oder rückwärts durch die Beine geworfen werden müssen.

Achtung: Fehler!

2 Finde im Abschnitt zum Crossboccia alle acht Fehler und korrigiere die Wörter in deinem Heft. Begründe deine Schreibung mithilfe des Rechtschreib-Checks.

Verben großschreiben (nominalisieren)

Wissen kompakt

Verben, die zu Nomen werden (nominalisierte Verben), erkennst du an ihren **Signalwörtern:**
Artikel: ***das*** *Spielen* – ***ein*** *Stöhnen*
Präpositionen: ***durch*** *Laufen*
Artikel + Präposition: ***beim*** *(bei dem) Fahren*; ***zum*** *(zu dem) Arbeiten*; ***vom*** *(von dem) Sitzen*

Reisen in der Zukunft – autonome Autos

Eine moderne Gesellschaft | ist mobil. | Dabei geht es auch immer | um Geschwindigkeit. | Wie kommt man | am schnellsten | und am günstigsten | ans Ziel? | Durch Reisen mit Pkws | erreichen viele Familien | ihren Urlaubsort. | Doch gerade zu Ferienzeiten | wird es auf den Straßen | immer enger | und das Fahren immer nerviger. | Autofahrer verbringen | viele Stunden im Stau. | Beim Nachdenken | über dieses Problem | kamen Ingenieure | auf die Idee, | autonome, | also selbstfahrende Autos, | zu entwickeln. | Die Vorteile sind klar: | Zum Telefonieren hat man jetzt | die Hände frei, | das Suchen | nach der schnellsten Strecke | übernimmt der Computer | und viele Staus | werden vermieden. | Allerdings ist die Entwicklung | autonomer Autos | nicht abgeschlossen, | weil es viele Fragen | zu klären gibt. | Daher brauchen wir noch | einige Jahre Geduld.

1 **a.** Markiere die fünf im Text nominalisierten Verben mit den Signalwörtern.
b. Schreibe die nominalisierten Verben mit den Signalwörtern auf.

2 **a.** Bilde mit folgenden Verben Nomen. Verwende dabei die Signalwörter das, durch, beim, zum.
b. Schreibe mit jedem nominalisierten Verb einen Satz auf.

fliegen | überlegen | zelten | übernachten

3 Schreibe den Text Reisen in der Zukunft – autonome Autos ab. Schreibe in dein Heft.

Nominalisierung von Verben und Adjektiven

Wissen kompakt

> **Verben** und **Adjektive** kannst du **nominalisieren.** Diese Signalwörter helfen dir:
> Bei Verben: **Artikel** (***das*** *Spielen*); **Präpositionen (mit Artikel)** (***beim*** *Fahren*); **Adjektive** (***langes*** *Suchen*).
> Bei Adjektiven: **Artikel** (***das*** *Schöne*); **Präpositionen** (mit Artikel) (***im*** *Grünen*); **Mengenangaben** (***nichts*** *Neues*).

Reisen in der Zukunft – Drohnentaxis

Bei der Entwicklung alternativer Fortbewegungsmittel gibt es etwas Neues. Autonome Drohnentaxis sollen Menschen schnell ans Ziel bringen, weil das Fliegen über Staus, Baustellen und rote Ampeln viel Zeit erspart. Während man beim Autofahren jede Menge Zeit verliert, gibt es zu den Drohnentaxis viel Erfreuliches zu berichten: Sie stoßen kein CO_2 aus, da sie elektrisch betrieben werden. Bei ihnen gibt es daher kein lautes Brummen. Das Gute an den Drohnen ist auch, dass sie senkrecht starten und landen können und deshalb keine Landebahn brauchen. So sollen möglichst rasch die verstopften Straßen entlastet werden, hoffen im Stillen alle.

1 Markiere im Text die nominalisierten Verben blau und die nominalisierten Adjektive rot. Markiere auch jeweils die Signalwörter.

2 Ordne die nominalisierten Verben und Adjektive in die Tabelle ein.

Artikel	Präpositionen (mit Artikel)	Adjektive	Mengenangaben

3 Schreibe mit je einem nominalisierten Verb und Adjektiv einen Satz auf.

4 Schreibe den Text Reisen in der Zukunft – Drohnentaxis ab. Schreibe in dein Heft.

Nominalisierung

Wissen kompakt

Verben und **Adjektive** kannst du **nominalisieren.** Diese Signalwörter helfen dir:
Bei Verben: **Artikel, Präpositionen, Adjektive, Possessivpronomen.**
Bei Adjektiven: **Artikel, Präpositionen, Mengenangaben.**
Auch andere Wortarten können nominalisiert werden.

Reisen in der Zukunft – Hyperloop

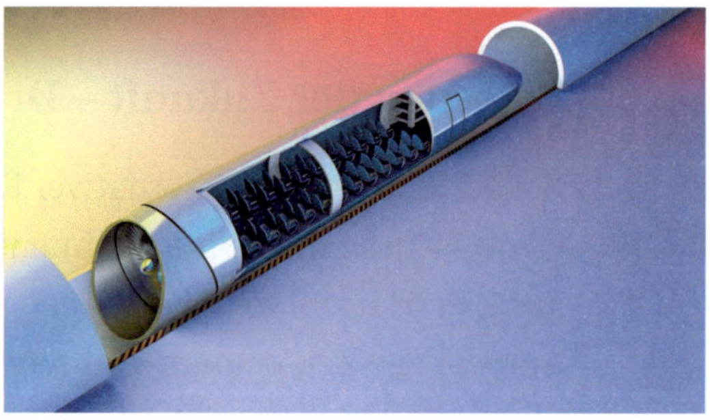

Beim Nachdenken über zukünftige Reisemöglichkeiten ist ein neues Verkehrssmittel in der Planung, der Hyperloop. Darunter versteht man eine Röhre, in der sich Kapseln mit Passagieren fortbewegen können. Das geschieht mithilfe von Magneten. Dabei soll eine Geschwindigkeit von über 1.000 km/h erreicht werden können. So etwas Schnelles ersetzt natürlich viele Kurzflüge und schont die Umwelt, denn das Reisen funktioniert elektrisch, mit hoffentlich grünem Strom. Fachleute arbeiten im Stillen schon lange an der Technik, denn sie wissen, dass flüchtiges Planen das Projekt gefährdet. Aber die Frage, ob das bislang Unmögliche sich durchsetzen kann oder die Entwicklung vor dem Aus steht, werden nur die Forschenden beantworten können. Ihr Forschen ist die Grundlage allen Fortschritts.

1 Markiere im Text die nominalisierten Verben blau und die nominalisierten Adjektive rot. Markiere auch jeweils die Signalwörter.

2 **a.** Trage die nominalisierten Verben und Adjektive aus dem Text in die Tabelle ein.
b. Finde für jede Spalte zwei weitere Beispiele und trage sie ebenfalls ein.

Artikel	Präposition (mit Artikel)	Adjektiv	Possessiv-pronomen	Mengenangabe

3 Markiere im Text die nominalisierte Präposition und das nominalisierte Partizip gelb. Trage beide nominalisierten Wörter ebenfalls in die richtige Spalte der Tabelle ein.

Fachbegriffe und Fremdwörter

Wissen kompakt

In vielen Schreiben musst du **Fachwörter** und/oder **Fremdwörter** verwenden. Wenn du dich zum Beispiel über eine fehlerhafte Lieferung beschweren möchtest, musst du die **Bedeutungen** der **Fach-** und **Fremdwörter** kennen.

Julius hat sein Moped in einer Werkstatt reparieren lassen und ist unzufrieden.

Reklamation

Sehr geehrte Damen und Herren, | am 10. dieses Monats | gab ich mein Moped | zur **Reparatur** | in Ihrer Werkstatt ab. | Von dem Ergebnis | bin ich enttäuscht: | Der Rahmen | hat noch Roststellen, | die Reifen haben kein **Profil**, | der Tank ist | immer noch verbeult, | die Gussteile | sind teilweise verschmutzt | und wurden nicht poliert. | Die **Revision** wurde | unvollständig durchgeführt: | Lager und Dichtungen | wurden nur teilweise erneuert, | der Vergaser ist **defekt**. | Trotz der aufgeführten Mängel | schickten Sie mir | eine Rechnung | über eine komplette **Restauration**. | Teilen Sie mir | bis zum 25. dieses Monats mit, | wann Sie die restlichen Arbeiten | durchführen werden | oder um wie viel | Sie die Rechnung **reduzieren**.

Mit freundlichen Grüßen

1 **a.** Schreibe die Fachbegriffe, die im Text markiert sind, untereinander auf.
b. Schreibe die passende Bedeutung daneben.

verringern | die Ausbesserung, die Aufarbeitung | die Überprüfung | nicht in Ordnung sein | mit Kerben versehene Oberfläche | die Ausbesserung

die Reklamation = Beschwerde, z. B. weil etwas nicht richtig repariert wurde

2 Sind dir weitere Fachbegriffe unbekannt? Schlage ihre Bedeutung in einem Lexikon nach und schreibe sie in deinem Heft mit ihren Erklärungen auf.

3 Schreibe den Text Reklamation ab. Schreibe in dein Heft.

Fachbegriffe und Fremdwörter

Wissen kompakt

In vielen Texten verwendest du automatisch **Fachwörter** und **Fremdwörter.** Wenn du eine Bestellung oder Buchung **stornieren** willst oder dich beschweren möchtest, solltest du die **Bedeutungen der Fach- und Fremdwörter** kennen.

Tariks Familie kann die Urlaubsreise wegen eines Unfalls des Vaters nicht antreten.

Stornierung der Urlaubsreise nach Mallorca

Buchungs-Nr.: 185984

Sehr geehrte Damen und Herren,

am 24. März buchten wir bei Ihnen eine Pauschalreise nach Mallorca für vier Personen. Unglücklicherweise hatte unser Vater einen Arbeitsunfall. Daher ist er in seiner Mobilität stark eingeschränkt und wir können den Trip nicht antreten. Leider haben wir keine Reiserücktrittsversicherung abgeschlossen. Wir wissen, dass es keine generelle Regelung gibt. Aber Ihre Allgemeinen Geschäftsbedingungen (AGB) sind so kleingedruckt und so schwierig zu verstehen, dass wir Sie direkt über unser Malheur informieren möchten. Ein Attest legen wir diesem Schreiben bei. Bitte teilen Sie uns mit, welche Stornokosten auf uns zukommen

Mit freundlichen Grüßen

1 **a.** Trage die im Text markierten Fachbegriffe bzw. Fremdwörter in die Tabelle ein. Setze vor die Nomen den Artikel.
b. Recherchiere ihre Bedeutung und ergänze sie in der Tabelle.

Fachbegriffe (deutsch)	Fremdwörter
die Pauschalreise – Reise, bei der alle	*die Stornierung –*
Kosten in einem Preis enthalten sind;	

2 Notiere mithilfe eines Wörterbuchs die Herkunftssprache der folgenden Wörter.

die Stornierung – ____________ *die Mobilität –* ____________

das Malheur – ____________ *das Attest –* ____________

3 Schreibe den Text *Stornierung der Urlaubsreise nach Mallorca* ab. Schreibe in dein Heft.

Fachbegriffe und Fremdwörter

Wissen kompakt

In vielen Texten verwendest du automatisch **Fachwörter** und **Fremdwörter.** Wenn du eine Bestellung oder Buchung **stornieren** oder **reklamieren** möchtest, solltest du die **Bedeutungen der Fach- und Fremdwörter** kennen.

Aishes Eltern haben vor acht Wochen im Internet einen Fleecepullover bestellt. Die Bestellung sollte nach drei Tagen geliefert werden. Leider ist sie immer noch nicht da, dafür aber die Rechnung und eine Mahnung.

Reklamation – nicht erhaltene Bestellung mit der Bestell-Nr. 845763

Sehr geehrte Damen und Herren,
vor acht Wochen bestellten wir bei Ihnen einen Fleecepullover mit Kapuze. Die Ware sollte innerhalb von drei Werktagen eintreffen, sie ist bis heute nicht da. Dafür erhielten wir sofort die Rechnung und, weil wir nicht bezahlt haben, nach vier Wochen eine Mahnung mit ausgewiesenen Verzugszinsen. Wir haben mehrfach telefonisch bei Ihren Servicemitarbeitern protestiert, doch ohne Erfolg. Als Ihr Kunde erwarten wir einen akzeptablen Service und eine Ware in der versprochenen Qualität. Daher hoffen wir, dass Sie das Problem schnell und unkompliziert lösen.
Mit freundlichen Grüßen

1 Im Text sind die Fachbegriffe und Fremdwörter markiert.
Recherchiere ihre Bedeutung und schreibe die Fachbegriffe bzw. Fremdwörter mit ihren Erläuterungen auf. Schreibe das Verb im Infinitiv auf und setze vor die Nomen den Artikel.

2 Kläre auch die Bedeutung der nebenstehenden Fachbegriffe bzw. Fremdwörter und ergänze sie.

die Garantie | *mangelfrei* | *das Widerrufsrecht* | *die Verjährung* |

3 **a.** Schreibe den Text neu auf. Versuche dabei, möglichst viele Fachbegriffe bzw. Fremdwörter zu vermeiden.
b. Was fällt dir auf? Schreibe einen Satz in dein Heft.

Getrennt- und Zusammenschreibung

Wissen kompakt

Wortgruppen schreibst du in der Regel getrennt.
- Wortgruppen aus **Nomen + Verb**, **Verb + Verb**, **Adjektiv + Verb** schreibst du in der Regel getrennt.
- Auch **Wortgruppen mit sein** schreibst du in der Regel getrennt.

Wortgruppen schreibst du zusammen, wenn sie nominalisiert sind oder wenn eine Wortgruppe eine neue übertragene Bedeutung hat.

Erwachsen werden

Als Schülerin oder Schüler | kann man es kaum erwarten, | erwachsen zu werden. | Endlich eigenes **Geld verdienen**, | selbst den **Urlaub planen**, | in Clubs **tanzen gehen** | und ein eigenes **Auto fahren**. | Das Leben der Erwachsenen | scheint so toll zu sein! | Wenn es aber so weit ist, | wird man auch | die Nachteile **sehen können**: | immer **arbeiten gehen**, | **Verantwortung tragen** | und stets **zuverlässig sein**. | Das Leben ist also | nicht nur schön. | Erwachsene müssen **Kompromisse schließen**, | eigene **Fehler akzeptieren** | und diese vor anderen vertreten. | Da kann es | mit der ungetrübten Freude | rasch **vorbei sein**.

1 Im Text sind einige Wortgruppen markiert. Schreibe diese in die Tabelle.

Nomen + Verb	Verb + Verb	Wortgruppen mit sein
Geld verdienen	*tanzen gehen*	

2 **a.** Bilde aus den nebenstehenden Wortgruppen Nomen. Verwende je eines der folgenden Signalwörter: das, beim, zum, vom.
b. Schreibe mit jeder nominalisierten Wortgruppe einen Satz auf.

spazieren gehen | *Schlange stehen*

3 Schreibe den Text Erwachsen werden ab. Schreibe in dein Heft.

Getrennt- und Zusammenschreibung

Wissen kompakt

Wortgruppen schreibst du in der Regel getrennt.
– Wortgruppen aus **Nomen + Verb**, **Verb + Verb**, **Adjektiv + Verb** schreibst du in der Regel getrennt.
– Auch **Wortgruppen mit sein** schreibst du in der Regel getrennt.
Wortgruppen schreibst du zusammen, wenn sie nominalisiert sind oder wenn eine Wortgruppe eine neue übertragene Bedeutung hat.

Erwachsen sein

Irgendwann sind alle Jugendlichen erwachsen. Sie werden die damit verbundenen Probleme und Vorteile schätzen lernen und dabei hoffentlich vieles richtig machen. Sie dürfen ab 18 Jahren Auto fahren, sind für sich selbst verantwortlich und wissen über ihre Stärken und Schwächen Bescheid. Ob das in jedem Fall so ist, muss allerdings offenbleiben. Der Weg zum Erwachsenen ist steinig, denn Erwachsenwerden bedeutet auch: die Suche nach Orientierung, sich abgrenzen von den Eltern, alles besser machen. Als Kind kann man es kaum erwarten, erwachsen zu werden, als Erwachsener möchte man manchmal wieder Kind sein.

1 Im Text findest du verschiedene Wortgruppen.
a. Markiere die getrennt geschriebenen Wortgruppen aus Nomen + Verb, Verb + Verb und Adjektiv + Verb in unterschiedlichen Farben.
b. Nominalisiere die Wortgruppen aus Nomen + Verb und Verb + Verb. Schreibe die Nominalisierungen mit Signalwörtern in einem sinnvollen Satz auf.

____

____

____

2 Überprüfe in folgenden Sätzen, ob eine direkte oder übertragene Bedeutung gemeint ist. Ergänze die Lücken entsprechend.

Sie möchte die Aufgabe besonders ______________ (gut machen / gutmachen).

Er möchte den Schaden wieder ______________ (gut machen / gutmachen).

Sie wird ihren Vortrag ______________ (frei sprechen / freisprechen).

Das Gericht wird ihn von der Schuld ______________ (frei sprechen / freisprechen).

3 Schreibe den Text Erwachsen sein ab. Schreibe in dein Heft.

Komma bei Relativsätzen

Wissen kompakt

Relativsätze sind **Nebensätze**. Sie beziehen sich meist auf ein vorangegangenes Nomen. Sie werden durch ein **Relativpronomen** (**der**, **die**, **das**) eingeleitet und vom Hauptsatz durch ein **Komma** abgetrennt.
Ich gratuliere meinem Freund David, der Klassensprecher geworden ist.
Der Relativsatz kann auch in den Hauptsatz eingeschoben sein. Dann setzt du zwei Kommas: *Der Goldbarren, der gefunden wurde, wiegt bestimmt 1 Kilogramm.*

Die Überraschung im Bettlaken

Zwei Brüder, | die auf das Land umzogen, | machten eine überraschende Entdeckung. | Sie spielten in einer Hütte, | die sie aus alten Brettern | gebaut hatten. | Zur Einrichtung nahmen sie | alte Bettlaken | aus dem Kleiderschrank, | der ihren Großeltern | gehört hatte. | Ein Bettlaken | war besonders schwer. | Aus ihm fielen plötzlich | zwei Goldbarren, | die ihr Vater zuerst | für wertloses Metall hielt. | Schließlich entdeckte ein Experte, | dass der zufällige Fund | sehr wertvoll ist. | Die Brüder freuten sich natürlich: | „Dann werden wir jetzt | einen Pool bauen, | der uns im Sommer erfrischt."

1 Im Text ist ein Relativsatz unterstrichen.
a. Unterstreiche die vier anderen Relativsätze.
b. Markiere das Relativpronomen sowie die Kommas.
c. Zeichne einen Pfeil vom Relativpronomen auf das Bezugswort (Nomen).

2 Setze in folgenden Relativsätzen die Kommas.

Ein Fund der auf einem Privatgrundstück gemacht wird muss angemeldet werden.

Manchmal findet man einen Schatz der nicht besonders wertvoll ist.

3 **a.** Schreibe eigene Relativsätze mit den angegebenen Relativpronomen auf. Ein Relativsatz soll eingeschoben sein.
b. Unterstreiche die Relativsätze und markiere das Relativpronomen sowie die Kommas.

(das) ______________________________

____

(die) ______________________________

____

4 Schreibe den Text Die Überraschung im Bettlaken ab. Schreibe in dein Heft.

Komma bei Partizipgruppen

Wissen kompakt

Als **Partizipgruppe** bezeichnet man eine Wortgruppe mit einem Partizip I (*lesend*) oder einem Partizip II (*gelesen, erwiesen*). Die Partizipgruppe hat selbst keine gebeugte Verbform und bezieht sich meist auf das Subjekt des Hauptsatzes.
Ist die **Partizipgruppe** ein Zusatz oder Nachtrag, trenne ich sie durch Kommas ab.
Das Kind rannte davon, laut um Hilfe rufend. → als Nachtrag
Sie lag, ihr linkes Bein eingegipst, im Krankenhaus. → eingeschoben

Die Überraschung nach dem Fund

Lena und Patrick, wie immer gut gelaunt, machten einen tollen Fund. Sie gruben im Garten, kräftig schwitzend, eine abgestorbene Baumwurzel aus. Plötzlich sahen die Jugendlichen einen verrosteten Behälter. Beim Öffnen entdeckten sie viele alte Münzen, total verschmutzt. Strahlend liefen sie ins Haus, laut jubelnd. Als sie die Münzen säuberten, sahen sie, dass diese aus Gold waren. Doch ihre Freude währte nicht lange. „Den Fund müsst ihr bei der Gemeinde melden", sagte ihr Vater, „erst nach sechs Monaten könnt ihr eure Ansprüche anmelden." Das musste erst mal verdaut werden. Doch dann freuten sich Lena und Patrick still, geduldig wartend.

1 Im Text findest du verschiedene Partizipgruppen.
a. Schreibe die drei Sätze mit **den Partizipgruppen als Nachträge** auf.
b. Unterstreiche die Partizipgruppen als Nachträge und markiere die Kommas.

____

____

____

c. Schreibe die beiden Sätze mit **den eingeschobenen Partizipgruppen** auf.
Verfahre dann ebenso wie in Aufgabe 1 a und b.

____

____

2 Setze in folgenden Sätzen mit Partizipgruppen die Kommas.

Der Leiter des Fundbüros nahm die alten Geldmünzen an total erfreut.

Lena und Patrick sehr erleichtert verließen das Amt.

3 Schreibe den Text Die Überraschung nach dem Fund ab. Schreibe in dein Heft.

Komma bei Appositionen, Zusätzen und nachgestellten Erläuterungen

Wissen kompakt

Zusätze und Nachträge werden mit Komma vom Hauptsatz abgetrennt oder von Kommas eingeschlossen. Dies gilt für:

- **Parenthesen** (Einschaltungen, Einschübe): *Ich komme am Samstag, 25. Oktober, zu dir.*
- **Appositionen** (Substantivgruppen als Nachträge): *Daria, eine sportliche Schülerin, gewann.*
- **nachgestellte Erläuterungen** mit **also, besonders, das ist, das heißt, genauer, nämlich, insbesondere, und zwar, vor allem** oder **zum Beispiel:** *Klara muss ihr Zimmer aufräumen, und zwar sofort!*

Goldrausch im Urlaub

Mehmet, ein guter Schüler, gewann in einem Preisausschreiben eine Reise. Im Thüringer Wald, einem deutschen Mittelgebirge, durfte er nach Gold suchen. Am Samstag, 24. Juli, ging die Reise los. Im Goldmuseum in Theuern erfuhr er, wie früher nach dem Edelmetall gesucht wurde. In einem Bach namens Grümpen, einem der bekanntesten Goldflüsse Thüringens, förderten unsere Vorfahren wahre Prachtexemplare zutage. Mehmet durfte sogar mithilfe eines Geologen nach Gold suchen, und zwar im Goldwaschbecken. Trotz eifriger Suche fand er nur wertlose Brocken, vor allem Sand und Schutt. Aber am letzten Urlaubstag freute er sich. In seiner Goldpfanne glitzerten winzig kleine Steine und der Geologe sagte: „Da hast du aber Glück gehabt."

1 Im Text findest du Sätze mit Appositionen, eine nachgestellte Erläuterung und eine Parenthese.

a. Unterstreiche die Appositionen, die nachgestellten Erläuterungen und die Parenthese in unterschiedlichen Farben.

b. Markiere jeweils die Kommas.

2 **a.** Untersuche die folgenden Sätze. Handelt es sich um eine Parenthese (P), eine Apposition (A) oder eine nachgestellte Erläuterung? (E) Schreibe den richtigen Buchstaben hinter den Satz.

b. Setze die fehlenden Kommas.

Diese Art des Urlaubs wird so denke ich noch eine große Zukunft haben. (______)

Mehmet der Goldsucher hatte im Urlaub Glück. (______)

Der Schüler fand etwas Gold vor allem aber Sand und Schutt. (______)

3 Schreibe jeweils einen sinnvollen Satz mit einer Apposition, einer nachgestellten Erläuterung und einer Parenthese in dein Heft.

Zeichensetzung bei Zitaten

Wissen kompakt

Wenn du eine **Textstelle wörtlich übernimmst,** also ohne sie zu verändern, setzt du diese Textstelle in **Anführungszeichen** („…"). Lässt du etwas innerhalb eines Zitats weg, kennzeichnest du dies mit […]. Nach dem Zitat gibst du **in Klammern** den Text und die Zeilenangabe an, z. B.: (M3, Z. 44–45).
Wenn du Informationen aus einem Text **in eigenen Worten wiedergibst,** gibst du dahinter **in Klammern** an, auf welchen Text und welche Textstelle du dich beziehst. Dafür verwendest du die Abkürzung **vgl.** für **vergleiche,** z. B.: (vgl. M1, Z. 14–16).

Kemal schreibt einen informierenden Text zum Thema: Das Känguru. Dabei übernimmt er Textstellen aus einem Fachbuch.

M 1 Enzyklopädie der Tiere

Die Kängurus sitzen oft aufrecht mit hängenden Armen und stützen sich mit dem nach hinten gereckten, außerordentlich muskulösen Schwanz sicher ab. Die Tiere vollführen mithilfe der Hinterläufe bei nach hinten als Balancierstange weggestrecktem Schwanz sehr weite und hohe Sprünge. Das Riesenkänguru bringt dabei Sätze von 13 m Länge und über 3 m Höhe zustande.

Kemals Text: *Kängurus gehören zu den Beuteltieren. Das Riesenkänguru wird bis zu 1,60 m groß. Die Vorderbeine sind kurz und schwach. Die Hinterbeine sind dagegen sehr stark. Der sehr kräftige Schwanz hilft den Tieren beim Sitzen und besonders beim Springen. Dabei strecken sie denSchwanz, mit dem sie das Gleichgewicht halten, nach hinten, so können sie sehr weit und hoch springen. Das Riesenkänguru bringt dabei Sätze von 13 m Länge und über 3 m Höhe zustande.*

1 Vergleiche Kemals Text mit dem Buchtext.
- **a.** Welchen Satz hat Kemal in eigenen Worten wiedergegeben? Markiere ihn.
- **b.** Welchen Satz hat Kemal wörtlich übernommen? Markiere ihn in einer anderen Farbe und setze ihn in Anführungszeichen.

2 **a.** Schreibe den Satz auf, den Kemal in eigenen Worten wiedergegeben hat, und notiere in Klammern dahinter den Textbeleg.

b. Schreibe das wörtliche Zitat auf und gib die Textstelle in Klammern an.

Zeichensetzung bei Zitaten und Quellenangaben

Wissen kompakt

Wenn du eine **Textstelle wörtlich übernimmst,** also ohne sie zu verändern, setzt du diese Textstelle in **Anführungszeichen** („…"). Lässt du etwas innerhalb eines Zitats weg, kennzeichnest du dies mit […]. Nach dem Zitat gibst du **in Klammern** den Text und die Zeilenangabe an, z. B.: (M3, Z. 44–45).
Wenn du Informationen aus einem Text **in eigenen Worten wiedergibst,** gibst du dahinter **in Klammern** an, auf welchen Text und welche Textstelle du dich beziehst. Dafür verwendest du die Abkürzung **vgl.** für **vergleiche,** z. B.: (vgl. M1, Z. 14–16).

Quellenangaben, z. B. für ein Verzeichnis zu deinem Referat, haben einen bestimmten Aufbau. Das sieht dann z. B. so aus:
Maier, Yannic (2021): Außergewöhnliche Berufe. Mannheim, S. 45.
(Nachname der Autorin / des Autors, Vorname (Erscheinungsjahr): Titel, Erscheinungsort, Seite, auf der die Informationen stehen)

Dunja sucht für ihren informierenden Text über Elefanten in Fachbüchern nach Informationen.

Dunjas Text: Elefanten gehören zu den Rüsseltieren. Diese waren früher weltweit verbreitet. Heute gibt es auf der Erde nur noch zwei Arten von Elefanten: den indischen und den afrikanischen Elefant. „Elefanten sind Herdentiere, die sich von Laub und Zweigen ernähren und dabei den Bäumen schaden. Sie nehmen gern Schlamm- und Wasserbäder, leben zumeist in Wald und Dschungel und sind gegen ständige Sonnenbestrahlung empfindlich." Der asiatische Elefant wird oft als Arbeitselefant eingesetzt, hauptsächlich zum Holztransport. Der afrikanische Elefant lebt dagegen zumeist noch in freier Wildbahn.

1 Dunja hat eine Textstelle wörtlich übernommen.

M 1 | Z. 48–49

a. Markiere die Textstelle. Woran kannst du das wörtliche Zitat erkennen?

____

b. Schreibe das wörtliche Zitat auf und gib die Textstelle in Klammern an.

____

____

2 Erstelle zu Dunjas Zitat die Quellenangabe im Text. Nutze die folgenden Angaben und bringe sie in deinem Heft in die richtige Reihenfolge.
Tipp: Schreibe die Quellenangabe so auf wie das Beispiel im Kasten oben.

M 1 Enzyklopädie der Tiere | Eigener, Wilhelm | Herrsching | (1979) | S. 472

Zeichensetzung bei Zitaten und Quellenangaben

Wissen kompakt

Wenn du eine **Textstelle wörtlich übernimmst,** also ohne sie zu verändern, setzt du diese Textstelle in **Anführungszeichen** („…"). Lässt du etwas innerhalb eines Zitats weg, kennzeichnest du dies mit […]. Nach dem Zitat gibst du **in Klammern** den Text und die Zeilenangabe an, z. B.: (M3, Z. 44–45).
Wenn du Informationen aus einem Text **in eigenen Worten wiedergibst,** gibst du dahinter **in Klammern** an, auf welchen Text und welche Textstelle du dich beziehst. Dafür verwendest du die Abkürzung **vgl.** für **vergleiche,** z. B.: (vgl. M1, Z. 14–16).

Quellenangaben, z. B. für ein Verzeichnis zu deinem Referat, haben einen bestimmten Aufbau. Das sieht dann z. B. so aus:
Maier, Yannic (2021): Außergewöhnliche Berufe. Mannheim, S. 45.
(Nachname der Autorin / des Autors, Vorname (Erscheinungsjahr): Titel, Erscheinungsort, Seite, auf der die Informationen stehen)

Naomi schreibt an einem informierenden Text über Haie. Dazu sammelt sie Informationen.

1 Lies die Texte über den Hai.

M1 „Stirbt der Hai, stirbt das Meer": Interview mit Erich K. Ritter

Erich K. Ritter war ein bekannter Haiforscher und berichtete von seinen Erkenntnissen.

Welche Rolle spielt der Hai im Ökosystem des Meeres?
Wenn der Hai stirbt, dann stirbt das Meer.
Das müssen Sie uns erklären.
Der Hai ist das häufigste Raubtier der Erde mit einem Gewicht von über 50 Kilogramm. 70 bis 100 Millionen Haie werden pro Jahr gejagt.
70 bis 100 Millionen? Haben wir das richtig verstanden? Das ist eine enorme Zahl.
Ja, so ist es, und das mag zeigen, wie viele Haie es insgesamt in den Weltmeeren geben muss. 125 Länder fischen intensiv nach Haien. Ein Pfund Haiflosse bringt 300 Dollar, eine Flosse eines Walhais mehrere tausend Dollar. Die Haiflosse ist nicht nur eine Delikatesse, sie gilt auch als Potenzmittel. Kriminelle Organisationen kontrollieren ganze Haifangflotten und unterlaufen das Verbot des Handels mit Haiflossen auch in der EU. Weil der Hai fälschlicherweise als gefährliches Tier gilt, ist es viel schwieriger, eine Schutzlobby für ihn zu organisieren als für Pandabären. Der Haifang wird öffentlich kaum thematisiert und ist ein so gutes Geschäft, dass ich wegen meines Engagements für den Schutz dieser Tiere auch schon Morddrohungen bekommen habe.
Quelle: https://www.watson.ch/wissen/interview/736979670-interview-mit-haiforscher-erich-ritter-stirbt-der-hai-stirbt-das-meer (22.2.2022)

M2 Haie: bedroht und verfolgt

Jedes Jahr werden etwa 100 Haiangriffe weltweit registriert, ungefähr fünf bis zehn davon enden tödlich. Hingegen werden jedes Jahr Hunderttausende von Haien durch Menschen direkt oder indirekt getötet. Haie sind keine bösartigen Einzelgänger mit Appetit auf Menschenfleisch.

Quelle: www.wwf.de/themen-projekte/bedrohte-tier-und-pflanzenarten/haie/ (20.1.2022)

M3 Kurzsteckbrief: Haie

Fast alle Haie sind Meeresbewohner, nur wenige Arten leben im Süßwasser. Die frei schwimmenden Haie gebären lebend, die auf dem Meeresboden lebenden Arten legen Eier in Hornkapseln ab. Alle Haie sind Fleischfresser. Zur Ordnung der Haie gehören 19 Familien mit rund 250 Arten.

Quelle: Die Zeit – Das Lexikon, Bd. 06, Hamburg 2005, S. 181–182

Nachdem Naomi viele Informationen gesammelt hat, schreibt sie ihr Referat.

2 In den Texten sind Informationen markiert, die Naomi für ihren übernehmen möchte.

a. Entscheide, ob es sich um ein vollständiges wörtliches Zitat, eine Auslassung innerhalb eines wörtlichen Zitats oder um eine Ergänzung innerhalb eines wörtlichen Zitats handelt.

b. Setze die fehlenden Satzzeichen und ergänze die Quellenangaben. Schreibe die Zitate neu auf.

Alle Haie sind Fleischfresser.

____

Jedes Jahr werden etwa 100 Haiangriffe auf Menschen weltweit registriert, ungefähr fünf bis zehn davon enden tödlich.

____

____

Der Hai ist das häufigste Raubtier der Erde. 70 bis 100 Millionen Haie werden pro Jahr gejagt.

____

____

3 Naomi hat einen Abschnitt für ihren informierenden Text geschrieben. Die Textstellen, auf die sie sich bezieht, sind ebenfalls markiert. Schreibe den Text in dein Heft und ergänze alle fehlenden Satzzeichen bei den Zitaten sowie die Quellenangaben.

Der Hai dient dem Menschen als Speisefisch. Schillerlocken haben die meisten von uns schon mal gegessen, das sind geräucherte Bauchlappen des Dornhais. 125 Länder fischen intensiv nach Haien. Ein Pfund Haiflosse bringt 300 Dollar, eine Flosse eines Walhais mehrere tausend Dollar. Daher unterlaufen kriminelle Organisationen das Verbot des Handels mit Haiflossen auch in der EU. Haie sind also durchaus keine bösen Tiere mit Appetit auf Menschenfleisch. Sie werden verfolgt und in Massen getötet.